本丛书的出版得到华东师范大学历史学系战争与和平基金会、
上海市高峰学科发展基金的支持



大夏世界史文丛 ▸
史学家文萃

# 王斯德先生文萃

王斯德 著

全国百佳图书出版单位
时代出版传媒股份有限公司
黄山书社

**图书在版编目(CIP)数据**

王斯德先生文萃/王斯德著.—合肥:黄山书社,2019.9
(大夏世界史文丛·史学家文萃)
ISBN 978-7-5461-8488-3

Ⅰ.①王…  Ⅱ.①王…  Ⅲ.①世界史-文集  Ⅳ.①K107-53

中国版本图书馆 CIP 数据核字(2019)第 246147 号

**王斯德先生文萃**
WANG SIDE XIANSHENG WENCUI

王斯德 著

出品人 贾兴权
责任编辑 秦矿玲
责任印制 李 磊
装帧设计 李 昕
出版发行 时代出版传媒股份有限公司(http://www.press-mart.com)
黄山书社(http://www.hspress.cn)
地址邮编 安徽省合肥市蜀山区翡翠路 1118 号出版传媒广场 7 层 230071
印 刷 安徽新华印刷股份有限公司
版 次 2019 年 12 月第 1 版
印 次 2019 年 12 月第 1 次印刷
开 本 700mm ×1000mm 1/16
字 数 400 000
印 张 20.5
书 号 ISBN 978-7-5461-8488-3
定 价 69.00 元

服务热线 0551-63533706

销售热线 0551-63533761

官方直营书店(https://hsss.tmall.com)

1984 年 3 月于咸阳
西藏民族学院支教

1987 年 于 美 国 夏
威夷珍珠港

1994 年 4 月于浙
江乌镇西高桥

1994 年于浙江乌镇立志书院

2004 年岁末于华东师范大学校园

2006 年 6 月部分弟子于江苏同里举行恩师学术思想座谈会

七十华诞与部分弟子相聚江苏同里静思园

2008 年 4 月于桂林学术研讨会上

2007 年 7 月在淮阴明祖陵考察

2016 年 7 月，部分弟子回母校恭贺恩师八十华诞，同时邹耀勇博士捐资 100 万，正式设立“史德基金会”

# 总 序

经过两年多的策划和准备,“大夏世界史文丛”终于问世了。本套丛书由三部分组成:资深学者的个人文集、反映华东师范大学世界史学科队伍最新研究水平的论著和着眼于人才培养的教材及读本。

世界史学科是华东师范大学历史学系的传统优势学科。1951 年建校时便汇聚了林举岱、王养冲、郭圣铭、王国秀等一批知名教授。20 世纪 80—90 年代,在法国史、二战史、非洲史、俄苏史、美国史、德国史等研究领域在国内学界都确立了自己的地位,拥有孙道天、艾周昌、陈崇武、王斯德、李鉅廉、钱洪、孙炳辉、余志森、尤天然、洪波、潘人杰等一批知名学者。1984 年,华东师范大学历史学系获批成立世界史博士点,1987 年获得博士学位授予权,为改革开放后我国世界史学科的发展培养了一大批青年才俊。1995 年华东师范大学世界史又成为上海市教委重点学科。1998 年,设立历史学一级学科博士后流动站,2000 年获得历史学一级学科博士学位授予权,确立了地区国别史、断代史和专门史(思想史)等三个重点发展方向。

华东师范大学世界史学科目前所取得的成就和影响力与老一辈学者打下的良好基础密不可分。今天我们编辑和出版这些老先生的个人文集,不仅是重温他们的学术思想,了解他们的学术发展轨迹,更是对他们治学理念的回顾和传承,管窥他们对学术的孜孜追求和敏锐的学术洞察力。

进入 21 世纪后,华东师范大学世界史学科发展获得新的发展机遇。2007 年,被教育部批准为国家重点学科(培育),同年被上海市政府批准为上海市重点学科。在国家 211 和 985 工程建设中,世界史学科也一直作为重点学科建设对象,获得研究资金和人员配备上的支持。在调整学科布局和保持原学科优势的基础上,涌现出以国际冷战史、中国周边关系史、地区国别史、全球思想文化史、国际历史教育比较等为代表的5个学科群。其中国际冷战史研究已成为国内一流、国际影响较大的学科发展方向,形成一支实力强劲的优秀研究团队;继2016年华东师范大学成立中国周边国家关系研究院后,中国与周边国家关系,尤其是20世纪下半叶的双边关系史研究异军突起,研究团队几乎访问了所有的周边国家档案文献收藏机构,并搜集了数量可观的周边国家对华关系档案,总量有数百万页,搭建起了一个周边国家对华关系文献数据库,档案语种涵盖越南语、缅甸语、泰国语、马来西亚语、柬埔寨语、蒙古语、韩语、日语和俄语等。在此基础上,研究团队除了给有关部门提交了数十篇高质量的咨询报告外,还在国内外权威期刊上公开发表了数篇学术论文。在地区国别史方面,非洲史、德国史和美国史在继承老先生文脉的基础上又有了新的发展,其中非洲史侧重于中非关系、非洲文化和坦桑尼亚历史的研究,与达累斯萨拉姆大学联合成立了"坦桑尼亚研究中心",密切了双方的学术交流和人才培养机制;德国史主要关注20世纪德国历史的演进,特别是断代史、社会史、外交史、史学史及中德关系史,郑寅达教授当选为德国史学会会长;美国史则倾向于对美国城市发展过程中的内部治理的研究。在国际历史教育比较方面,引领中国历史教育走向国际化。本学科从21世纪初开始便积极同国际历史教育界建立联系,近4年已两次召开国际历史教育工作坊,邀请来自世界各地的专家与会,讨论如"各国历史教科书中的中国形象"等重大话题。孟钟捷教授当选为国际历史教育学会学术委员会成员,多次参加国际历史教育领域内的合作项目。杨彪教授多次前往国际教科书研究所。2015年起,本学科与德国奥格斯堡大学合作,创立国内首个历史教育海外研修学校,组织大学教师、中学教师、历史师范生前往德国。

"路漫漫其修远兮,吾将上下而求索。"经过60多年的学术积累和发展,华东师范大学世界史学科已经形成具有自己特色的研究领域和学科布局,并建立了从本科到博士后的完整专业人才培养体系,学术研究水平和人才培养质量在国内同类系科中位于前列,若干研究领域处于国际领先地位。在2016年全国第四轮学科评估中,华东师范大学世界史学科获得A+的评价。这既是对我们过去几十年来不遗余力地发展世界史学科的肯定,也是对我们未来学科能否成为世界一流学科的鞭策。我们倍感肩上的责任与重担,为此,我们本着有所为、有所不为的原则,在继承华东师范大学世界史学科前辈奠定的学科特色基础上，放眼全球，努力与当今世界著名高校的世界史研究相接轨，重点发展以下三个方面：

一是世界史学科在发展过程中主动对接国家战略，以适应社会经济发展提出的新需求。冷战史、地区国别史、欧洲社会文化史和历史教育国际比较研究等都涉及国家重大对外战略与重要学术创新。冷战国际史研究引领国内学术研究的潮流，同国际上的许多知名大学和研究机构建立了广泛而密切的学术联系，成为极具特色和优势的研究领域之一。结合华东师范大学“引领中国教师教育”的办学方针，世界史学科积极开展国际历史教育的比较研究，以“中国周边国家历史教科书中的中国形象”作为未来的重大研究课题。学科还积极参与上海市的智库建设，提交咨询报告。

二是致力于思考华东师范大学世界史学科人才培养的目标和方向，形成自己的学科特色和目标。那就是致力于培养热爱祖国，德智体全面发展，专业基础扎实、能力强、素质高，自觉为社会主义现代化事业，为繁荣历史科学服务的高级专门人才。其中以两类为主：一是基础教育的骨干师资，二是高等院校和科研单位的研究人员。人才培养过程中秉持“宽口径、厚基础”的理念，注重科研能力的训练和综合素质的培养。要求所培养的硕士研究生具有较系统的理论基础和正确的教育思想观念，熟悉国内外史学研究动态，打好扎实深厚的专业基础，能运用科学的研究方法进行专业领域的学术研究，熟练掌握一门外国语，毕业后能在本学科领域独立从事研究和教学工作，或在实际工作部门从事相关工作。博士研究生具有较深厚的理论素养和先进的教育思想观念，熟悉本专业领域史学研究成果和国内外最新研究动态，能够站在学术前沿，运用先进的研究方法和手段进行创造性研究，至少熟练掌握一门外国语，毕业后能在本学科领域独立从事高层次的研究和教学工作，或在实际工作部门从事相关的较高层次工作。目前，华东师范大学世界史学科下设世界断代史、世界地区国别史、专门史（冷战国际史）三个二级学科博士点和硕士点，同时拥有世界史一级学科的博士后流动站。世界断代史方向涵盖了世界上古中世纪史、世界近代史、世界现代史和世界当代史。注重世界通史观的培养，注意打破各断代史的壁垒，使学生形成宏观的世界史认识。地区国别史方向包括非洲史、美国史、德国史、日本史、法国史等国别地区史，其特色是注意将国别史中的国内史与对外关系史相结合。专门史方向主要为冷战国际史和中外关系史，目前是国内领先的学科方向，集合了国内顶尖的学者。学科以冷战国际史研究中心和当代文献史料中心为依托，将档案资料的收集与科学研究紧密结合，在利用档案文献研究社会主义国家关系史、中国与周边国家关系史方面已经形成了自身的特色，同时在研究生培养方面也形成了以档案文献整理为特色的理论与实践课程。

三是努力与国际接轨，及时跟进国际社会世界学科研究的新进展。早在2013年，就在美国著名智库伍德罗·威尔逊国际学者中心设立了“华东师范大学-威尔逊中心冷战研究美国工作室”。此后，从2017年开始，又陆续在日本早稻田大学、越南国家社会科学研究院、德国奥格斯堡大学和坦桑尼亚达累斯萨拉姆大学设立了工作站，目的是在世界历史研究领域内增进双方的学术交流、学生培养和联合研究等方面的深入合作。上述5个工作站同时也是开放式的，为中国其他高校世界史的师生进站研究提供必要的相关帮助。

当今国际学术界的世界史研究日新月异，国际冷战史、全球史、环境史、社会史、妇女史、城市史、医疗史、移民史等领域的研究成果不断涌现，华东师范大学世界史学科在跟踪这些领域研究动态的同时，也努力展现自己的学术研究成果，为建构中国特色的世界史学科体系、学术体系和话语体系贡献自己的微薄之力。

沐涛　孟仲捷

2019年10月

# 目 录

## 沙皇俄国及苏联史研究

强借罗马尼亚“通道”，争夺巴尔干霸权
——1877—1878 俄土战争中沙皇式解放的真相 …………………… 3
沙皇俄国的对外扩张 ………………………………………………… 10
“解放”幌子下的侵略
——沙皇俄国侵略巴尔干的鬼蜮伎俩 ……………………………… 18
沙皇俄国侵略巴尔干的鬼蜮伎俩 …………………………………… 21
论《苏德互不侵犯条约》………………………………………………… 33
重评斯大林在反对布哈林斗争中提出的“两个公式” ……………… 51
对 20 年代末苏联反布哈林“右倾机会主义”斗争的再认识 ……… 62
如何评价苏俄“战时共产主义”
——近年关于“战时共产主义”讨论述要 ………………………… 72
苏联在二三十年代引进外资和技术的历史经验 …………………… 79
也评列宁主义与“战时共产主义” …………………………………… 86
基洛夫被刺事件再探讨 ……………………………………………… 96

## 国际关系及第二次世界大战史研究

论二次大战前夕英国对外政策的转变……………………………… 111
丘吉尔简论………………………………………………………… 126

论太平洋战争前美国远东战略及其演变(1931—1941 年) …………… 133
中国抗日战争与世界主要大国的战略演变(1931—1941 年) ………… 150
从世界反法西斯战争的全局探讨中国抗战的地位和作用………… 167
关于“雅尔塔体制”的若干问题 ………………………………… 170
不能再度陷入血与火的灾难深渊………………………………… 178
以史为鉴 · 关怀现实 · 追求和平………………………………… 180
关于开展转变教育思想、更新教育观念讨论的几点思考 ………… 185
历史学是极富生命力的学科……………………………………… 191

## 序言与书评

《大学世界史》前言 ……………………………………………… 195
《高等师范教育面向 21 世纪教学内容和课程体系成果从书(七)历史学分卷》序言 ……………………………………………… 212
《百年中国历史教育箴言集萃》序言 …………………………… 233
《移民与纽约城市发展研究》序 ………………………………… 237
《南非对外关系史研究》序 ……………………………………… 239
《澳大利亚与亚洲关系史(1940—1995)》序 …………………… 241
《戴高乐与非洲的非殖民化研究》序 …………………………… 244
《巴黎城市发展与保护史论》序言 ……………………………… 247
《李光耀时代的新加坡外交研究》序 …………………………… 252
《青年史学》出版 50 期纪念文集《时代 · 史学 · 青年》前言 ………… 254
《第二次世界大战事件人物》序 ………………………………… 256
《民主社会主义在东欧》序 ……………………………………… 258
《中国高校哲学社会科学发展报告 · 历史学(1978—2008)》提要、后记…… 260
《“二战战败国的改造与反省之路”比较研究丛书》序 ………… 264
《河声入梦来》序 ………………………………………………… 267
《冷战阴影下的匈牙利事件:大国的应策与互动》序 …………… 272
穿越历史,走进乌镇深处
——序《乌镇掌故》 ……………………………………………… 275

《新昌乡村文化研究》序 …… 279
国际关系史教材建设的新探索
——评刘德斌教授主编《国际关系史》 …… 282

## 访谈录

激情追求，执着实践
——记王斯德教授 …… 289
时代·改革·史学
——王斯德教授访谈录 …… 297
历史学：人类认识自我、超越自我的必修之学 …… 301
在华东师范大学纪念1977、1978级校友毕业30周年大会上的发言 …… 306

## 《历史教学问题》献词与按语

2001年新年献词 …… 311
“名著与经典解读”专栏 …… 314
“寻觅历史”专栏 …… 315
“一得之见”专栏 …… 316
“寻根上海”专栏 …… 317
“牢记历史，悲剧不能重演”专栏 …… 318

# 沙皇俄国及苏联史研究

# 强借罗马尼亚“通道”，争夺巴尔干霸权

## ——1877—1878 年俄土战争中沙皇式解放的真相

在保加利亚首都索菲亚的解放者沙皇广场上，矗立着一座巨大的铜像：沙皇亚历山大二世骄横地骑在一匹马上，狡黠的双眼贪婪地注视着西方，手中的利剑恶狠狠地刺向波涛起伏的黑海海峡，口中仿佛唠叨着他父辈的宿愿：“取下通向西欧的钥匙，占领君士坦丁堡！”①这座在 1877—1878 年俄土战争后建造的沙皇铜像，是沙皇俄国妄图囊括巴尔干、中近东，进而争霸欧洲野心的自我暴露，也是它标榜“解放”“自由”进行招摇撞骗的丑恶表现。

沙皇俄国是一个梦寐以求世界霸权的殖民大帝国。向西称雄欧洲是它争霸世界的反革命全球战略的重点，夺取欧洲的南翼巴尔干、中近东，并由此打入西欧是它传统的侵略路线。在土耳其帝国②统治下的巴尔干中近东地区，具有十分重要的战略地位，历史上一直是列强激烈逐鹿的场所。它扼欧、亚、非三洲的咽喉，控制着黑海和东地中海的门户，以及通往印度洋的航路，特别是黑海海峡乃是沙俄西出地中海，进逼欧洲心脏地区的捷径。因此，沙俄对这一地区一直十分着迷，狂妄地把君士坦丁堡视为沙俄房屋的“钥匙”③，把征服土耳其帝国当作其对外的基本国策。

恩格斯在揭露沙俄对土耳其的侵略时指出：“侵占君士坦丁堡是俄国对外政策一贯的目的，为了达到这个目的，它是不择手段的。”④又说俄国如果控制了土耳其，“这不仅会意味着对东方基督教世界的精神统治，而且也是确立

---

① 君士坦丁堡是土耳其的首都，现名伊斯坦布尔。

② 在近代，土耳其帝国是一个地跨欧、亚、非的庞大殖民帝国，土地辽阔，民族复杂。巴尔干半岛、埃及、叙利亚、巴勒斯坦等广大地区以及黑海海峡、苏伊士运河等重要航道均在其版图之内。17 世纪后，日益衰落，成为列强争夺的对象。

③ 这是沙皇亚历山大一世在 1808 年和法国大使科林库尔谈话时的用语。

④ 恩格斯：《萨瓦、尼斯与莱茵》，见《马克思恩格斯全集》第 13 卷，第 675 页。

对欧洲的统治的决定性一步。这会意味着对黑海、小亚细亚、巴尔干半岛的独占统治”①。

为了实现这个战略目标,打开通向西欧的南方“窗户”,历代沙皇发出了占领君士坦丁堡的疯狂叫嚣,要把它变成与彼得堡、莫斯科并列的第三都城——沙皇格勒,把黑海变成“俄国海”。沙俄为此与西方列强开展了长期的激烈争夺,演出了一幕幕既争夺又勾结的丑剧,造成了这个地区长期不得安宁的局面。

19 世纪 70 年代,俄国的社会阶级矛盾空前激化,革命斗争日益高涨。被社会革命幽灵吓得发抖的沙皇政府只好采取一个办法——战争,妄图用对外战争的胜利来淹没人民革命斗争的呼声。国内的政治危机给沙皇政府对外扩张的战争机器拧紧了最后一颗螺丝钉,沙俄不顾克里木战争惨败的教训,孤注一掷地再次挑起对土耳其的侵略战争。

在土耳其的残暴统治下,巴尔干、中近东地区民族矛盾尖锐复杂。1875 年巴尔干半岛燃起了反对土耳其暴政的民族解放斗争的烈火。波斯尼亚和黑塞哥维那的农民不堪土耳其官吏、地主的暴虐,首先揭竿而起,各地随即群起响应。1876 年保加利亚和罗马尼亚都掀起了反土斗争。巴尔干是欧洲国际政治上的活火山,这里稍有动静,整个欧洲就动乱不安。1875 年夏巴尔干的斗争烽烟一起,列强就纷纷插手,沙俄更是乘机兴风作浪,蓄意借端启衅,挑起对土战争。

沙俄对外扩张从来都是打着冠冕堂皇的旗号的。这次,沙皇亚历山大二世重操故伎,仍然抬出“支持巴尔干民族解放运动”的招牌来达到扩张的目的。它无耻地声称要把巴尔干一亿六千万受“倒悬之苦”的“同种”“同教”的斯拉夫兄弟从土耳其“异族”“异教”的压迫下拯救出来,“解放”到沙皇政权之下,“联合”到神圣的斯拉夫帝国中。沙皇政府疯狂地掀起反动的泛斯拉夫主义恶浪,为兼并巴尔干,建立泛斯拉夫帝国制造舆论。从 19 世纪 60 年代起,俄驻土大使和驻巴尔干各地领事都改由狂热的泛斯拉夫主义者充任。同时,沙俄以“军事援助”为幌子,把大批俄国军事教官和特务间谍派到巴尔干去。前往塞尔维亚的“志愿军”就有 4000 多名,其中不少是军官。俄国陆军将领柴纳也夫担任了塞尔维亚前陆军总督,掌握了塞军的指挥权。在俄国的

① 恩格斯:《俄国沙皇政府的对外政策》,见《马克思恩格斯全集》第 22 卷,第 20 页。

支持下，1876年六七月间塞尔维亚和门的内哥罗对土耳其宣战。

亚历山大二世还打出了“维护”欧洲和平的破旗，借口巴尔干战火破坏“欧洲和平与安全”，以调停为名，大要外交诡计，从中渔利。他一会儿支持塞尔维亚、门的内哥罗等进行反土斗争，一会儿又强令双方接受“停火”；一会儿勾结这一大国，一会儿拉拢另一大国，一会儿又独自赤膊上阵，纵横捭阖，两面三刀，竭尽玩弄阴谋之能事。

1876年八九月间，由俄国将领柴纳也夫指挥的塞尔维亚军队被土军连连打败，塞尔维亚政府发出要求列强调停的呼吁，土耳其拒绝停战。沙俄便发表声明，叫嚷如果土耳其不接受“调停”，俄将出兵占领保加利亚，奥匈帝国将占领波斯尼亚，列强联合舰队将驶入博斯普鲁斯海峡。10月中，俄国驻土大使伊格纳提夫奉沙皇之命重返君士坦丁堡，对土耳其施加压力。月底，沙俄对土发出通牒，限令土耳其在48小时内与塞尔维亚停火，否则俄大使立即离开君士坦丁堡。在沙俄的要挟下，土耳其宣告停战六个星期。土耳其被迫停战，俄国却积极准备对土战争。为了避免列强的干涉，在发动对土战争前，沙俄和英、奥分别进行了幕后交易。1877年1月，沙俄和奥国签订了秘密协定，规定一旦俄、土交战，奥地利将保持“友谊中立”，但可根据情况占领巴尔干西部地区。沙俄口口声声说要解放斯拉夫兄弟，但出于需要，又像转卖农奴似的把他们送给了自己的敌人，狠毒奸刁，无以复加。2月间，沙皇派遣前驻土大使伊格纳提夫先后访问柏林、维也纳、罗马、巴黎和伦敦，并和英国达成了“谅解”。英国承诺在未来的俄土战争中信守中立；俄国则保证不妨碍英国在苏伊士运河的利益，不占领君士坦丁堡，维持海峡现状，俄军停止在中亚向印度方向推进。沙俄获得英、奥中立保证后，有恃无恐，便致书各国，决心用武力解决土耳其问题，并不断增派“志愿军”到巴尔干地区。为了表示对和平作出“最后努力”，沙俄提议列强伦敦会议发出通牒，强令土耳其停止战争，并在列强的监督下实行内政改革。土耳其拒绝接受通牒，反对列强干涉内政，要求俄国撤兵，当土耳其把复文送到彼得堡的第二天，亚历山大二世便发布全国战争动员令，并立即离开彼得堡，奔赴什乌辅南部大本营。4月24日沙皇颁发对土宣战诏书，声称：由于土耳其的固执与傲慢，一切和平努力已遭失败，为了使受土耳其压迫之苦的基督教徒同享幸福，吾等乃不惜牺牲对土作战。同日，沙俄外交大臣哥尔查科夫给各国政府发出通告，声称：“为了俄国的尊严和利益不得不诉诸武力。”1877—1878年俄土战争就这样开始了。

当时，由于俄国的黑海舰队只是从1870年废除《巴黎条约》后才开始重建，缺乏海上作战力量，因此，俄军要进攻君士坦丁堡必须从陆上借道罗马尼亚。对土耳其作战前夕，4月16日，俄国软硬兼施，迫使罗马尼亚缔结同盟条约，以不侵犯罗马尼亚主权领土的虚伪保证，取得俄军在罗马尼亚境内的通行自由以及使用邮电、铁道、船舶和在布加勒斯特设置武器库等特权。罗马尼亚政府准备将此条约提交26日召开的临时议会批准，但是，到了23日晚，俄驻罗总领事突然通知罗政府，俄军将于24日进入罗境，并不容异议。在俄军的压力下，罗马尼亚被迫屈意下令边防军撤退，打开大门，让俄军进入，同时宣布中立。

战争开始后，俄军20万分两路攻入土耳其。一路由尼古拉亲王率军12万人经罗马尼亚，渡多瑙河，从西北直逼君士坦丁堡；另一路由米格尔亲王率军9万余人沿黑海东岸，穿过亚美尼亚和小亚细亚从东面扑向君士坦丁堡。6月22日，俄军渡过多瑙河，侵入保加利亚，并节节推进，占领了大半个巴尔干半岛。但在7月底攻打普列夫那城时遭到了土耳其的顽强抵抗，俄军屡攻不下，死伤惨重，损兵折将数万人。为了拔掉这颗通向君士坦丁堡路上的硬钉子，俄军需要罗马尼亚军队的帮助。就此，尼古拉亲王致书罗马尼亚政府，说什么俄军前后驻有其他国家的军队乃兵法所不容，蛮横要求罗马尼亚或者把罗军解散，或者将其编入俄军。罗马尼亚政府派代表去见尼古拉亲王，表示对此违反同盟条约，严重侵犯主权的要求难以同意。但是已经引入堂室的豺狼哪会发善心，结果罗马尼亚只好同意组成俄罗“联军”，充当俄军的右翼。在罗军的助战下，俄军于12月10日攻占了围攻5个月而未克的普列夫那城。俄军随即越过巴尔干山脉，长驱直入君士坦丁堡。

1878年1月初，沙俄占领了索菲亚，并很快占领了整个保加利亚。沙俄在保加利亚俨然以“解放者”自居，到处张贴告示，喧嚷什么从今以后保加利亚可免受土耳其的蹂躏，并无耻地要求保加利亚人极力报效“恩主俄军”。这时，俄军在外高加索方面也步步推进，从而对君士坦丁堡形成了钳形攻势。惊慌失措的土耳其苏丹屈服于俄军的压力被迫乞降求和。但沙俄利用谈判加紧向前推进。1月20日，俄军占领亚得里安堡，进抵君士坦丁堡的门前。

俄军兵临君士坦丁堡，在欧洲激起巨大反响。英国尤为惊恐，起而干涉。早在俄军攻克普列夫那时，英国外相就警告俄国，凡俄土之间订立条约，如违反《巴黎条约》和《伦敦条约》者，非经上述缔约国同意，概属无效。同时命令停在比斯开湾的舰队驶进达达尼尔海峡，英内阁还要求议会增拨临时军费600万英镑，大造战争紧张氛围。1月21日，英政府进一步宣称，俄国如果要占领君士坦丁堡，英就对俄宣战。这时，俄国已经打得筋疲力尽，军备空虚，财政破产，不敢再与英国火并，重蹈克里米亚战争的覆辙。沙皇只好声明，愿将未来和约中有关整个欧洲利益的那些条款提交国际会议讨论，并命令俄军总司令在土耳其接受休战时，切毋占领君士坦丁堡。1月31日，俄、土在亚得里安堡签订了休战协定。但协定签订后，俄军仍继续进军。英国对此大为震怒，英国女王维多利亚写信给内阁说：“如果我是男子，一定会立即打到俄国去。”2月8日，英以保护在君士坦丁堡的侨民为借口，下令海军大将霍伦比率舰队进入达达尼尔海峡。俄国也虚张声势，声称如英舰深入海峡，俄军就立即占领君士坦丁堡，以保护基督教徒“兄弟们”的生命。

2月15日，英舰不顾俄国威胁驶抵君士坦丁堡附近的王子岛，同时强硬声明，如俄军占领君士坦丁堡，英将与俄断交。这时奥政府也声明，如俄军占领君士坦丁堡，它就召回驻彼得堡的大使。列强一压，沙俄就软下来，沙皇急忙下令已经看得见索菲亚教堂圆顶的俄军在距君士坦丁堡12俄里的圣斯蒂凡诺村立即止步。

3月3日，俄土在圣斯蒂凡诺签订和约，规定建立大保加利亚自治国，领土从多瑙河延伸到爱琴海，鉴于保加利亚缺乏“自治能力”，决定由俄军占领两年，帮助它建立国家制度。《圣斯蒂凡诺和约》还规定，土耳其将阿尔达汉、卡尔斯和巴统割给俄国；罗马尼亚将南比萨拉比亚划归俄国，仅取得荒凉的北多布罗加作为补偿，两年内俄军可借道罗马尼亚进入保加利亚。《圣斯蒂凡诺和约》同时规定黑海海峡随时向沙俄开放。

《圣斯蒂凡诺和约》的签订，使罗马尼亚成了俄国通向君士坦丁堡的一个驿站，保加利亚成了俄国控制海峡，楔入地中海的桥头堡。俄国在巴尔干树立的绝对优势，打开了它向西欧进军的大门，大有囊括中近东、席卷欧亚之势。列强对俄国的扩张群起反对，同声抗议。奥地利首先倡议召开欧洲大国会议来重审《圣斯蒂凡诺和约》。英国立即支持，并要求《圣斯蒂凡诺和约》中所有条款提交国际会议讨论。俄国不愿轻易交出已经到手的赃物，声称欧洲会议无权干涉俄土两国间的条款。为了迫使俄国就范，英国宣布动员后备军,下令印度的军队开赴地中海的马耳他岛,对俄国施加军事压力。同时,奥地利也增拨军费,在俄国的侧翼频频调动军队。俄国对此采取了一系列对策:一方面加强战备,筹募军费,更换黑海舰队司令,向君士坦丁堡方向调兵遣将,并派将校到美国去催促订购的船舶。另一方面在外交上极力拉拢德国,要求俾斯麦对奥地利进行牵制,但俾斯麦不愿俄国在巴尔干扩大它的势力,便复函亚历山大二世,说:"德国正在注视莱茵方面,不能同时抵制奥国。"一口拒绝了沙皇的要求。俄国四面楚歌,陷于孤立,被迫同意将《圣斯蒂凡诺和约》提交国际会议"审查"。

国际会议召开前,列强展开了频繁的幕后活动。特别是俄英这两个主要的争霸对手就国际会议将讨论的重要问题进行了激烈的讨价还价,达成了肮脏的交易。5 月 30 日,英俄在伦敦签订了秘密协定。英国同意俄占领比萨拉比亚和阿尔达汉等地,俄承认缩小保加利亚的领土,其南部国界远离爱琴海。接着,英国又与土耳其签订协定,规定土耳其将塞浦路斯割予英国,英国保障土耳其亚洲领土的完整,但阿尔达汉、卡尔斯、巴统须割给俄国。

经过一番幕后交易后,1878 年 6 月,修改《圣斯蒂凡诺和约》的欧洲列强会议在柏林开场,出席的有英、俄、德、奥、土等七国。尽管事先已有种种协议和谅解,但斗争仍很激烈。斗争的焦点是关于保加利亚的领土划分问题。俄国企图推翻英俄密约,极力维持《圣斯蒂凡诺和约》中关于建立大保加利亚的决定。英国生怕俄国利用保加利亚的爱琴海岸建立地中海海军基地,威胁它的海上生命线,坚持要按英俄密约缩小保加利亚的领土。英首相迪斯累里强硬声明"如不同意,只有干戈相见"。结果,俄国退让,同意将保加利亚领土缩小到巴尔干山以北,使之同爱琴海隔绝。会议还再次重申黑海海峡禁止外国军舰出入。罗马尼亚问题在会上也引起了激烈争执。早在《圣斯蒂凡诺和约》决定将南比萨拉比亚割给俄国的消息传到罗马尼亚时,举国群情激愤,一致抗议盟国沙俄肢解其领土。在会上,罗马尼亚代表提出反对割地的严正要求,俄国代表听了咆哮如雷,盛气凌人地对罗马尼亚进行恫吓:"若再异议,当出兵占领全国。"在沙俄的要挟下,结果也按英俄密约处理了事。罗马尼亚是同俄国订有条约的盟国,它为俄国进攻君士坦丁堡提供了通道,它的军队帮助俄军在普列夫那取得了关键性胜利,获得的报答却是丧地辱国。这一事实充分证明,条约不过是俄国用以进行欺骗、干涉和掠夺的工具,"俄国的结盟真是引人上钩的诱饵!”①

柏林会议修改了《圣斯蒂凡诺和约》，迫使沙俄吐出了一些已经到手的赃物，把沙俄伸向地中海的魔爪打了回去，但是俄土战争的结果还是大大加强了沙俄在巴尔干的势力，特别是保加利亚完全沦为俄国的卫星国。

俄土战争后，保加利亚表面上摆脱了土耳其的统治，取得了独立，实际上却置于沙俄“解放者”的武装占领之下。保加利亚的统治大权总揽在俄国占领军司令顿杜科夫-科尔萨科夫手中，政治制度由俄军占领当局帮助建立，一切都是俄国式的。内阁大臣由俄国将领及其走狗充任，各省省长是清一色的俄国佬，各级官吏也由俄国当局遴选。所谓保加利亚“民族军”全被俄国军官直接控制，从部队编制到士兵服装都照搬俄军。甚至，保加利亚的国王也由沙皇“赏予”，宪法须经彼得堡沙皇办公厅审查。总之，“解放者”沙俄在保加利亚是君临一切的“太上皇”，到处横行霸道，作威作福，一旦保加利亚稍有不满表示就残酷进行镇压。

俄土战争前后，沙俄与英奥等列强争夺巴尔干中近东霸权的历史证明，列强在这一地区的争霸斗争是无法调和的，它们既争夺又勾结，但争夺是根本的、长期的，勾结是表面的、暂时的，勾结是为了更大的争夺。沙俄野心很大，但力量不足，看上去张牙舞爪、气势汹汹，其实它大而虚、凶而弱，一遇西欧列强联合行动，就不得不龟缩回去，乃至吐出已经到口的东西。沙俄和英奥的争霸斗争是巴尔干、中近东长期不得安宁的根源，给这一地区的人民带来无穷的灾难。沙俄在这一时期的所作所为，完全撕去了它骗人的假面具，暴露出它那凶残狠毒、阴险狡诈的真面目。它口称“解放”“援助”“友谊”“和平”，实为侵略、干涉、控制和掠夺。正如恩格斯在揭露关于“万能的沙皇解放各国人民”的谎言时所指出的:“保加利亚人已经从派到他们国家去的沙皇代理人的活动中饱尝了‘沙皇式解放’的滋味”;斯拉夫各族人民获得真正自由和解放的主要障碍和危险敌人“就是那个以解放这些民族的假面具来掩盖自己的独霸世界计划的沙皇政府”。②

本文原载《教育实践》(上海)1974 年第 1 期

① 恩格斯:《致保尔·拉法格(1887 年 1 月 28 日)》，见《马克思恩格斯全集》俄文版第 36 卷，第 506 页。

② 恩格斯:《俄国沙皇政府的对外政策》，见《马克思恩格斯全集》第 22 卷，第 51、55 页。

# 沙皇俄国的对外扩张

在近代历史上,沙皇俄国是靠火和剑征服、兼并他国而建立起来的一个庞大殖民帝国。15 世纪末,当俄罗斯刚成为统一国家不久,第一代沙皇伊凡四世便以古罗马帝统的继承者自居,宣称要建立称霸世界的第三罗马帝国。以后,好几代沙皇都梦想建立一个从易北河到中国、从亚得里亚海到北冰洋的庞大的"斯拉夫帝国",甚至还妄图把印度和夏威夷也收入帝国版图。一百年前,马克思在揭露沙俄的侵略政策时指出:"它的方法、它的策略、它的手段可能改变,但是这一政策的主旨——世界霸权是不会改变的。"①为了实现这一目的,他们"有多大本领就能干出多大的伤天害理的事情"。② 在它称霸世界的全球战略中,向巴尔干、中近东扩张,进而争霸欧洲,是它的传统的侵略路线。今天重温这一段历史,对于观察当前两个超级大国争霸世界的动向,不无裨益。

沙俄争霸世界的扩张活动主要按照西进、南下和东征三个方向进行。

向西扩张,称雄欧洲,这是沙俄争霸世界的全球战略的重点。近代欧洲是资本主义的发源地和心脏地区。谁主宰了欧洲,把欧洲列强置于自己的控制之下,谁也就可以把这些列强的海外属地和势力范围攫为己有。因此,第一个称大帝并为后世沙皇规定种种侵略方针的彼得一世(1682—1725 年在位),就把打开通往西欧的"窗户"看作首要战略目标,并拼其全力创建海军,夺取了波罗的海出海口,为沙俄争霸欧洲迈出了第一步。那个被俄国贵族颂为"贵族女王"的叶卡特林娜二世(1762—1796 年在位),更是念念不忘征服

---

① 《马克思恩格斯全集》第 16 卷,第 226 页。

② 《马克思恩格斯全集》第 22 卷,第 17 页。

欧洲,她曾狂妄地叫嚷:“假如我活到两百岁,欧洲全部就会落到俄罗斯统治之下”。直到20世纪初,沙俄仍然把扩张重点放在欧洲,末代沙皇尼古拉二世(1894—1917年在位)一再强调,俄国的政策是“不要漠视东方,但是要把最大的注意力放在西方”。

东征侵略中国、朝鲜,夺取东亚霸权,是沙俄全球战略的另一组成部分。俄国沙皇曾毫不隐讳地说:“在东亚确立和扩张俄罗斯的势力,从长远来看,正是我们统治世界的重要课题。”

向巴尔干、中近东扩张,在沙俄争霸世界的战略中,起着包抄西欧的作用,是“声东击西”政策中的一个重要环节。在当时,它把注意力放在宰割地跨欧、亚、非三洲的土耳其上。

在近代,土耳其奥斯曼帝国统治着巴尔干、中近东和北非的广大地区。它扼欧、亚、非三洲的咽喉,控制着黑海和东地中海的门户以及通往印度洋的航路,在战略上具有十分重要的地位。这个地区又是个广阔的市场,拥有丰富的自然资源,因此,沙俄一直十分着迷。恩格斯在揭露沙俄对土耳其的扩张野心时指出:“俄国如果控制了土耳其,它的力量几乎会增加一倍,它就会比其他欧洲国家加在一起还要强大”①,“这不仅会意味着对东方基督教世界的精神统治,也是确立对欧洲的统治的决定性的一步。这会意味着对黑海、小亚细亚、巴尔干半岛的独占统治”②。

为了实现这个战略目标,历代沙皇发出了疯狂的叫嚣,要侵占君士坦丁堡,把它变成沙皇格勒,把基督教的十字架竖立在索菲亚清真寺的塔尖上。彼得一世首先把这种侵略野心变成了侵略行动,为此建立了沙俄第一支舰队,在17世纪末连续两次发动战争,远征亚速海,夺取亚速要塞,揭开了南下侵略扩张的序幕。从此以后,一次征服接着一次征服,一次兼并继之一次兼并,每隔一二十年就要发动一次大规模的对土战争,明抢暗夺,不断肢解。至19世纪中叶,沙俄在土耳其的欧洲部分获得的领土超过了普鲁士的领土面积,在土耳其的亚洲部分获得的领土有全部德国领土那么大。

沙俄侵占中近东的关键目标,是独霸黑海海峡。只有控制了海峡,它的

---

① 《马克思恩格斯全集》第9卷,第18页。

② 《马克思恩格斯全集》第22卷,第20页。

庞大黑海舰队才能西出地中海，进逼欧洲的心脏地带。在叶卡特林娜二世时期，沙俄从土耳其手中夺取了亚速海沿岸地区，兼并了克里木，把俄国的边界从布格河推进到了德涅斯特河，第一次实现了历代沙皇梦寐以求的打开南方"窗户"的愿望，取得了通航黑海海峡的权力。

沙俄夺取海峡，意在西欧。它一获得海峡的通航权，马上利用欧洲激烈动荡的时机，在1798年把庞大的黑海舰队开进法国的"内湖"——地中海，次年占领科孚岛，觊觎马耳他。与此同时，它又派大量陆军远征被法国占领的意大利，用刺刀在那不勒斯王国"恢复王位和祭坛"，从陆地到海洋展开了同拿破仑帝国争夺欧洲大陆霸权的斗争。自此以后的半个世纪中，它几次进军西欧和中欧，镇压革命，在反革命的复辟逆流中爬上了欧洲大陆霸主的地位。

## 二

沙俄向巴尔干、中近东扩张，不能不同西方列强发生激烈的争夺。在拿破仑帝国崩溃以后，沙俄先是同英国，后是同德国在这里上演一幕幕既争夺又勾结的丑剧，造成了这个地区长期不得安宁的局面。

19世纪中叶，俄、英两霸的既争夺又勾结，在"东方问题"上激烈地表现了出来。所谓"东方问题"，其实质就是夺取急剧衰败的奥斯曼帝国的"遗产"问题。英国打着维持奥斯曼帝国"完整"的旗号，企图独占中近东，和英属印度连成一片，保障大英殖民帝国的生命线，并作为阻挡俄国南下的屏障，把"俄国熊"关在黑海的彼岸。俄国则要肢解土耳其，夺取巴尔干和黑海海峡，南下掐断大英帝国的生命线。一个从西向东，一个自北而南，在这里迎面相撞。俄英两霸冲突的焦点，首先还是海峡问题。

1831年，当土耳其属地埃及的总督起而反抗奥斯曼帝国统治的时候，沙俄一反常态，打起了保护土耳其"完整"的旗号，向土耳其苏丹政府主动建议，协助镇压埃及的反抗，派遣军舰开入博斯普鲁斯海峡，"保卫"君士坦丁堡。土耳其苏丹眼见危在旦夕，只得借用沙俄的刺刀来维持自己摇摇欲坠的统治，他说："当人溺在水里的时候，纵使毒蛇也要抓着来救命。"可是，沙俄这条毒蛇，不是来"救命"的，而是来咬人的。它凭借驻扎土京附近的三万大军乘机敲诈勒索,逼使土耳其签订秘密条约,规定土耳其必须根据俄国的利益,禁止其他国家的军舰通过黑海海峡。俄国人说声“开”,海峡就向俄国人开放;俄国人说声“关”,海峡就对其他国家的军舰关上门。土耳其苏丹只不过是一个为俄国人看门的更夫,而黑海变成了沙俄的内湖。俄国独霸海峡,引起了英国的恐慌,在欧洲激起了轩然大波。1840 年由英国打头,联合普奥等国对沙俄施加压力,迫使它在伦敦签订海峡公约,规定任何国家的战舰平时都不得通过黑海海峡,使得沙俄独霸海峡的野心宣告破产。

沙俄独吞海峡的野心一再碰壁后,便改变策略,企图与英国两家合伙瓜分土耳其。1844 年,尼古拉一世亲访伦敦,同英国进行秘密瓜分土耳其的肮脏交易。1853 年,他又同英国驻俄大使秘密会谈,提议两国缔结瓜分土耳其的“友好”协定。沙皇尼古拉一世大肆鼓吹大国主宰世界的强权政治,他对英国人说:“只要我们达成协议,别人怎么想,怎么做,都无关紧要。”但是,沙俄要同英国拴在一起是不那么容易的,俄英两家在这一地区的争霸斗争是无法调和的。英国根本不愿同俄国分享霸权,而沙俄的建议也不过是它玩弄的一种策略,最终目的还是独吞土耳其。尼古拉一世曾说,“如果英国打算最近在君士坦丁堡建立自己的统治,我是不允许的”,而要俄国“作为暂时的保护者,我是不拒绝的”。对于沙俄包藏这样的祸心的“友好”建议,英国是不能接受的。

图穷匕见。软的不行来硬的,文的不行来武的。1853 年 10 月,沙俄孤注一掷地发动了对土耳其的大规模侵略战争。战争在多瑙河、高加索和黑海海面上全面展开,站在土耳其背后的英法立即把舰队开进博斯普鲁斯海峡。11 月,俄国海军在黑海南岸的锡诺普歼灭了土耳其舰队,直逼君士坦丁堡。英法也把舰队开进黑海,并于 1854 年 3 月对俄宣战。这样,俄英两霸就由谈判桌上的钩心斗角,变为战场上的武装火并,俄土战争演变成了欧洲战争。9 月,英法联军在克里木登陆,围攻塞瓦斯托波尔要塞,展开了长达一年的争夺战。俄军在战争中连遭惨败,国内革命运动风起云涌。面对内外交困的处境,那个妄自尊大的尼古拉一世服毒自杀。玩火者必自焚。他生前曾狂妄地叫嚷要用战争为即将死去的土耳其办理丧事,到头来他点起的战火却首先焚毁了他自己。1855 年 9 月,英法联军占领了塞瓦斯托波尔。1856 年交战双方签订《巴黎和约》,俄国被迫放弃在黑海保有舰队的权利,拆除黑海沿岸的要塞。这样,英国又用炮舰把企图冲进地中海的沙俄打了回去。

克里木战争的失败,使沙俄从欧洲霸主的顶峰上跌落下来。但这并不意味着俄英争霸斗争的结束。沙俄并不甘心失败,加紧扩军备战,并利用西欧大国之间的矛盾,“从它们的敌对关系中坐收渔利,以便推行俄国的侵略政策”。① 1870 年的普法战争一爆发,沙俄就在俾斯麦的支持下,声明废除 1856 年《巴黎条约》中有关禁止俄国在黑海拥有舰队的规定,重建与英国较量的黑海舰队,并于 1877 年再次发动对土战争。强渡多瑙河的俄军,打到了土耳其首都的门口,迫使土耳其签订城下之盟。这时,英国又一次出面干涉,把舰队开进马尔马拉海,停泊于土京附近,形成了列强争夺土耳其的新的“东方问题”危机。英国的武装示威和列强的联合外交压力,迫使俄国把已经签订的《圣斯蒂凡诺和约》提交柏林国际会议重审。俄国被迫吐出了一些已经到口的赃物,但还是大大加强了它在巴尔干的势力,保加利亚变成了沙俄控制黑海和向西欧扩张的桥头堡。沙俄向巴尔干、中近东扩张,不仅同英国在西翼争夺巴尔干和黑海海峡,展开拼死的决斗,而且在南下的东翼——中亚、伊朗、阿富汗同英国进行激烈的争夺。英国以印度为基地,北上侵略和蚕食阿富汗、伊朗和中亚,直逼沙俄的心脏;俄国则从欧洲南下,兼并中亚,侵略伊朗和阿富汗,进而威胁印度。沙俄通过一系列侵略战争从伊朗夺取了格鲁吉亚、北亚塞拜疆等大片土地。它还在中亚吞并了浩罕汗国、希瓦汗国、布哈拉汗国,到了 19 世纪 80 年代,进一步占领了土库曼地区,与英国指挥的阿富汗军队发生武装冲突,英俄战争大有一触即发之势。沙俄征服中亚和把伊朗变为自己的附庸国,从而打开了进攻印度的通道,企图用入侵印度的威胁迫使英国放弃在黑海海峡的争夺。恩格斯揭露了沙俄在南下中的声东击西策略,指出:“如果英国企图阻挡俄国通向黑海的道路,俄国就会设法在印度给英国制造许多麻烦。”②

俄英之间争夺巴尔干和中近东地区的斗争,持续了半个多世纪,把这里搞得乌烟瘴气。但是,到了 19 世纪末和 20 世纪初,随着各主要资本主义国家进入帝国主义阶段,列强在这里的争霸斗争就变得更加复杂和激烈,直接导

---

① 《马克思恩格斯全集》第 22 卷,第 19 页。

② 《马克思恩格斯全集》第 22 卷,第 50 页。

致了帝国主义的世界大战。

19 世纪末，最大的资本主义国家已经把世界瓜分完毕。在帝国主义列强重新瓜分世界的斗争中，像土耳其、伊朗等形式上独立的国家，就更成为它们互相角逐的焦点。垄断资本同封建残余相结合，沙俄军事封建帝国主义，特别富于侵略性。它在同日本争夺远东的日俄战争失败以后，再次把侵略矛头指向巴尔干和中近东地区。沙俄外交大臣伊兹沃尔斯基说："俄国失去了满洲，连同旅顺口在内，因而也失去了在东方通往海洋的出路。从此，俄国扩张海、陆军主要力量的地点就只能是黑海了，俄国必须从这里通到地中海。"但是，沙俄在这里的扩张，它现在的主要对手已不再是宿敌英国，而是德国这个后起的帝国主义国家了。

野心勃勃的德国，为了争夺全球的霸权，加紧了向巴尔干、中近东渗透。1898 年德皇威廉二世访问土耳其，在公开演讲中宣称自己是三万万穆斯林和他们的教主——土耳其苏丹的朋友。德国还陆续从土耳其苏丹那里获得了从海峡经科尼亚、巴格达到波斯湾修建一条铁路的租让权，这就是著名的"巴格达铁路计划"。德国对此曾得意地宣称："巴格达铁路将替我们开辟到伊朗和阿富汗的道路，而成为架在英属印度上面的一把利剑。"接着，德国的军官训练并改编了土耳其军队。德国的扩张，不仅使英国，同时也使俄国感受到了莫大的威胁。于是俄英两国为了保护自己的既得利益，就勾结起来共同对付德国。1907 年，沙俄同英国缔结了瓜分伊朗、阿富汗的秘密协定，伊朗北部划为俄国的势力范围，伊朗南部和阿富汗划为英国的势力范围。沙俄在西亚同英国暂时调整关系以后，就马上全力以赴在巴尔干同德奥集团展开激烈的竞争。双方为了各自的帝国主义目的，都竭力利用巴尔干地区的民族矛盾。德国从维护它在土耳其的利益出发，同奥匈帝国一起支持土耳其，极力阻挠巴尔干各国的民族独立。沙俄则竭力利用巴尔干斯拉夫人反土耳其统治的斗争来扩大自己在巴尔干的势力，夺取黑海海峡，并妄图使巴尔干各国的反土同盟成为未来的欧洲大战中对付德奥的工具。在 1912—1913 年的两次巴尔干战争中，沙俄同德奥都插手其间，把巴尔干人民争取民族解放的斗争纳入大国争霸的轨道。巴尔干成了帝国主义矛盾的焦点，成了欧洲的火药库。1914 年夏，沙俄同其他帝国主义强盗一起，就是在这里点起了世界大战的火焰。

沙俄与英国和德国争夺巴尔干和中近东的历史证明，沙俄的侵略野心是不可抑制的。当西欧列强联合起来对付它的时候，它可以被迫暂时接受一些国际协定，吐出一些赃物，以换取一个喘息的时机；一旦西欧列强出现裂痕，有空好钻，它就立即再度挑起战争，妄图夺取海峡，闯进地中海。达成协定，挑起战争，再达成协定，再挑起新的战争，如此循环，这就是沙俄的行动公式。沙俄同英德的争霸斗争，是这个地区长期不得安宁的根源，给这个地区的人民带来了无穷的灾难。

## 三

沙俄的对外扩张，常常打着冠冕堂皇的“救世”的旗号。正如恩格斯所指出的：“沙皇政府每次掠夺领土，使用暴力，进行压迫，都是拿开明、自由主义、解放各族人民作为幌子。”①

在高加索和中亚细亚，沙俄打着传播“文明”和“防止”他国扩张的旗号，无耻地把自己的殖民侵略说成“承担在东方的文明任务”。但是血的事实粉碎了这些无耻谎言。以沙俄总督为首的俄国殖民当局，在这些地区疯狂推行反动的“俄罗斯化”政策，残酷剥削，野蛮屠杀，摧残民族文化，禁止使用本民族语言。无穷无尽的折磨，使许多少数民族陷于灭绝的危险。吉尔吉斯人在1903年到1913年减少了百分之七到百分之十。残暴的压迫激起了高加索和中亚各少数民族人民的猛烈反抗。高加索一些地区的山民起义坚持了40年之久，才被沙皇血腥地镇压下去。

在土耳其统治下的巴尔干和阿拉伯地区，沙俄则打起“支持各族人民解放”的招牌，以“援助”为诱饵，进行渗透和扩张。1875年和1876年，巴尔干黑塞哥维那和波斯尼亚的南部斯拉夫人以及保加利亚人，先后发动反抗土耳其统治争取民族独立的起义。沙俄浑水摸鱼，乘机向土耳其发动进攻。它同罗马尼亚达成协议，虚伪地保证绝不侵犯罗马尼亚领土主权，俄军得以穿越罗境，并在罗军的帮助下，在普勒夫那击败土耳其，迫使土耳其签订了合约。可

① 《马克思恩格斯全集》第22卷，第26页。

是，战争的结果，沙俄不仅从土耳其那里夺取了大量土地和赔款，还从罗马尼亚那里抢走了南比萨拉比亚，并把刚从土耳其统治下解放出来的保加利亚置于沙俄军事占领的武装“保护”之下。保加利亚的官厅、军队和一切制度都是俄国式的，全部大权都操纵在沙皇亚历山大三世的表弟手里，实际上沦为沙俄的卫星国。恩格斯在揭露关于“万能的沙皇解放各国人民”的谎言时指出：斯拉夫各族人民获得真正自由和解放的主要障碍和危险的敌人，“就是那个以解放这些民族的假面具来掩盖自己的独霸世界计划的沙皇政府”。[①]

从彼得一世到尼古拉二世的200多年中，沙皇俄国施尽诡计，穷兵黩武，一再挑起战争。在这个过程中，它侵占了大片土地，一度几乎独霸黑海海峡。但是，一切扩张侵略，都要走向它的反面。沙俄的每一次扩张，不仅遭到西方列强的猛烈反击，更重要的是激起了被奴役各族人民更剧烈的反抗，酿成了更深重的国内革命危机。正是在沙俄与英法合伙同德奥争夺巴尔干、中近东而挑起的第一次世界大战中，列宁领导俄国无产阶级，联合被奴役的各族人民，奋起革命，埋葬了罗曼诺夫王朝。

本文原载《学习与批判》（上海），1974年第6期

① 《马克思恩格斯全集》第22卷，第55页。

# “解放”幌子下的侵略

## ——沙皇俄国侵略巴尔干的鬼蜮伎俩

革命导师恩格斯在揭露沙皇俄国打着“解放”的旗号侵略巴尔干的罪恶活动时,曾一针见血地指出,所谓“沙皇式解放”乃“在解放的幌子下的侵略”。[①] 但是,近年来莫斯科的宣传机器却竭力宣扬沙皇俄国是巴尔干被压迫各族人民的“保护者”,它在同土耳其的战争中,“消除了巴尔干半岛大部分土地上的土耳其压迫,解放保加利亚和正式宣告罗马尼亚、塞尔维亚和黑山独立”,明目张胆地篡改历史和推翻革命导师对老沙皇定下的铁案。

巴尔干半岛为欧、亚、非三洲的交通要冲,扼黑海和东地中海的咽喉,战略地位十分重要。在近代历史上,巴尔干一直是沙皇俄国和欧洲列强激烈争夺的要地。

15 世纪,巴尔干半岛被土耳其人建立的奥斯曼帝国所统治。巴尔干各国人民不断掀起反抗土耳其暴政的英勇斗争。19 世纪中叶,在资本主义发展的基础上,巴尔干民族解放运动进一步高涨。沙皇俄国便乘机打着“解放”“援助”“同盟”的旗号,干起了侵略扩张的勾当。沙俄利用居住在巴尔干地区的西斯拉夫和南斯拉夫人在民族上同大俄罗斯人相接近,在宗教上同大俄罗斯人一样信奉东正教的特点,大肆鼓吹反动的泛斯拉夫主义,蛊惑人心地宣称要把受“倒悬之苦”的斯拉夫兄弟从土耳其异族异教的桎梏中解放出来,从而对土耳其发动了一次又一次的战争,不断把魔爪伸向巴尔干地区。

1876 年,保加利亚人民举起独立解放的大旗,发动反对土耳其殖民统治的武装起义。沙俄一看有机可乘,便扯起“援助斯拉夫兄弟解放”的旗号,挑起对土耳其的战争。土耳其战败,被迫承认保加利亚独立、自治。土耳其人

---

① 《马克思恩格斯全集》第 22 卷,第 51 页。

一走，大批俄国人便以“解放者”的身份，蜂拥一般来到索菲亚。沙俄借口保加利亚缺乏“自治能力”，对保加利亚实行军事占领。占领军司令顿杜科夫-科尔萨科夫总揽了保加利亚的统治大权，俨然成为君临当地的“总督”。保加利亚内阁大臣均由俄国将领及其走卒充任，各省省长是清一色的“俄国佬”，“民族军”上尉以上的军官都由俄国人担任，保加利亚的宪法由俄国占领当局一手炮制，并经彼得堡沙皇办公厅审定。甚至连新国王也由沙皇亚历山大二世钦定的内侄巴滕贝克充任。于是保加利亚从土耳其属地变为俄罗斯帝国的“外多瑙省”。“保加利亚人已经从派到他们国家去的沙皇代理人的活动中饱尝了沙皇式解放的滋味。”[①]

在1877—1878年的俄土战争中，罗马尼亚也受尽了“沙皇式解放”的苦难。罗马尼亚一直被俄国看成从陆上通往君士坦丁堡和黑海海峡的军事走廊。“从彼得大帝以来，消灭罗马尼亚民族始终是俄国进行阴谋和战争的目的。”[②]对土战争前夕，俄国软硬兼施地迫使罗马尼亚缔结同盟条约，强借“军事通道”，并且不等条约在罗马尼亚议会中被批准，俄军便汹涌地进入罗马尼亚。更可恶的是，后来俄军在攻打普列夫那城（今普列文）连遭惨败时，俄军统帅竟蛮横地迫使罗军和俄军编成联军。在罗军的助战下，俄军才攻下了围攻5个月未攻克的普列夫那城，并直扑君士坦丁堡城下，迫使土耳其屈膝投降，签订了《圣斯蒂凡诺和约》。和约竟然规定将罗马尼亚的南比萨拉比亚割让给俄国。罗马尼亚政府严正拒绝沙俄割地的要求，沙俄竟张牙舞爪地对罗马尼亚进行恫吓：“若再异议，当出兵占领全国。”恩格斯为此指出：“是罗马尼亚人使俄国人得以在普勒夫那城下获得胜利的，但是他们得到的报答是不得不重新让出自己的那块贝萨拉比亚。”[③]这一事实充分证明，沙皇式“解放”“是对别国领土的赤裸裸的强力的掠夺，是明白的抢劫”。[④] 再看看沙皇式解放的另一个蒙难者塞尔维亚的血泪史吧。塞尔维亚位于巴尔干腹地，战略地位非常重要。早在19世纪初，沙俄便在“解放”的旗号下不断向塞尔维亚扩张渗透。1814年，塞尔维亚人民重举义旗，再次发动反土起义。经过激烈搏

① 《马克思恩格斯全集》第22卷，第51页。
② 《马克思恩格斯全集》第12卷，第279页。
③ 《马克思恩格斯全集》第22卷，第51页。
④ 《马克思恩格斯全集》第22卷，第34页。

斗，终于在1833年摆脱了土耳其的羁绊，获得了正式自治。这时，沙俄却厚颜无耻地吹嘘它"援助"有功，借机扩张，把"大批俄国间谍布满了塞尔维亚"。① 1842年，塞尔维亚选举大公，沙俄认为这是将塞尔维亚拉入"斯拉夫大家庭"的良机，立即派人前往贝尔格莱德，妄图操纵选举。但是酷爱独立自由的塞尔维亚人民冲破了沙俄的控制，选举了亚历山大为大公。沙俄就千方百计进行颠覆活动，甚至公然"通过驻君士坦丁堡大使馆怂恿土耳其对塞尔维亚人采用暴力"。② 1877至1878年俄土战争期间，沙俄又在"军事援助"的幌子下进一步控制塞尔维亚。沙俄将领切尔尼亚也夫窃取了塞尔维亚陆军总督的要职。这个狂热的泛斯拉夫主义者赤裸裸地宣称，塞尔维亚这个"斯拉夫人的国家之一将变为事实上的俄国省份"。

口称"援助""解放"，实为侵略、控制，这就是"沙皇式解放"的真谛。列宁在揭露老沙皇这一鬼蜮伎俩时指出，沙皇政府"对'斯拉夫兄弟'的'关怀'是再反动不过的了。这种'关怀'掩盖着早已使俄国在巴尔干声名狼藉的那些最卑鄙无耻的阴谋。这种'关怀'一向就是要摧残某些巴尔干国家的真正的民主"。③

今天，克里姆林宫的新沙皇全盘继承了老沙皇的衣钵，重操老沙皇的故伎。它打着"国际主义""友谊""援助"的旗号，对巴尔干以及东欧一些国家实行殖民统治，直至出兵武装占领。其手段之毒、野心之大，比老沙皇更有过之而无不及。新沙皇为了以昨天卑鄙的行为来为它今天的卑鄙行为辩护，公然篡改历史，抵制革命导师对老沙皇的揭露和批判，这不打自招地露出了它那臀部带有的罗曼诺夫王朝的纹章，使人们更清楚地看到新老沙皇确是同类相求的一丘之貉。

本文原载于《人民日报》1977年12月31日(第六版)

---

① 《马克思恩格斯全集》，第10卷，第26页。

② 《马克思恩格斯全集》，第14卷，第539页。

③ 《列宁全集》第15卷，第202页。

# 沙皇俄国侵略巴尔干的鬼蜮伎俩

巴尔干半岛地处欧、亚、非三洲的汇合点，连接着地中海和中东，扼黑海和地中海的咽喉，它一向被沙俄视为南下地中海、西击欧洲腹地的水陆通道，在沙皇俄国以争霸欧洲为重点的反革命全球战略中，具有十分重要的战略地位。从18世纪初沙皇彼得一世踏上争霸世界的道路起，到1917年罗曼诺夫王朝在革命烈火中覆灭止的两个多世纪中，沙俄始终把征服、吞并巴尔干当作头等战略目标。“为了达到这个目的，它是不择手段的。”①

## 一

武装侵略是沙皇俄国侵略巴尔干的主要手段。1695—1696年彼得一世对当时统治着巴尔干的奥斯曼帝国（今土耳其）连续发动了两次战争，揭开了南下扩张的序幕。自此以后，为了霸占巴尔干半岛，控制黑海海峡，沙俄穷兵黩武，不断挑起战争，迫使土耳其签订了一系列不平等条约，力图“把奥斯曼帝国的最边远的地区一个一个地从奥斯曼帝国身上割下来，而且要一直这样做下去，直到这个帝国的心脏——君士坦丁堡——停止跳动为止。”②

18世纪下半叶，女皇叶卡特林娜二世通过两次战争（1768—1774年、1787—1791年）迫使土耳其签订《库楚克-凯纳吉条约》和《雅西条约》，向沙俄开放达达尼尔海峡和博斯普鲁斯海峡，第一次取得了从黑海进入爱琴海的

① 《马克思恩格斯全集》第13卷，第675页。

② 《马克思恩格斯全集》第9卷，第241页。

通航权,实现了打开通向西欧的"南方窗户"的宿愿。

1806—1812年,沙皇亚历山大一世用战争迫使土耳其签订《布加勒斯特条约》,抢得了摩尔多瓦的比萨拉比亚省,把侵略的魔爪直接伸进了巴尔干地区。

1828—1829年,沙皇尼古拉一世又用武力强迫土耳其签订《阿德里安堡条约》,割取了多瑙河口和附近岛屿等地。1828年,沙俄把摩尔多瓦和瓦拉几亚两公国[①]变为它的"保护国"。1833年,沙俄又用软硬兼施的手法,诱胁土耳其签订所谓《共同防御协定》,规定战争期间,土耳其必须根据俄国的利益封锁黑海海峡,禁止其他国家的军舰通过,而让俄国舰队自由出入,从而使黑海变成了俄国的内湖。

沙俄独霸海峡的行径,激起欧洲列强特别是英国的强烈反对。1841年,在列强的压力下,沙俄被迫在《伦敦海峡公约》上签字,放弃独霸黑海海峡的特权。独占海峡的野心遭挫后,沙俄改变策略,企图与英国两家合伙瓜分土耳其,但遭英国拒绝。

勾结不成,争夺又起。1853年,沙俄利用巴勒斯坦圣地的宗教纠纷[②]挑起对土耳其的战争。英法为阻遏沙俄在巴尔干的扩张,支持土耳其对俄作战,并于1854年3月向俄国宣战。俄土战争遂演变为欧洲列强的争霸战争(即克里木战争)。俄国在战争中遭到惨败,1856年只好在《巴黎和约》上签字,被迫拆除黑海沿岸的要塞和兵工厂,失去在黑海保有舰队的权利,并交还1812年侵占的比萨拉比亚南部。

克里木战争动摇了沙俄在欧洲的霸主地位。但它的侵略野心并不因屡遭挫败而有所收敛。《巴黎和约》的墨迹未干,当时的俄国外交大臣哥尔查科夫就声明:"俄国不生气,它在聚集力量。"为了麻痹西欧列强,沙俄在拼命准备"血洗俄罗斯耻辱一页"的同时,极力高唱和平颂歌,说什么维护欧洲和平是俄国孜孜以求的"崇高事业"。这时,欧洲一些当权的侏儒们,乃至英国一些保守党贵族,也落入了沙俄的"和平"圈套。他们沉醉于既得的胜利之中,以为受伤的"俄国熊"已被关在黑海的彼岸,欧洲大陆从此可以高枕无忧了。

---

① 1861年两公国合并,1862年改名为罗马尼亚王国。

② 尼古拉一世曾横蛮要求土耳其苏丹把巴勒斯坦伯利恒寺的钥匙交给沙俄保护下的希腊东正教教会掌管(亦即承认沙皇对基督教教徒的"保护权"),此要求遭土耳其拒绝,沙俄就借机挑衅。

马克思针对当时欧洲这种虚幻的安全感,一针见血地指出:“来自俄国的危险减弱了吗？没有。只是欧洲统治阶级的理智昏聩到了极点。首先,根据俄国官方历史学家卡拉姆津的供认,俄国的政策并没有改变。它的方法、它的策略、它的手段可能改变,但是这一政策的主旨——世界霸权是不会改变的。”①

事实正是如此,克里木战后新上台的沙皇亚历山大二世,在农奴制改革的基础上,进一步强化军事官僚的国家机器。1870年,沙俄利用普法战争爆发后欧洲大国间的矛盾,单方面废除了《巴黎和约》有关禁止俄国在黑海保有舰队的规定,大力重建黑海舰队。1877年再次挑起对土战争,并在次年迫使土耳其签订《圣斯蒂凡诺和约》,把黑海海峡和巴尔干的大部分地区置于自己的控制之下。但在列强的联合反对下,沙俄这次独占黑海海峡的行动又告破产。1878年的柏林会议修改了《圣斯蒂凡诺和约》,迫使沙俄“吐”出了一部分已经到口的赃物,把由它所控制的大保加利亚的领土缩小到三分之一,使保加利亚和爱琴海隔绝。

19世纪末至20世纪初,俄国发展成为军事封建帝国主义,由于垄断资本主义和封建残余相结合,对外的侵略性百倍地增加了。

1904年,沙俄在和日本争夺远东霸权而爆发的日俄战争中遭到惨败后,又集中力量向巴尔干扩张。1914年,沙俄和其他帝国主义一起,终于在欧洲的火药库——巴尔干燃起了第一次世界大战的火焰。

## 二

沙俄对巴尔干的侵略扩张,常常打着“解放”“援助”的旗号,披着“兄弟友谊”和“天然盟友”的外衣,正如恩格斯所指出:“沙皇政府每次掠夺领土,使用暴力,进行压迫,都是拿开明、自由主义、解放各族人民作为幌子。”②

在土耳其苏丹的残暴统治下,巴尔干地区的阶级矛盾和民族矛盾尖锐复杂。为了摆脱封建压迫和异族奴役,巴尔干各国人民不断掀起反抗土耳其统

① 《马克思恩格斯全集》第16卷,第226页。

② 《马克思恩格斯全集》第22卷,第26页。

治和争取民族解放、国家独立的革命斗争。在这种情况下，阴险狡猾的沙皇俄国竭力把自己打扮成各族人民的"解放者"，千方百计地利用这一地区的民族解放运动来达到它扩张的目的。

老沙皇利用居住在巴尔干地区的西斯拉夫和南斯拉夫人在民族上同大俄罗斯人接近、在宗教上同大俄罗斯一样信奉东正教，大肆鼓吹反动的泛斯拉夫主义。沙俄蛊惑人心地宣称要把受"倒悬之苦"的斯拉夫兄弟从土耳其异族异教的桎梏中拯救出来，鼓吹所有"同种""同教"的斯拉夫人要不分国别地统统联合到由沙皇充当家长的"神圣的斯拉夫大家庭"中去。

1876年，保加利亚人民举起独立解放的大旗，发动反对土耳其殖民统治的武装起义。沙俄便乘机在"援助斯拉夫兄弟"的幌子下，向土耳其宣战。俄土战争结束后，保加利亚名义上摆脱了土耳其统治，取得了独立。但前门驱狼，后门进虎。《圣斯蒂凡诺和约》规定，因保加利亚缺乏"自治能力"，决定由俄军占领两年，"帮助"保加利亚建立国家制度。土耳其人一走，大批俄国文武官吏便以"解放者"的身份蜂拥而入。俄国占领军司令顿杜科夫-科尔萨科夫总揽了保加利亚的统治大权。保加利亚内阁大臣均由俄国将领及其爪牙充任，各省省长是清一色的"俄国佬"，保加利亚"民族军"上尉以上的军官都由俄国人垄断，部队编制、士兵服饰都照搬俄军。保加利亚宪法则由俄国占领军当局任命的、以俄国法学家卢克扬诺夫为首的起草委员会拟订，并经彼得堡沙皇办公室的特别委员会审定。甚至保加利亚新任国王也由沙皇亚历山大二世钦定的内侄巴滕贝克充任。总之，一切都是俄国式的，其结果实际上使保加利亚沦为俄罗斯帝国的"外多瑙省"，成了它向巴尔干扩张的桥头堡。正如恩格斯所指出："所谓的保加利亚自治无非是要把土耳其人从这个坚固阵地上驱逐出去并使君士坦丁堡暴露出来以便俄国入侵。"①"保加利亚人已经从派到他们国家去的沙皇代理人的活动中饱尝了沙皇式解放的滋味。"②

罗马尼亚直接与沙俄毗邻，一直被沙俄看成入侵巴尔干的过境兵站和通往君士坦丁堡和黑海海峡的军事走廊。沙俄对它一直垂涎三尺。"从彼得大帝以来，消灭罗马尼亚民族始终是俄国进行阴谋和战争的目的。"③沙俄对摩

① 《马克思恩格斯全集》第34卷，第217页。
② 《马克思恩格斯全集》第22卷，第51页。
③ 《马克思恩格斯全集》第12卷，第279页。

尔多瓦和瓦拉几亚两公国的侵占不下六七次。在1877到1878年的俄土战争中，罗马尼亚饱尝了沙皇式“解放”的滋味；由于俄国的黑海舰队只是从1870年废除《巴黎和约》后才开始重建，当时还无力从黑海直接进攻君士坦丁堡，因此对土战争前夕，俄国软硬兼施，迫使罗马尼亚缔结条约，强借“军事通道”。沙俄一面信誓旦旦地保证不侵犯罗马尼亚领土主权的完整，一面卑劣地攫取了俄军在罗马尼亚境内自由通行以及使用罗邮电、铁道、船舶并在布加勒斯特设置武器库等特权，并且不等条约被罗马尼亚议会批准，12万俄军便汹涌地进入罗马尼亚，渡过多瑙河，迅速向前推进。但在攻打普列夫那城（今普列文）时，俄军屡攻皆败，死伤惨重。为了取得罗军的帮助以拔掉这颗通向君士坦丁堡路上的硬钉子，沙俄强使罗军和俄军组成联军，使围攻5月未攻克的普列夫那城很快被攻下。俄军长驱直入，至君士坦丁堡城下。土耳其在沙俄的军事压力下屈膝投降，签订《圣斯蒂凡诺和约》。但条约竟将罗马尼亚的南比萨拉比亚割让给俄国，这个消息传到罗马尼亚，举国激愤，强烈抗议沙俄肢解其神圣领土。后来，在修改《圣斯蒂凡诺和约》的柏林会议上，罗代表重申反对割地的严正立场，但沙俄代表横行霸道地对罗马尼亚进行恫吓：“若再有异议，当出兵占领全国。”结果，罗马尼亚终被割去南比萨拉比亚。罗马尼亚在战争中同沙俄订有互不侵犯主权的同盟条约，它为俄军提供军事通道，它的军队帮助俄军在普列夫那城取得关键性胜利，结果却落得个丧地辱国的“报答”。这一事实充分证明，同盟、条约不过是俄国进行干涉侵略的工具。“在这里我们所看到的，是对别国领土的赤裸裸的强力的掠夺，是明白的抢劫。”①

口称“解放”“援助”，实为侵略、控制，这就是沙皇式“解放”的真谛。列宁在揭露老沙皇这一鬼蜮伎俩时指出：“沙皇政府对斯拉夫兄弟的‘关怀’是再反动不过的了。这种‘关怀’掩盖着早已使俄国在巴尔干声名狼藉的那些最卑鄙无耻的阴谋。这种‘关怀’一向就是要摧残某些巴尔干国家的真正的民主”②，不过是“由狐狸来保护鸡窝”③。历史证明，扼杀巴尔干民族解放运动最凶恶、最危险的敌人“就是那个以解放这些民族的假面具来掩盖自己独

① 《马克思恩格斯全集》第22卷，第34页。

② 《列宁全集》第15卷，第202页。

③ 《列宁全集》第18卷，第345页。

霸世界计划的沙皇政府。”①

## 三

恩格斯指出，沙皇俄国为了追求世界霸权的既定目的，是“不惜背信弃义，阴谋叛变，进行暗杀，也不惜卑躬屈节，重金贿买”。② 派遣间谍，重金贿买，策划谋杀，阴谋颠覆，是沙俄对巴尔干侵略扩张所惯用的手段。

在近代史上，沙俄在巴尔干搞间谍活动，其用心之险恶，手段之卑鄙，是世界闻名的。它在巴尔干布下了一个无所不在的间谍网，到处扶植亲俄势力，挑起领土纠纷，颠覆坚持独立自主政策的政府，强行把某些国家拉入“斯拉夫兄弟大家庭”。当时，塞尔维亚、门的内哥罗、保加利亚以及克里特岛等所发生的一切暴动和阴谋，都有俄国及其代理人插手其中。

塞尔维亚位于巴尔干腹地，具有重要的战略地位，素为沙皇俄国觊觎的猎物。19 世纪以来，在沙俄直接派遣和重金贿买下，大批俄国间谍布满了塞尔维亚。

1833 年，塞尔维亚获得正式自治，摆脱了土耳其的羁绊，沙俄以“援助”有功，乘虚而入，填补“真空”。1842 年，塞尔维亚选举大公，沙俄认为这是把塞尔维亚拉入“斯拉夫大家庭”的良机。沙皇尼尼古拉一世立即派一名侍从副官前往塞尔维亚首都贝尔格莱德，妄图操纵选举，把他中意的一位大公扶上王位。但是酷爱自由独立的塞尔维亚人民冲破了俄国控制，拒绝了沙皇“赠予”的大公，而选举了亚历山大为大公。新大公执政后推行疏俄亲奥的政策。沙俄为了除掉这颗眼中钉，千方百计地对塞进行颠覆和军事威胁，甚至卑鄙地“通过驻君士坦丁堡大使馆怂恿土耳其对塞尔维亚人采用暴力”。③ 同时，沙俄还利用塞尔维亚的内部困难，制造事端，妄图搞垮以大公亚历山大为首的反俄派。沙俄蛮横要求塞尔维亚政府“尊重”沙俄在塞尔维亚的利益，责令

---

① 《马克思恩格斯全集》第 22 卷，第 55 页。
② 《马克思恩格斯全集》第 22 卷，第 17 页。
③ 《马克思恩格斯全集》第 14 卷，第 539 页。

塞尔维亚解除全部有反俄情绪的军官的职务。俄国使节瓦西里·安得列维奇·多尔哥鲁基竟然恬不知耻地叫嚷:“塞尔维亚对俄国的态度应像一个土耳其女子对她丈夫一样。她不仅应该忠诚,而且她不应在任何其他男子面前露脸或谈话。”当时,潜伏在塞尔维亚的俄国间谍纷纷四处活动,极力利用一部分大塞尔维亚主义者的领土扩张欲诱使塞尔维亚落入俄国圈套。“他们同一些人谈论年轻的米哈伊尔公爵,同另一些人谈论他的老父亲米洛什。在谈话中时而暗示有希望在俄国的保护下扩大塞尔维亚的疆界,把现在土耳其和奥地利统治下的全部操塞尔维亚语的人联合起来,建立一个新的伊利利亚王国;时而威胁说,如敢反抗,就派大军侵入,把塞尔维亚完全征服。”[①]通过各种阴谋活动,19 世纪中叶,沙俄在塞尔维亚的势力大大加强,俄国驻贝尔格莱德总领事列夫新将军掌握了塞尔维亚政府任命官员的监督权,左右了塞尔维亚政府。

1878 年柏林会议后,塞尔维亚逐渐执行亲奥政策,政治上、经济上日益依赖奥地利。沙俄为了扭转败局,1903 年 6 月,竟在贝尔格莱德策动一伙军官于夜晚潜入宫廷,刺杀国王,推翻了奥布廉诺维奇王朝,重新把塞尔维亚置于自己的控制下,成为它向巴尔干扩张的桥头堡。

沙俄对保加利亚的颠覆活动在历史上尤为恶名昭彰。

1877—1878 年俄土战争后,沙俄在保加利亚是君临一切的太上皇,它为所欲为,无恶不作。但物极必反,控制必然引起反控制的斗争。在保加利亚人民反对沙俄及其代理人的斗争日益高涨的形势下,亲俄派卡拉维洛夫自由党内阁对沙皇“解放者”的命令也不敢百依百顺。为了稳住开始动摇的统治地位,1881 年 4 月,沙皇亚历山大三世密令其表弟保加利亚国王巴滕贝克解散卡拉维洛夫内阁,废除了 1879 年由沙皇钦定的所谓“自由宪法”,建立了巴滕贝克的独裁统治。但事过不久,忠于沙皇的巴滕贝克又无法忍受沙俄的控制,流露出对俄国控制的不满情绪,要求沙俄对他略加尊重。亚历山大三世对此大为恼火,借口巴滕贝克企图投靠西方、在保加利亚军队中用德国军官代替俄国军官、在保加利亚境内建筑联结西欧的铁路而不建筑联结俄国的铁路,千方百计地要把巴滕贝克搞下去。1884 年,沙俄出尔反尔地把三年前被

---

① 《马克思恩格斯全集》第 10 卷,第 26 页。

它颠覆的自由党重新扶植上台,并恢复了被它废止的宪法,以削弱巴滕贝克的"独裁权力"。

1886 年 8 月,沙俄以重金贿买索菲亚卫戍部队中的军官,策动政变。一些亲俄分子高喊"没有俄国,保加利亚就不能生存"的口号,用俄制枪炮强迫巴滕贝克退位,并立即将他解送国外,成立了参可夫傀儡政府。由于沙俄"解放者"的"德政"实在不得人心,这个俄国牌的傀儡政府只存在九天即被推翻。巴滕贝克闻讯返回保加利亚。这时沙俄凶相毕露,竟然挥舞强权政治大棒,发出通电,宣称"不赞成巴滕贝克回国",强迫巴滕贝克正式退位。

巴滕贝克退位后,保加利亚的反俄情绪有增无减。摄政会议和政府都强烈反对俄国的干涉和控制。为了挽回颓势,9 月,沙皇派考耳巴尔斯将军作为军事委员前往保加利亚,为挑选一个俄国人当保加利亚国王作准备。当这个阴谋破产后,沙俄恼羞成怒,立即宣布与保加利亚断绝外交关系。1887 年 8 月,亲奥的斐迪南亲王继承保加利亚王位,保加利亚进一步投入奥地利怀抱。保加利亚政府首脑斯丹布洛夫极力主张把沙俄势力排除出去,沙俄对他恨之入骨,就不择手段地使用特务方法谋杀了斯丹布洛夫。

手段的卑鄙说明了目的的卑鄙。俄在巴尔干的特务间谍活动充分证明老沙皇为了争霸世界"有多大本领就能干出多大的伤天害理的事情"。[①]

## 四

推行强权政治、秘密外交,拿别国主权做交易,肆意宰割别国领土,是沙俄对巴尔干侵略扩张的又一卑劣伎俩。

沙俄对巴尔干的扩张,同欧洲列强发生了尖锐的矛盾和激烈的争夺。英国为了争霸世界,极力阻止俄国向欧洲扩张。英国外交大臣曾对俄国大使声称:"欧洲睡得时间太长了,它现在醒来,要取消沙皇在自己广大国家各个角落中所准备的进攻体系。"在巴尔干,俄国几次赃物到口,都被欧洲列强的联合行动重新挖了出来。俄野心很大,但力量不足,在按资本和实力瓜分世界

① 《马克思恩格斯全集》第 22 卷,第 17 页。

的斗争中经常处于劣势，不断受挫，因此，“俄国外交宁愿利用其他强国的互相矛盾的利益和贪欲来达到自己的目的”①。

1840年，伦敦会议打破了沙俄独吞巴尔干的梦想。沙俄就单独向英国提出瓜分土耳其的计划，企图离间英国同法奥的关系，从而达到它的目的。1844年，沙皇尼古拉一世亲自向英国表示愿意访问女王维多利亚。在得到女王的邀请后，尼古拉一世立即前往伦敦。在他随身带去的关于瓜分土耳其的备忘录中，沙俄把土耳其统治下的埃及和干地亚（即克里特岛）许诺给英国，而将多瑙河各公国、塞尔维亚、保加利亚归为自己的藩属，君士坦丁堡由俄国占领，将来建立一个以君士坦丁堡为首的小王国，并内定由他的幼子米哈伊尔充当国王。尼古拉一世在同英国首相庇尔和外交大臣阿伯丁谈话时，极尽威胁、利诱之能事。他用法国可能侵占埃及、非洲、地中海，奥地利将霸占巴尔干来威吓英国，暗示俄英两国应抢先把瓜分土耳其的计划订好。英国宫廷用隆重的礼仪热情接待了尼古拉一世，但对沙俄提出的瓜分方案十分冷漠。访问结束，瓜分之议也就束之高阁。

尼古拉一世在伦敦碰了个软钉子，但贼心不死。事隔九年，1853年1月，尼古拉一世又邀请英国驻俄大使西摩尔密谈，旧事重提，并建议缔结瓜分土耳其的“友好”密约。在9月1日的一次招待外交使节的晚会上，尼古拉一世特意走到西摩尔跟前“闲谈”，在强调一番英俄友好的必要性后，他故意漫不经心地说：“土耳其是一个垂死的病人，如果在它死去前不作未雨绸缪的安排，那将是一件不幸的事，很可能给我们带来许多麻烦。”说罢就转身离开。西摩尔见其言外有意，便要求沙皇作进一步说明。沙皇无意细谈，仅答道：“此刻不是我们详谈的时候。”过了五天，沙皇把西摩尔召进皇宫，进行“坦率”交谈。沙皇先是慷慨陈词：“我们的国家是如此之广阔，所以，如果我再想要更多的领土，或更大的权力，那就是不合情理了。”忽而话锋一转：“但是，土耳其紧靠我们，在那个帝国里有数百万基督教教徒，对他们的利益，根据条约我担负着保护的责任。现在这个病人正像那天晚上所说，快要死了。我们应该先为死人快作准备，免得欧洲为此而卷入新的战争。”沙皇还嫌这又拉拢又打压的话不足以征服大使的心，于是又赤裸裸地鼓吹大国主宰世界的谬论，说：

① 《马克思恩格斯全集》第22卷，第19页。

“只要我们达成协议，别人怎么想、怎样做都无关紧要。”尼古拉一世还急不可耐地和盘托出了瓜分计划的底牌，说：“让摩尔多瓦、瓦拉几亚、塞尔维亚、保加利亚归俄国保护吧，至于埃及对于英国的重要性，我是完全理解的。土耳其帝国一旦死亡，在分配土耳其遗产时，你们就占领埃及吧，我对这点是绝对不反对的，至于干地亚岛，也可能对你们有用，我不明白为什么至今还没有成为英国的属地。”虽然尼古拉一世谈得如此“恳切”“友好”，但怀有独霸世界野心的英国根本不愿同俄国分享霸权。沙皇下面一段包藏祸心的话特别引起西摩尔的警觉。尼古拉一世曾说：“我直接向你声明，如果英国打算最近在君士坦丁堡建立自己的统治，我是不允许的”，“无论英国人或法国人都不能占领君士坦丁堡”，“当然我这一方也是对等地信守绝不在那里建立统治的协定，不过这是指不在那里以主人翁自居，至于做临时的保护人，那就是另外一回事了。如果情况强迫我占领君士坦丁堡，那我也不准备推辞，这要视需要而定”。当西摩尔告别时，尼古拉一世又深情地说：“好吧，请你就这样鼓励贵国政府在行动上不要犹豫吧。我是信任英国政府的。我并不要求英国政府承担什么义务，也不要求签订协定，这不过是自由交换意见，必要时只要‘君子一言’就够了。”沙皇满以为大使会欣然接受这个建议，但落花有意，流水无情。英俄在巴尔干的争夺是无法调和的。沙俄要和英国勾结也不是那么容易的，老奸巨猾的英国当然不会轻易上钩。西摩尔彬彬有礼地聆听了沙皇滔滔不绝的谈话，临别时，对沙皇的建议进行了冠冕堂皇的回答：“英国通常是不乐于订这种临时协定的，英国实在厌恶从一个老朋友和同盟者那里取得什么继承权。”当场把沙皇的建议顶了回去。接着，在1月14日、20日、22日，沙皇又连续召见了西摩尔进行密谈。事后，西摩尔把谈话内容详细地报告给了英国政府。2月9日，英国政府复文俄国，断然拒绝了沙皇关于缔结瓜分土耳其密约的建议。这样，一次幕后分赃的政治交易暂告结束。

沙俄在克里木战争的决斗中遭到严重打击，开始从欧洲霸主的顶峰上跌落下来。在每况愈下的情况下，沙俄感到光靠武力已难以实现独占巴尔干的迷梦，因此在积极准备新的军事较量的同时，更有心于同英奥勾结，合伙分赃。这种以争夺为实质的勾结在1877至1878年俄土战争前后发展到新的高潮。战争前夕，沙俄先是撇开英国，暗地里同奥地利勾搭。1876年7月，沙皇亚历山大二世亲自同奥地利首相会谈，密谋共同扼杀巴尔干民族解放斗争和瓜分土耳其领土。次年1月俄奥签订秘密协定，规定一旦俄土交战，奥国保持“友谊中立”，而可根据情况占领巴尔干西部地区。俄奥密约遭到英国强烈反对。在英国的武力威胁下，沙俄只好放弃同奥国两家分赃的妄想。2月间，沙皇派前驻土耳其大使伊格纳提耶夫访问柏林、维也纳、罗马、巴黎和伦敦。经过一番钩心斗角的活动后，沙俄终于同英国达成了一项秘密“谅解”：俄国保证不妨碍英国在苏伊士运河的利益，并停止在中亚向印度方向推进；英国则不干涉沙俄对巴尔干的侵略。在牺牲别国利益而取得英奥的中立保证后，沙俄便发动了对土耳其的战争。战争进展顺利，沙俄又萌独占之念。《圣斯蒂凡诺和约》几乎使巴尔干落入了沙俄手中。这时，在英国的带头下，欧洲列强联合要求修改该和约。在修改和约的柏林会议召开前，沙俄为了摸清主要对手英国想把和约修改到什么程度，指令驻伦敦大使舒瓦洛夫伯爵和英国首相及外交大臣进行密谈。1878年5月30日英俄达成秘密协定，俄国承认放弃和约规定的部分特权，缩小受它控制的保加利亚的领土，不把势力直接伸到地中海；而英国承认俄国占领土耳其的巴统、卡尔斯、阿尔达汉和和罗马尼亚的南比萨拉比亚。与此同时，为了取得奥地利的支持，沙俄抛弃了“支持”塞尔维亚民族解放统一的假面目，公然将黑塞哥维那和波斯尼亚出卖给奥地利，答应两地由奥地利占领。沙俄这个强盗为了自己的侵略利益就这样任意把别国领土主权当作交换品。

19世纪末，由于德国帝国主义的崛起，沙俄进一步同英国勾结，加紧酝酿瓜分土耳其的阴谋。1898年，俄国外交大臣穆拉维约夫召见英国驻俄大使密谋瓜分土耳其。这桩交易因沙俄要价太高，且时机未成熟而告吹。

1908年，沙俄再次出卖南部斯拉夫人民的利益，同奥地利勾结。7月初，俄国外交大臣伊兹沃尔斯基致函奥地利外交大臣爱伦达尔表示愿意以“友好精神”商讨巴尔干局势。9月，两人通过秘密会谈达成口头协定：奥匈帝国支持俄国修改《柏林条约》有关海峡的条款，允许俄国军舰单方面自由通航黑海海峡，俄国则支持奥地利吞并波斯尼亚和黑塞哥维那。奥地利立即动手，把波、黑两地攫为己有；可是沙俄控制海峡的阴谋却由于英法的阻挠而落空。沙俄对在秘密交易中做了这么一笔蚀本生意久久愤恨不已。

第一次世界大战爆发后，英法为了拉拢俄国共同对付主要劲敌德国，因此对俄国瓜分土耳其的欲望作了让步。1915年，英法俄三国达成密约，确认俄国有权兼并君士坦丁堡，控制博斯普鲁斯海峡和达达尼尔海峡。战争的动乱成了强盗行劫的良机，沙俄在几个世纪以来拼死追求的目标眼看唾手可得。但是，平地一声春雷，俄国二月革命、十月社会主义革命的隆隆炮声，彻底粉碎了沙俄吞并土耳其、控制巴尔干半岛的迷梦，把老沙皇也焚毁于革命烈火之中。

本文原载《上海师范大学学报》(现为《华东师范大学学报》)1978 年第 1 期

# 论《苏德互不侵犯条约》

《苏德互不侵犯条约》载入世界现代史史册距今已整整四十年了。当年它像晴天霹雳一样震惊了欧洲甚至全世界，四十年来一直是国际史学界争论的热点。西方往往污蔑它是“背信弃义的邪术”，是促发世界大战的“直接契机”和“魔鬼联盟”，骂得一无是处，贬之入地；苏联则把视为保苏联安全，履行无产阶级国际主义义务的“英明决策”和“崇高行动”，歌颂备至，捧之上天。纵观各方，真正用严肃态度进行冷静研究的寥寥无几，不可多见。

在我国，关于《苏德互不侵犯条约》的研究，长期以来是个禁区。原因之一是，中外研究者已下过明确的肯定性结论，如发异议，恐犯“离经叛道”之罪；原因之二是，“二战”后西方反动势力借此掀起反苏反共的恶浪，弄得不好的话，有和帝国主义“声应气求”之嫌。为了科学、如实地反映历史的本来面目，正确地总结历史经验，把“二战”史的研究推向前进，必须解放思想，打破禁区。本文拟从总结社会主义苏联外交斗争经验的角度，就签订《苏德互不侵犯条约》的利弊得失及历史经验，谈一点浅陋看法，以期引起进一步的研究和讨论。

## 一

《苏德互不侵犯条约》的实际作用和意义应如何评价？它对保障苏联安全，对世界反法西斯的总斗争到底起了什么作用？这是值得认真探讨的问题。

对于《苏德互不侵犯条约》的作用和意义，苏联[①]党和政府对之评价甚高，

① 本文中的“苏联”均指斯大林领导下的社会主义苏联。

认为:"《苏德互不侵犯条约》的缔结,具有惊人的积极作用,已将苏德间的战争危机化为乌有,并将欧洲可能发生战争的区域缩小,故对全世界和平实有贡献,此条约必将给我们以新的可能,以增加我们的实力,进一步巩固我们的阵地,进一步增加苏联对国际形势发展的影响。"①该条约"保证了我国获得一年半的和平,使我国有可能准备自己的反击力量"②,并"得以把自己的国界远远向西推进;得以遏阻了德国侵略势力丝毫无障碍向东锐进的道路,致使希特勒军队在向东方进犯时,不是从纳尔瓦—明斯克—基辅一线开始,而必得从更西几百公里的线上开始"。③ 苏联学术界对该条约的意义和作用的评价大致没有越出上述论点。

签订《苏德互不侵犯条约》对保障苏联的安全和世界和平,果真是有百利无一弊的吗? 这值得商榷。

无疑,在当时具体的国际形势下,苏联为了保障安全,自有它不得不签订的理由,但是历史证明苏联在 1938 年 8 月 23 日就急匆匆地过早签订条约,后果并不良好,消极作用很大。

第一,《苏德互不侵犯条约》在一定程度上束缚了苏联的手脚,不利于充分利用帝国主义矛盾,联合一切可以联合的力量,推迟世界大战的爆发,以争取更多的时间,充分做好反侵略战争的准备。

《慕尼黑协定》刺激了希特勒德国的侵略胃口,推动它急剧走上挑起世界大战的罪恶道路。但是希特勒真正要发动世界大战,并不那么容易,需要解决国内外一系列困难,在国际上,最主要的是要避免陷入东西受敌、两线作战的困境。德国在第一次世界大战中之所以苦战四年而最终失败,其重要原因之一就是腹背受攻,穷于应付。因此避免两线作战成了德国战略家们所公认的经典法则,也是希特勒一伙在外交上全力追求的目标。

《慕尼黑协定》签订后,希特勒一方面利用英、法的绥靖政策步步向西方进逼,另一方面千方百计分裂英、法、苏,阻止三国结成同盟,不惜代价地主动拉拢苏联,争取苏联的中立。在这种形势下,苏联与德国签订互不侵犯条约,不能不产生极为严重的消极影响。

---

① 1939 年 8 月 31 日莫洛托夫《关于〈苏德互不侵犯条约〉的报告》。

② 《斯大林文选》,第 264 页。

③ 苏联情报局:《揭破历史伪造者》。

20 世纪 30 年代，德意日法西斯集团到处扩张侵略，蓄谋发动世界大战，成了全世界各国最危险又最主要的敌人。英法帝国主义国家当时处于战略守势，为了维护既得利益，比较倾向于争取和平，它们和德意日存在直接、尖锐的利害冲突，在反对德意日侵略扩张这点上与世界人民有共同的利益，是国际反法西斯斗争中可以和应该争取的同盟者。而《苏德互不侵犯条约》的签订，实质上苏联等于把可以争取的同盟者抛开。在世界范围内孤立了可以争取的同盟者，增强了主要敌人的战略地位，客观上解除了希特勒的后顾之虑，使他摆脱了东西受敌的局面，敢于放开手脚立即向西进攻。同时条约的签订使苏联丧失了利用英法与德国的矛盾来牵制德国，大大束缚了自己的手脚，一定意义上也削弱了自己的战略地位。所有这些对建立反法西斯统一战线，推迟世界大战的爆发都是不利的。

这里需要分析一下推迟世界大战的爆发与推迟苏德战争爆发的关系。两个战争策源地形成后，苏联强调世界和平不可分割，强调集体安全，着眼于同全世界一切反法西斯力量互相合作、共同努力来阻止或推迟“二战”的爆发。但是到“二战”前夕，苏联由于认为英法顽固反苏，已无法同它们结成同盟联合抗德，因此，注意力便从尽力推迟大战爆发，退缩到主要考虑自身安全，尽力推迟法西斯德国对苏战争的爆发。苏联史学家非常重视《苏德互不侵犯条约》推迟法西斯德国对苏联的进攻，使苏联赢得了一年半时间的重要意义，认为“如果战争在 1939 年夏季爆发，那对苏联来说是极为不利的”，而“拖到 1941 年夏爆发时，苏联的军事实力大大加强，战略地位大大改善了”，“因为苏联某些现代化重要武器，诸如反坦克炮、T34 型坦克以及俯冲轰炸机等都是在 1939 年到 1941 年才投入生产的。此外，还不能不估计到同芬兰进行冬季作战的经验及其所起的作用”。其实，这种认识是十分片面的。一年半的时间固然使苏联增强了国防力量，但在同样的一年半中，希特勒却席卷了欧洲大陆，经济、军事实力的增长，战略地位的改善，作战经验的积累都远远超过了苏联。1939 年夏希特勒因东西受制，国内经济脆弱，政局不稳，军事实力不足，不敢对苏联轻举妄动，而到 1941 年打垮法国，横扫欧洲大陆后，便有恃无恐地向苏联发动进攻了。可以设想，如果希特勒在 1939 年夏发动对苏战争，凭其当时的军事实力，也不会像 1941 年夏那样能长驱直入苏联腹地，兵临莫斯科城下。

应该指出,时间不利于侵略者而有利于世界人民。推迟世界大战的爆发对人民有利。对于这一点,甚至连希特勒也看到了,1937 年 11 月 5 日,希特勒在同德国高级军政头目阐述如何实施侵略计划时,曾反复强调要力争时间,指出至迟要在 1943—1945 年发动全面的侵略战争,他说“在这以后,我们将可能向坏的方面转化”,现在“我们的装备军火是先进的,再拖延下去,它们就会有变得陈旧的危险。特别是特殊武器的秘密不能永久保持下去。……我们的相对实力与这个时期世界其他国家的重整军备相比而减弱。……由于粮食储备的不足,每年都可能发生粮食危机……这是一种体制上的弱点。除此以外,世界因预料到我们的行动,每年都将采取自己的对策”。① 希特勒在 1939 年 8 月 22 日的秘密军事会议上论述德国必须尽快挑起战争的必要性时,再次指出,“我们的经济情况是我们支持不了几年了,戈林可以证实这点。我们没有别的选择,我们必须行动”,国际上“有利的形势在两三年后就不会再存在了。……因此最好现在就摊牌,要再拖延个四五年就不保险了”。② 希特勒的自述从反面证明,利用帝国主义国家之间的矛盾打乱法西斯的侵略计划,推迟世界大战的爆发,既有利于世界人民反法西斯的总斗争,也有利于苏联的安全,这是当时世界人民最大的利益所在。不顾推迟世界大战的爆发,片面孤立地只顾自身的安全,急于把祸水推回西方而让帝国主义国家先打起来,这不是上策,但是苏联当时把英法反苏亲德的一面看得太严重,把德国侵苏的危险估计得过高,急于打破帝国主义的包围,过早地同德国签订条约,从而丧失了推迟大战爆发的可能性。

这里需要指出苏联在下决心签订条约时,有一个重要的因素起了作用。这就是苏联以为德国进攻英法的战争必将是长期的,双方必将在持久的消耗战中互相削弱,希特勒将陷在战争泥沼中,无法分身对苏联发动战争。苏联可以充分利用时间加强战备,即使以后希特勒发动对苏战争,那么经过长期充分准备的苏联也可顺利地把它粉碎。但是事实出乎预料,号称欧洲头号陆军强国的法国不堪一击,一败涂地,屈膝投降;赫赫大英帝国被打得丢盔弃甲,狼狈溃退到英伦三岛。不出一年,几乎整个西欧大陆都落入德国魔掌。

① 《纽伦堡审判》,1957 年莫斯科俄文版,第 1 卷,第 611 页。

② 见威·夏伊勒:《第三帝国的兴亡——纳粹德国史》,第 736~737 页。

结果使希特勒能挟欧洲丰富的资源，很快地掉头发动对苏战争。这种战略估计的错误，不免扩大了《苏德互不侵犯条约》的消极后果。

苏联从倡导建立集体安全体系维护世界和平，退缩到着重保障自身的安全，固然有不得已的苦衷，但把保障自身安全和推迟世界大战的斗争割裂开来，对立起来，只图一国一时的安全，只求希特勒不来进攻自己，不从世界反法西斯斗争长远的打算中考虑问题，不把维护本国安全同维护世界和平有机地结合起来，不尽力去及时制止侵略者在其他地方的扩张，结果，法英固然自食恶果，受到了历史的惩罚，苏联也未能幸免，遭受了严重创伤。

第二，《苏德互不侵犯条约》的签订模糊了苏联和世界人民的认识，不利于推动世界人民进行反法西斯斗争。

毋庸置疑，以斯大林同志为首的苏联党和政府对希特勒德国的反动本性是有充分认识的，并未因签订条约而放松警惕，抱不切实际的幻想。但也无可讳言，条约的签订，特别是随后一系列不恰当的言行，确实在苏联和世界人民间造成了混乱，影响了世界人民反法西斯斗争的开展。

在当时具体的形势下，苏联利用帝国主义的矛盾，和德国签订保持中立关系的条约，原则上不是不可以。但是苏联在签订条约后，背上了包袱，生怕得罪希特勒，影响德苏两国的和平关系，因而模糊了自己的原则立场，不敢提希特勒德国是世界人民最主要的敌人，是挑动世界战争的侵略者。尤其需要指出的是，苏联一再声明《苏德互不侵犯条约》的中立性质，强调“苏联正借此条约以避免卷入战争，不应袒英以反德，亦不应袒德以反英。《苏德互不侵犯条约》的目的就在于此”。① 但实际上把《苏德互不侵犯条约》变成了事实上的同盟条约。例如，苏联在签订条约后，一反过去的态度，把英法这些非侵略国指为战争的罪魁祸首，当作孤立和打击的主要对象，甚至公然在世界面前和德国合作，采取共同行动反对英法。1939 年 9 月 28 日《苏德政府声明》宣称，苏德政府将共同努力“结束目前以德国为一方，以英法为另一方的战争”，“如果两国政府的努力归于无效，那么英国和法国要对继续战争负责。一旦战争继续下去，德国政府和苏联政府将互相进行磋商以采取必要的措施”。②

---

① 见威·夏伊勒：《第三帝国的兴亡——纳粹德国史》，第 736~737 页。

② 《真理报》1939 年 9 月 29 日。

与此同时,苏联还帮助德国拆散英法在东方的同盟体系,孤立英法。莫洛托夫在1939年9月2日和5日多次对德国驻苏大使舒伦堡说,苏联政府准备像德国所希望那样,为争取土耳其永久中立而对土耳其施加强大的影响。[①] 伏洛希罗夫甚至对舒伦堡说,苏联与土耳其的条约"将是一个能把土耳其从法国身边拖开的'钩子'"。[②] 更为严重的是,苏联在签订《苏德互不侵犯条约》后,不但不积极支持被侵略国家人民的正义斗争,而且公然支持法西斯德国的侵略行动,甚至和德国一起对波兰人民的反法西斯侵略斗争进行血腥镇压。9月8日,德军逼近华沙,莫洛托夫竟然致电舒伦堡,要求向德国政府转达"祝贺和敬意"。[③] 1939年9月18日,就苏军出兵波兰而发表的《德苏公报》中宣布:"两国军队的行动以不违背苏德两国的利益以及苏德两国间签订的互不侵犯条约的精神和条款为宗旨。相反,两国军队的任务在于恢复因波兰国家覆灭而遭到破坏的秩序和平静并且帮助波兰人民重建家园。"[④]1939年9月28日,苏德政府在缔结德苏边界和友好条约同时签署的秘密补充议定书中规定,"双方在他们的领土上(指苏德双方占领的波兰领土)将不再容忍波兰人进行影响对方领土的骚乱。他们将在各自的领土上镇压所有这种骚乱于开始之际,并相互通知有关这一目的的适当措施"。[⑤] 这些行动大大损害了长期以来苏联作为世界和平的维护者和反法西斯侵略的坚强堡垒的光辉形象,削弱了苏联在国际斗争中所具有的道义力量,并且模糊了世界人民的斗争目标,使世界人民未把斗争的矛头集中到法西斯国家身上,而转移到了可以争取的中间势力和次要敌人英法身上去,在客观上帮助了主要敌人,挫伤了世界人民反法西斯斗争的积极性,归根到底,对维护苏联自身安全也很不利。此外,苏联还利用它在国际共产主义运动中的领导地位,把自己的外交政策强加到各国共产党的头上,要各国无产阶级的斗争服从苏联外交斗争的需要,迫使欧洲各国共产党停止反德斗争,改变对战争所采取的立场和策略,放弃保卫祖国、捍卫民族独立的战斗旗帜,实行"革命失败主义"的新策略,不

① 《苏德关系,1939—1941年》,美国国务院出版,1976年重印本,第85、86、88页。
② 《苏德关系,1939—1941年》,美国国务院出版,1976年重印本,第97页。
③ 《苏德关系,1939—1941年》,美国国务院出版,1976年重印本,第98页。
④ 《真理报》1938年9月18日。
⑤ 《苏德关系,1939—1941年》,美国国务院出版,1976年重印本,第107页。

去领导人民反抗法西斯的侵略，而去领导人民反对本国政府。这使许多党走入迷途，引起混乱和分裂，遭受严重损失，从而对欧洲各国人民的反法西斯斗争产生了极为不良的影响。

从以上两个方面，我们可以清楚地看到，《苏德互不侵犯条约》虽然有一定的积极作用，但我们对它的积极作用不能过分美化、夸大，对它的消极后果也不应掩盖、抹杀和低估。实践表明，从当时国际阶级斗争的全局和事态发展的整个过程来看，此时此刻签订条约，苏联虽有所得，但得小失大，得不偿失，真正获利最多的则是希特勒德国。正是通过签订《苏德互不侵犯条约》，希特勒分裂了英法与苏联的反德统一战线，摆脱了两线作战的困境，达到了分而击之的目的。

## 二

上面我们从实践效果上分析了《苏德互不侵犯条约》的利弊得失，下面拟从外交策略上探讨一下它的高下优劣。

在当时的历史条件下，缔结《苏德互不侵犯条约》果真是苏联所能采取的最好办法和所能寻找的最好出路吗？事实并非这样。

从表面上看，1939 年 9 月德国发动战争可谓箭在弦上，大战的危险迫在眉睫；英法顽固反苏，使三国谈判陷于僵局，濒于破裂，同时暗中与德国勾搭，拼命祸水东引，挑动德国发动反苏战争。苏联在国际斗争的舞台上似乎被逼到死角，失去了周旋的余地，只好缔结条约。其实，情况并不像苏联估计的那样。由于法西斯德国对外侵略的威胁日益严重，世界各国人民反对法西斯的斗争空前高涨，帝国主义间的矛盾进一步加剧，英法政府的外交政策正在朝着联苏抗德方向发生重大变化；同时，德国虽然野心勃勃，但内外矛盾重重，力不从心，特别是为了避免两线作战，外交政策发生了从公开反苏到积极拉苏的急剧转变。英法和德国都有求于苏，争相与苏靠拢。在这种形势下，苏联完全不必马上与英法决裂，不必立即和德国签订条约，而可以采取像 20 年前列宁在签订《布列斯特和约》期间对德国所采取的策略：充分利用帝国主义矛盾，尽量拖延和德国的谈判，争取时间，以便一方面用同德国的谈判使英法联苏抗德，推动英法苏三国谈判，尽力争取同英法结成反法西斯同盟；另一方面用加紧同英法谈判，配合对德国的“拖”，束缚德国的手脚，使德国不敢贸然发动战争。

那么这种拖延同德国谈判的策略在当时是否切实可行？

苏联史学家认为，当时如果不立即签订条约，德国就会在英法的挑唆下马上发动对苏联的战争。事实果真会如此吗？这个问题实质上涉及希特勒的战略重点是在西方，还是在东方；它的战略方针是先西后东，还是先东后西。

从战后陆续披露的大量材料来看，希特勒在制定争霸世界的反革命全球战略时，一向把战略重点放在西欧，把英法看作主要争霸对手，把先西后东作为既定的战略方针和作战部署。1937 年 11 月 5 日，希特勒在那次著名的秘密会议上，全面阐述其基本战略思想和作战计划时，明确了英法是德国的主要敌人，指出“德国的政策应当考虑到现有的两个可恨的敌人：英国和法国，它们是不能容忍屹立于中欧的德国巨人的。这两个国家将反对德国无论在欧洲还是欧洲以外的进一步加强。”[①]在此以前四个多月，1937 年 6 月 14 日国防部部长兼武装部队总司令冯勃洛姆堡对三军总司令所下关于作战计划的“绝密”指令中也明确规定，“主要的战斗在西方。（战略集中的代号是红色）或在东南方。（战略集中的代号是绿色）”。[②] 这里所谓东南方的绿色代号是指对捷克斯洛伐克的军事行动。在慕尼黑会议期间，希特勒曾把自己的战略意图告诉了前来慕尼黑的墨索里尼，说“终有一天我们要并肩对英国和法国作战”。[③] 慕尼黑会议一结束，10 月，里宾特洛甫跑到罗马拼凑德意军事同盟，也告诉墨索里尼，德意两国必须对“同西方民主国家发生武装冲突”[④]有所准备。1939 年 5 月 23 日，希特勒在同国防军首领的秘密谈话中进一步指出：“一遇适当的机会就进攻波兰。……如果不能断定德波冲突引起西线的战争，那么战争将主要是对付法国和英国。如果法国、英国和俄国成立反对德国、意大利和日本的联盟，那我就不得不对英法两国给予几次歼灭性的打击。……英国把我们的发展看成将会削弱它的地位的一种霸权的基础。所以英

---

① 《纽伦堡审判》第 1 卷，1957 年莫斯科俄文版，第 609 页。
② 见威·夏伊勒：《第三帝国的兴亡——纳粹德国史》，第 427 页。
③ 见威·夏伊勒：《第三帝国的兴亡——纳粹德国史》，第 579 页。
④ 见威·夏伊勒：《第三帝国的兴亡——纳粹德国史》，第 579 页。

国是我们的敌人。和英国的冲突,将是生死存亡的战争。"①1939 年 8 月 21 日,希特勒在贝兹加登山间别墅召开的军事首脑会议上再次强调,"每个人都必须认清我们已经下定决心,开始同西方国家作战"②。十分明显,希特勒的战略方针是先西后东,先集中攻打西方,然后掉过头来打苏联,希特勒在给他的将领们的讲话中对此也说得十分明白:"只有让自己在西方行动自由以后,我们才可以反对俄国。"③这些都是希特勒在极秘密情况下对一小撮最亲近的高级将领们所作的内部谈话,应该说是比较真实可靠的。

希特勒德国的战略重点和战略方针不仅有上述言论为证,而且在他一系列扩张行动中明显地表现出来:1933 年 10 月退出裁军会议和国际联盟,是为了和英法争军备平等权。1934 年 1 月签订《德波互不侵犯条约》是为了打开法国在东欧的同盟体系的缺口。1935 年 3 月宣布重整军备,签订英德海军协定,是为了扩大同英法争霸的军事实力。1936 年 3 月,撕毁《洛加诺公约》,进兵莱茵非军事区,筑垒构堡是为了建立进攻英法的前沿阵地。1936 年 10 月建立柏林—罗马轴心,11 月缔结《德日反共产国际公约》和 1937 年把意大利拉入反共公约,是为了结成与英法对抗的侵略集团。1936—1938 年德意武装干涉西班牙,吞并奥地利,割取苏台德地区,1939 年 3 月消灭捷克斯洛伐克,是为了打破英法在西欧战线的东、西侧翼;抢占和控制对英法作战的战略要地,是为了打破英法苦心经营的军事同盟体系和反德包围圈,造成对英法反包围的战略态势。《慕尼黑协定》签订后,英法绥靖主义者,以为苏联已被孤立,祸水东引的勾结已经告成。但是,出乎人们的意料,《慕尼黑协定》签订后,希特勒却把条顿剑刺向西方,而把和解的手伸向莫斯科。1938 年 10 月底,德国就通过驻苏大使馆和苏联接触,"设法找到解决妨碍德苏关系的问题的办法"④。1939 年 3 月德国又在解决乌克兰问题上,表明了无意东进的讯号。我们知道,1939 年春西方报刊为祸水东引大造舆论,发出了德国人正在从捷克的东端喀尔巴阡乌克兰向苏维埃乌克兰进军,欲将苏维埃乌克兰并入以喀尔巴阡乌克兰为中心的"大乌克兰"的消息。但希特勒在灭了捷克后,却

---

① 丘吉尔:《第二次世界大战回忆录》第 1 卷《风云紧急》,第 560~561 页。

② 见威·夏伊勒:《第三帝国的兴亡——纳粹德国史》,第 736、739 页。

③ 别列日科夫:《外交服务年代》,1972 年俄文版。

④ 见威·夏伊勒:《第三帝国的兴亡——纳粹德国史》,第 665 页。

将喀尔巴阡乌克兰东端的罗塞尼亚割让给匈牙利，表明德国不想以此作为侵入苏维埃乌克兰的跳板，“无意在那里做任何危及苏联利益的事”①。并且希特勒从4月起，进一步主动和苏联改善关系，最后不惜重价乞求和苏联签订互不侵犯条约。《慕尼黑协定》签订后，德国主动向苏联靠拢，签订条约的本身最有力地证明了德国战略方针是先打西方，后打东方。我们知道希特勒是靠反共起家、反苏发迹的，以往的扩张侵略都是在反苏反共的幌子下进行的。因此，如果不是为了先西后东的战略需要，他是绝不会轻易放弃这面旗帜，而将对苏政策来个180度大转弯的。所以不能把德国调整对苏政策简单地看作假动作。

在讨论苏联在当时要不要立即签订《苏德互不侵犯条约》时，我们有必要分析一下波兰问题。有人认为，希特勒吞并奥地利、捷克斯洛伐克后，立即指向波兰，说明德国的战车正在朝苏联步步逼来，如果不签订条约，德国的战车必将顺势东下进攻苏联。德国进攻波兰的战略意图究竟是什么？是为了东进，还是为了西攻？应该承认，德国进攻波兰对苏联是个威胁，从长远来看，也是准备进攻苏联所下的一着棋。但是从当时直接的侵略意图来看，这不是为了攻苏，而是针对英法的。这是因为，首先，希特勒攻波兰和吞并奥、捷一样，是为了摧折英法的侧翼，打破英法的反德包围圈，建立一个稳固的后方，为进攻西方准备条件。希特勒在1939年8月多次指出与波兰的冲突是迟早要来的，“我在春季即已有这样的决定，但我认为我应先打西方而后再转向打东方”，进攻波兰意味着“摧毁英国霸权的工作已经开始了”②，“如果命运强迫我们同西方摊牌的话，能在东方拥有大片地区就具有不可估量的价值”③。德国驻苏大使舒伦堡在给德国外交部的电报中说得更加明白：“如果波兰由俄国使之就范，这样来解除我们东部边界的隐患，那么帝国对法国就可以采取较强硬的立场”④。其次，从德波关系和德苏关系的变化来看，亦可见端倪。历史告诉我们，德国外交部部长里宾特洛甫在1938年10月24日向波兰驻德大使利普斯基提出收归但泽走廊建造铁路、公路的侵略要求时，正是舒伦堡

---

① 《苏德关系，1939—1941年》，美国国务院出版，1976年重印本，第35页。
② 丘吉尔：《第二次世界大战回忆录》第1卷《风云紧急》，第583页。
③ 见威·夏伊勒：《第三帝国的兴亡——纳粹德国史》，第667页。
④ 《苏德关系，1939—1941年》，美国国务院出版，1976年重印本，第18页。

主动找莫洛托夫要求打开德苏关系增进两国联系的时候；德国加紧对波兰战争威胁的过程，也正好是德苏关系不断改善的过程。这充分说明德国进攻波兰不是为了进攻苏联，恰恰是为了进攻波兰而急切要求改善和苏联的关系，并在波兰问题上向苏联一再表示"诚意"做出"让步"。德方代表在会谈中一再表示波兰问题不论是和平解决还是诉诸战争，德国"都准备保障苏联的全部利益，并与苏联政府达成一项谅解"[①]，"全然不必同苏联的任何一种利益相抵触"，"如果莫斯科同英国进行谈判的幕后动机，是在德波冲突时受到德国威胁的感觉，我方准备给苏联以渴望的保证"[②]。事态发展的结果是，德国终于以牺牲波兰获得了苏联中立的保证。总之，事实表明，德国攻打波兰不是将其作为进攻苏联的跳板，而是当作和英法进行生死搏斗的前奏，不是希特勒战略重点的东移，而是重操声东击西的故伎，所以以德国进攻波兰说明苏联当时必须签订条约的根据是不当的。

以上我们论证了希特勒德国的战略重点是在西方，策略方针是先西后东。这种侵略重点和步骤并不是希特勒臆造出来的，而是由政治、经济、军事、外交诸方面因素决定的。在希特勒看来，哪些地区对他争霸世界、掠夺财富有决定意义，哪里就是他的战略重点。西欧是资本主义世界的"心脏"、资本主义宗主国的集中地区，经济上是块"肥肉"，军事上是德国与英法争霸的主战场。德国如果囊括了西欧，它就不仅可以打倒角逐的主要对手英法，而且顺手可将这些国家的广大殖民地占为己有，从而进一步征服其他地区，奴役全人类。同样在希特勒看来，哪些地区软弱，容易得手，他就先往哪里打。欺软怕硬是帝国主义的共同特点，希特勒认为西欧是块"有软骨头的肥肉"，英法的当权者都是一些在军事威胁前屈膝投降的"小蛆虫"。奥地利事件、《慕尼黑协定》都使希特勒进一步深信"西方民主国家到最后无路可走的时候就会退缩而不敢发动全面战争"[③]，从西欧先突破是阻力较小的道路。而苏联，当时由于两个五年计划的提前胜利完成，工业产量到 1938 年已跃居欧洲首位，经济实力大大加强，在外交上又一贯坚持反侵略的严正立场和强硬态度。特别是 1938 年 7 月张鼓峰战役和 1939 年 8 月诺门坎战役中，苏联果敢、

① 《苏德关系，1939—1941 年》，美国国务院出版，1976 年重印本，第 36 页。

② 《苏德关系，1939—1941 年》，美国国务院出版，1976 年重印本，第 45 页。

③ 见威·夏伊勒：《第三帝国的兴亡——纳粹德国史》，第 711 页。

迅猛地粉碎了日本侵略者的武装挑战,显示了苏联强大的国防实力和社会主义国家的不可侵犯性。连丘吉尔也认为:“德国的第一次打击大概不会指向苏联,因为这实在太危险了,可能会指向别处。”[①]

希特勒的战略重点和策略方针既然不是主观虚构而来,当然也不能随便改变。在苏德谈判中,苏联一向采取谨慎态度,坚持慢慢来。谈判初期苏联曾采取谨慎拖延的态度。但是苏联政府的态度并未激怒希特勒,相反,苏联越拖,德国越急;苏联越硬,德国越软,做出的让步越大,愿付的代价越大。希特勒竟在 8 月 20 日亲自写信给斯大林,苦苦哀求苏联同意里宾特洛甫在 23 日前访问莫斯科。从后来公布的材料中可看到,如果里宾特洛甫到莫斯科没有完成他的使命,希特勒还准备低声下气地亲自前往莫斯科进行谈判。可见希特勒是不愿轻易更改他的既定方针的。

这里还需要指出的是,关于德国的战略重点和作战方向主要是西方,作战的对象主要是英法的问题,德国方面曾不止一次地明确告诉过苏方代表。1939 年 5 月 20 日,舒伦堡是针对苏联的。[②] 1939 年 7 月 26 日,德国对外贸易部官员施努尔在同苏联驻德代办阿斯塔霍夫谈话时指出,“德国在东方的政策现在已采取了完全不同的方针”,“就我们这方面来说,根本不存在威胁苏联的问题。我们的目标朝着一个完全不同的方向……德国的政策是针对英国的,我们可以想象在适当地考虑到对俄国极为重要的问题的情况下,会对双方的利益做出意义深远的安排”。[③]

对于希特勒用声东击西的手法掩盖其向西进攻的阴谋,苏联早已洞察并曾公开向西方发出警告。1935 年 3 月 28 日,莫洛托夫对当时访问苏联的英国外交大臣艾登指出,希特勒目前把向东方扩张提到首位,想使西方国家“上钩”,从而得到他们对军备要求的认可。当军备达到希特勒所希望的水平时,大炮可能开始完全朝另一方向射击。[④] 1935 年 3 月 31 日苏联国防副人民委员图哈切夫斯基在《真理报》发表的《当前德国的军事计划》一文中指出:“希特勒的帝国主义计划不只具有反苏的矛头,这一矛头乃是用来掩盖复仇主义

---

① 德波林主编:《第二次世界大战史(1939—1945 年)》第 1 卷,第 565 页。
② 《苏德关系,1939—1941 年》,美国国务院出版,1976 年重印本,第 7 页。
③ 《苏德关系,1939—1941 年》,美国国务院出版,1976 年重印本,第 34 页。
④ 德波林主编:《第二次世界大战史(1939—1945 年)》第 1 卷,第 564 页。

者对西方(比利时、法国)和南方(波兹南、捷克斯洛伐克、奥地利)计划的适宜幌子。"[①]1939 年 5 月 30 日莫洛托夫在最高苏维埃会议上所作的报告中指出:"在德意军事和政治协定中,关于反共产国际的斗争,半点声息都没有。而在另一方面,德国和意大利国内的政治领袖和报纸都确定地声明,这一条约正是直接反对欧洲首要民主国家的。"苏联既已获悉德国的明确表态,又早已洞察德国声东击西的真正意图,但在确定对德外交斗争策略时又片面强调德国对苏战争的危险性,因而过早地匆匆签订《苏德互不侵犯条约》,的确是令人费解的憾事。

另一个值得深入探讨的问题,就是英法苏谈判到 1939 年 8 月,是否已经"山穷水尽";苏联争取同英法结成反法西斯同盟,是否已经毫无希望;英法同希特勒达成反苏勾结,是否可能。对此,苏联史学家认为,"英法顽固奉行反苏政策,证明它们已不可能同苏联联合抗德","苏英法谈判由于遭到不可克服的矛盾而告失败",如不立即签订条约就会"出现帝国主义结成反苏同盟。苏联就要单独抗击法西斯德国的进攻。"

这里实际上提出了两个问题:一是对帝国主义间的矛盾如何看,即当时在帝国主义两大集团之间究竟以争夺为主,还是以勾结为主?二是对英法这股中间势力的两面性如何看,即对他们在外交上表现出的联苏抗德和反苏亲德两种倾向怎样估计?

先分析下争夺与勾结的问题。有人说,英法推行绥靖政策是由于他们胆怯心虚,害怕战争,不敢冒风险。希特勒侵捷克后实力大增,气焰更嚣张,因此英法统治者必然更害怕德国,屈服于希特勒的武力威胁,进一步作妥协、让步,以求实现反苏勾结。这是一种从概念出发的逻辑推论,同客观历史事实毫无共同之处。我们知道绥靖政策不单纯是英法力图与德国勾结的产物,而更是它们之间激烈争夺世界霸权的产物。英法推行绥靖政策的原因是十分复杂的,屈服于希特勒的战争威胁固然是原因之一,但是它的主要目的却在于用牺牲局部利益保护根本利益,用牺牲别国利益保护自己的既得利益。一旦这种政策无法达到目的,英法就会抛弃绥靖政策转向采取强硬政策。事实确实如此。1939 年 3 月德国侵占整个捷克斯洛伐克后,在德国侵略扩张日益

---

① 德波林主编:《第二次世界大战史(1939—1945 年)》第 1 卷,第 574 页。

严重的威胁下,整个英国开始振奋起来。一向鼓吹绥靖政策的《泰晤士报》等有影响的报纸也摆出了声讨希特勒,抨击软弱外交的阵势。议会里许多过去支持张伯伦的人都转而反对进一步姑息希特勒。面对这种局面,德国驻英大使也认为英国"对德国的敌意正在增长","战备加强了","继续幻想英国对德国态度无根本的改变就错了"。[1] 在德国的现实威胁和广大舆论压力下,绥靖派内部也发生了分化。被人们称为"绥靖船上的大副"的英国外交大臣哈里法克斯,在慕尼黑政策上自称同首相"最完满地合作过",现在也极力主张"首相要认清新的形势,并且当机立断,改弦更张。"[2]英国内阁出现了与绥靖派相对立的"军备促进派",并逐渐占了上风。就连绥靖派的顽固头子张伯伦在内外交困之下,也不得不做出反德的姿态,表示:"对德国用暴力统治世界的行径,英国要坚决抵抗。"英法的外交政策由在法西斯侵略面前步步退让、一味妥协,逐渐转向处处设防、阻截、对抗;开始改变过去不愿在欧洲大陆,特别是在东欧承担义务的政策,而奉行建立军事联盟网包围德国的政策。1938 年 12 月 12 日张伯伦在下议院声明:"在英国和法国所订的协定或条约里,英国人从未承诺给法国什么援助。"[3]但到 3 月 23 日英国和法国互换照会,正式结为同盟,承担互相援助的义务;接着又在 3 月 31 日,向波兰政府做出保证,在波兰遭受侵略时给予援助,4 月 13 日又为希腊、罗马尼亚提出安全保证。4 月 16 日英法又对丹麦、荷兰、比利时提供安全保障。至此形成了一个对德包围圈。8 月 21 日,英国获知苏德即将签订互不侵犯条约的消息,第二天便重申对波兰提供安全保障。8 月 23 日,《苏德互不侵犯条约》正式签订,英国立即再次表示:"不论苏德协定的性质如何,都绝不能改变英国对波兰的条约义务。"24 日英国又与波兰正式签订互不侵犯条约。这些行动和慕尼黑危机期间,张伯伦在希特勒进攻面前步步退缩,屈辱投降,形成对照。所以不能完全把它说成是假动作,做做样子。由于绥靖派头目仍然主宰着英法政府,故英法对德国的对抗行动,总的说还是软弱的,但是和过去一味退让相比,不能否认有了明显的进步和重大的转变。

苏联史学家为了论证英法与德国勾结反苏的严重性,都十分强调英法与

---

① 见威·夏伊勒:《第三帝国的兴亡——纳粹德国史》,第 635 页。

② 见威·夏伊勒:《第三帝国的兴亡——纳粹德国史》,第 634 页。

③ 《世界外交史》第 5 分册,第 247 页。

德国秘密谈判的事实。特别是1939年六七月间,希特勒的四年计划全权代表沃塔特,驻英大使狄克逊和英国海外贸易部部长哈德逊,张伯伦的亲信顾问威尔逊之间进行了内容广泛的秘密谈判。对于此类秘密谈判,我们必须采取具体的分析态度,一方面它确实反映了英法一部分当权者至死不渝地顽固推行早已“破产”了的绥靖政策,英法同德国的勾结危险仍然存在,苏联对此必须提高警惕,但是,另一方面我们更要看到,尽管英法卖力勾搭,但结果事事落空。在上述四人秘密谈判中,英法虽作了重大让步,但“落花有意,流水无情”,勾结仍未得逞。希特勒不顾戈林的再三劝说,断然拒绝了英国提出的和解方案,甚至在8月狄克逊回国述职时,希特勒与里宾特洛甫故意避而不见。同时,英国这种慕尼黑式的屈辱妥协也遭到了国内朝野一致的强烈反对。会谈虽然十分秘密,但后来内幕终被英国报纸所探悉,顿时舆论哗然,群起攻之,闹得张伯伦政府狼狈不堪。这种情况充分说明,当时帝国主义的矛盾已尖锐到你死我活、无法调和的程度,希特勒已不满足于英国的局部让步,英国也不能再进行危及根本利益的退却。英法与德国的勾结几乎没有可能。从英国国内来说,维护帝国利益的要求已使政府非改变绥靖政策不可,国内人民的爱国热情和社会舆论已强大到足以影响英国政府政策的改变。总之,那种以为苏联当时如不签订条约,英法可能与德国勾结共同反苏的观点是难以成立的。

有人说,由于英法坚持反苏立场,三国谈判已无希望,如再继续谈判只能便于英法以公开谈判来掩盖与德的秘密勾结,欺骗公众舆论,并以此迫使德国同它们勾结。因此,苏联当时必须当机立断,停止同英法谈判,和德国签订条约,以免苏联在完全不利的条件下同德国发生武装冲突。这种观点也值得商榷。无疑,英法当权者一贯极端仇视苏联,顽固地推行孤立、反对苏联,牺牲苏联以求和德国勾结的政策,“慕尼黑阴谋”就是明证。但是捷克斯洛伐克灭亡后,德国征服欧洲的野心大白于天下,英法的既得利益受到致命威胁,霸权地位遭到沉重打击,大敌当前,性命攸关,维护既得利益的本能压倒了对共产主义的恐惧和对苏联的仇视。为了自身的利益,英法不得不改变对苏联的态度,要求与苏联联合,共同对抗德国的侵略扩张。英国朝野争取与苏联结盟的呼声不断高涨,统治集团内部主张联苏抗德的势力大为抬头,并在议会中占了优势。1939年5月19日英国下院举行外交辩论,反绥靖派对张伯伦政府发起猛烈进攻。丘吉尔在发言中指出:“我们请求政府在脑子里记住这些无情的真理,没有强大的东战线,我们在西欧的利益就不能有令人满意的防卫;而没有俄国,也就不能有强大的东战线。”[①]艾登强调指出:“一方面实行国民义务兵役制,另一方面同俄国缔结协定,这就是御敌力量。”“如果英法俄能够达成谅解,就是和平的大收获,协定越快,越全面,影响越大,就越好。”[②]劳合·乔治也指出:“现在英苏结成同盟是战胜德国的唯一道路。”上述讲话表达了英国政界要求联合苏联的愿望和力量。在德国的威胁和舆论的压力下,张伯伦不得不改变过去不与苏联进行任何联合的僵硬态度,开始同苏联进行正式谈判。诚然在长达4个多月的谈判中,英法政府确实玩了种种手法,延宕、推诿、阻挠、破坏,无所不用其极,表现了明显的反苏倾向,但是我们也不能不看到,在帝国主义矛盾日益尖锐和苏联政府的不断斗争下,英法的态度是有变化的,总的趋势是朝联合的方向前进的。例如谈判初期,英法不愿遵守平等互惠的原则,只要求苏联在英、法、波、罗等国受到侵略时进行援助,而拒绝在苏联遭受侵略时进行援助,拒绝对与苏联毗邻的波罗的海诸国给予安全保障,但经过斗争,英法在5月27日的新提案中作了让步,同意缔结英法苏三国互助同盟条约,在苏联遭受侵略时,英法要在互惠基础上实行援助,但仍把波罗的海诸国排除在外。6月30日,丹诺夫在《真理报》发表《英法苏三国协定谈判的分析》的文章,揭露了英法拖延、破坏谈判的阴谋,并发出了严重警告。7月1日英法政府便被迫进一步同意接受苏联提出的关于给予波罗的海诸国安全保障的建议。7月22日苏联《真理报》发表了恢复德苏经济谈判的消息,英法受到极大压力,立即又做出了让步,7月25日被迫同意在政治谈判结束前,派军事代表团去莫斯科与苏联进行军事谈判(以前英法坚持不明确间接侵略的含义前不进行军事谈判)。在军事谈判中,虽然英法又继续拖延、破坏,但是也做出了一定让步。最初英国指示军事代表团去莫斯科只讨论“一般原则”,而不讨论军事援助的细节。不久英法便同意讨论军事援助的具体方案,并部分取消了不准把机密军事情报告诉苏联的限制。法国比英国更积极,还把“高度机密”的法国兵力数字告诉了苏联。整个谈判中,英法

---

① 丘吉尔:《第二次世界大战回忆录》第1卷《风云紧急》,第558页。

② 《艾登回忆录清算》上册,1976年商务版,第103页。

始终持要谈下去的姿态,没有关门拒绝之意。

有人认为军事谈判陷于僵局,原因在于波兰拒绝苏联的军事援助,而波兰之所以这样顽固,原因又在于英法在背后支持。其实这也不尽然。当时,英法政府为了自身的利益并不支持波兰拒绝苏联的军事援助,相反,对波兰施加过一定压力,要求波兰接受苏联的军事援助。8 月 16 日,苏方宣布因波兰、罗马尼亚拒绝接受苏军援助,军事谈判无法继续,决定暂时休会。次日,哈里法克斯就指示英国驻波大使去劝导波兰:"没有及早的和有效的苏联援助,波兰不可能,罗马尼亚更少可能在最短时间内抵制住德国陆军或空军的进攻……","把决定推迟到战争爆发就会措手不及了"。① 但遭波兰拒绝。4 月 4 日波兰外长贝克赴伦敦会谈,哈里法克斯在会谈中又劝波兰接受苏联援助,贝克当场表示拒绝,申述说:"德国的威胁是严重的,如果德国发动进攻,波兰将应战。""有两件事是波兰不能做的,那就是使它的政策或者依赖柏林,或者依赖莫斯科。""波兰和俄国之间的任何互助条约将从柏林带来直接敌意的反应,并可能加速冲突的爆发。"②第一次世界大战后,波兰对德国和苏联这两个邻国一向采取等距离外交,实行"距柏林不要比莫斯科近一毫米"的政策,因为在波兰领导人看来,"德国人来了,我们有丧失自由的危险,而俄国人来了,我们有丧失灵魂的危险"③。因此拒绝与两国中的任何一国结盟。1938 年 10 月,德国曾拉波兰结盟,也遭到波兰拒绝。事实证明,波兰拒绝苏联援助的原因不能全然归于英法。1939 年 4 月 11 日,苏驻英大使迈斯基在同哈里法克斯会谈时也认为是"波兰的反苏态度妨害了英法苏关系的发展"。④ 所以用波兰拒绝接受苏联为理由,而断定英法无意再进行军事谈判的论点,是缺乏足够根据的。

《苏德互不侵犯条约》是苏联在国际形势复杂多变、外交斗争纵横捭阖的局势下采取的一个重大战略决策,是斯大林在危难之际的一着险棋,从某种意义上说,似乎越出常轨,超乎常理。对于这样一个在复杂条件下采取的特殊措施,要做出正确评价,科学地总结历史经验,确实是不容易的。但是只要

① 路易士·费希尔:《从和平到战争的俄国道路,苏联对外关系》,1969 年纽约英文版,第 326 页。
② 路易士·费希尔:《从和平到战争的俄国道路,苏联对外关系》,1969 年纽约英文版,第 324 页。
③ 丘吉尔:《第二次世界大战回忆录》第 1 卷《风云紧急》,第 577 页。
④ 路易士·费希尔:《从和平到战争的俄国道路,苏联对外关系》,1969 年纽约英文版,第 326 页。

我们坚持实事求是，一切从历史事实出发，采取具体事情具体分析的态度，辩证地、历史地进行研究探讨，而不是主观片面、形而上学地肯定一切或否定一切，那也是不难做到的。

本文原载于中共中央《红旗》杂志社总编室编，《内部文稿》第 10 期（1979 年 9 月 15 日），公开发表于《世界史研究动态》1979 年第 8 期

# 重评斯大林在反对布哈林斗争中提出的“两个公式”

王斯德　陈　兼

20 世纪 20 年代末，在反对布哈林“右倾机会主义”的斗争中，斯大林曾提出了两个著名的公式：“通过无产阶级的残酷的阶级斗争来消灭阶级。——这就是列宁的公式”，“通过阶级斗争熄灭和资本家长入社会主义来消灭阶级。——这就是布哈林的公式”。[①] 这两个公式在当时成了批判布哈林“右倾机会主义”的“理论武器”，多年来也一直被视为对于列宁过渡时期阶级斗争理论的经典概括，对苏联和国际共产主义运动关于过渡时期阶级斗争问题的理论和实践产生了极大的影响。

斯大林在批判布哈林时提出的“两个公式”是否准确地表达了列宁关于过渡时期阶级斗争问题的基本看法？是否如实地反映了布哈林对于过渡时期阶级斗争问题的基本看法？搞清这些问题，对于正本清源、正确理解列宁的过渡时期阶级斗争理论和科学地评价 20 年代末苏联反对布哈林的斗争，都是十分必要的。

## 一

列宁是否如斯大林所断言的那样，主张“通过无产阶级残酷的阶级斗争来消灭阶级”呢？为了对此作出正确的回答，必须搞清两个问题：第一，列宁是否曾提出“通过无产阶级的残酷的阶级斗争来消灭阶级”的公式，他关于过渡时期阶级斗争问题的基本观点究竟是什么？第二，斯大林是怎样概括出列

---

① 《斯大林全集》第 12 卷，第 31 页。

宁的这一公式的,他提出这一公式的目的是什么?

首先分析一下第一个问题。

从现有的文献资料来看,我们没有发现列宁曾经提出过“通过残酷的阶级斗争来消灭阶级”这一公式。从列宁关于过渡时期阶级斗争问题的全部论述来看,我们认为,列宁关于过渡时期阶级斗争问题的基本观点是不能用这一公式来概括和表述的。

要科学地认识这一问题就必须全面地、辩证地把握列宁关于过渡时期阶级斗争理论的基本精神和实质。列宁对过渡时期阶级斗争的看法,如同他关于向社会主义过渡的整个理论一样,从来不是以抽象的概念和原则为出发点,而总是以苏联过渡时期政治、社会、经济等各方面的实际状况为依据,随着实践的发展和深入而不断发展和成熟的。因此,我们绝不能把列宁某一时期的某个具体论述,当作列宁过渡时期阶级斗争理论的全部。

为了说明问题,让我们对列宁关于过渡时期阶级斗争理论作简要的历史考察。

十月革命后最初的几个月里,在面对国内外阶级敌人联合进攻,苏维埃政权经受着生死存亡考验的国内战争时期,列宁对于阶级斗争的估计是比较严峻的。他曾一再指出,在俄国这样一个经济和文化落后、小生产像一片汪洋大海又遭受着国际资本主义四面包围的农民国家里,无产阶级夺取政权后,剥削者为了恢复失去的天堂,必定以“十倍的努力、疯狂的热情、百倍增长的仇恨来拼命夺权”①,从政治、经济、军事上反抗无产阶级的统治,国际资产阶级也会竭尽全力企图颠覆新生的苏维埃国家。因而,列宁提出:“在推翻资产阶级政权以后,在破坏资产阶级国家以后,在建立无产阶级专政以后,阶级斗争并不是消灭……而是改变它的形式,在许多方面变得更加残酷。”②(按:斯大林正是以列宁的这段话为依据,提出列宁主张“通过残酷的阶级斗争来消灭阶级”的)但是列宁的上述言论并不意味着他认为在整个过渡时期阶级斗争总是更加尖锐、更加残酷的,更不意味着他主张“通过残酷的阶级斗争来消灭阶级”。

---

① 《列宁全集》第26卷,第236页。

② 《列宁全集》第29卷,第252页。

众所周知，即便在十月革命之初，列宁和苏维埃国家从苏俄当时存在的社会经济关系出发，为了尽可能不经过特别的破坏过渡到新的经济制度，并未立即对资产阶级实行暴力剥夺的政策，而是采取了实行工人监督的办法。只是由于资产阶级用怠工和破坏进行疯狂对抗，拒绝和平改造，俄共（布）和苏维埃国家才采取“赤卫队进攻资本”的手段，没收银行和大企业。

1918年3月，苏俄与德国签订《布列斯特和约》，赢得了短暂的和平与喘息的时机。列宁鉴于城乡小生产者的大量存在，为了同小资产阶级的自发势力作斗争，明确提出对资产阶级实行“赎买”政策，把大力发展国家资本主义经济，作为向社会主义过渡的必要的中间环节，以此使落后的俄国“从物质、经济、生产意义上”“走上社会主义的‘入口’”。①

但不久，帝国主义武装干涉和国内反革命武装叛乱又使阶级斗争空前尖锐，极度激烈，苏俄开始实行“战时共产主义”政策。在这种情况下，列宁曾提出阶级斗争将“在许多方面变得更加残酷”的看法。（按：斯大林在批判布哈林时所引用的列宁关于过渡时期阶级斗争将“更加尖锐”“更加残酷”的言论，都是列宁在“战时共产主义”时期发表的）

但是，1920年年底，外国武装干涉被粉碎，国内战争基本结束，苏俄重又进入了正常进行社会主义建设的新时期。随着“战时共产主义”向新经济政策的转变，列宁对于过渡时期阶级斗争的认识发生了重大的变化和发展，形成了比较完整、更为深刻的观点和理论，特别是对过渡时期无产阶级和资产阶级之间的斗争的规律和特点作了新的阐述：

第一，深刻论述了新经济政策条件下资产阶级的历史地位和作用。列宁认为，要从苏俄各种经济成分的总和出发来看待新经济政策条件下的资本主义成分和新资产阶级，指出：“和社会主义相比，资本主义是祸害。但和中世纪制度、和小生产、和小生产散漫性联系着的官僚主义比较，资本主义则是幸福。既然我们还不能实现从小生产到社会主义的直接过渡，所以作为小生产和交换的自发产物的资本主义，在一定范围内是不可避免的。”②因此，对新经济政策下再生和发展起来的资本主义成分，不能仅仅看作资本主义成分单方

① 《列宁全集》第27卷，第317页。

② 《列宁全集》第32卷，第342页。

面的加强,而首先应看作社会主义的经济实力的增长,在俄国当时的条件下,它的存在是"有益的和必要的",能"成为社会主义的帮手"。[①]

列宁强调,必须把新经济政策下发展起来的新资产阶级与老资产阶级加以区别。他指出,前者是在无产阶级掌握了国家政权并控制了国家的经济命脉的情况下,根据自己的愿望和需要而被允许才再生和发展起来的,它们的活动完全置于无产阶级的国家控制之下,因而,"如果说,资本主义有害,不好,那我们可以纠正它,因为政权在我们手里,所以我们没有什么可怕的"。[②]有鉴于此,列宁提出:"在我们苏维埃共和国内,社会制度是以工人和农民这两个阶级的合作为基础的,而现在也容许'耐普曼'即资产阶级在一定条件下参加这个合作。"[③]

第二,论述了在新经济政策时期,无产阶级如何正确进行对资产阶级的阶级斗争。列宁认为,新经济政策时期仍然存在无产阶级和资产阶级的阶级斗争,有时甚至会很激烈。但是这种斗争和十月革命初期以及国内革命战争时期相比,在内容和形式上都具有新特点。阶级斗争的重心已从军事政治领域转向经济领域,斗争的手段也从暴力、强制转向以经济手段为主,采取"国营企业同资本主义企业"、共产党员同资本家和商人在经济方面竞赛的形式。[④] 列宁强调说,这种经济竞赛"是新经济政策的关键,并且我认为也是党的政策的全部实质"。[⑤]

列宁指出:为了最终战胜资本主义,"必须采取'改良主义的'、逐渐的、审慎迂回的行动方法"[⑥],绝不能简单地诉诸暴力和镇压(列宁一向认为"无产阶级专政的实质不仅在于暴力,而且主要不在于暴力")[⑦],不能实行"正面进攻"。他强调,新经济政策正是"一种改良主义的办法",为的是"尽可能少破坏地、审慎地、缓慢地、逐渐地来改造旧事物"。[⑧]

---

① 《列宁全集》第32卷,第375、346页。
② 《列宁全集》第33卷,第275页。
③ 《列宁全集》第33卷,第440页。
④ 《列宁全集》第33卷,第238、241页。
⑤ 《列宁全集》第33卷,第241页。
⑥ 《列宁全集》第33卷,第86页。
⑦ 《列宁全集》第29卷,第351页。
⑧ 《列宁全集》第33卷,第87页。

列宁一向认为，在俄国这样一个生产力落后的小农国家，无产阶级夺取政权并镇压了剥削者的反抗后，应当把组织社会主义经济建设定为自己的主要任务，只有把整个国民经济（包括农业在内）转到社会化大生产的物质基础上，创造出比资本主义更高的劳动生产率，才能“造成使资产阶级既不能存在，也不能再产生的条件”，最终消灭资产阶级[①]；“新经济政策的俄国”才能“变成社会主义的俄国”。[②] 列宁指出，不努力把社会生产力不断推向前进，而一味想借助残酷斗争、暴力剥夺等“革命方式”消灭资本主义、建成社会主义经济基础，必定带来巨大灾难。因为仅仅有“打倒、粉碎等手段对于社会主义是不够的”。[③] 谁要是设想“在任何场合、任何情况下都能够而且应该用革命方式来解决种种任务，那他们就会毁灭，而且一定会遭到毁灭”。[④]

综上所述，斯大林将列宁过渡时期的阶级斗争理论概括为“通过无产阶级的残酷的阶级斗争来消灭阶级”这一公式，是不符合列宁本人的观点的。既然斯大林提出的上述“公式”并非列宁本人的思想，那么，他为什么会概括出这一公式，其目的何在呢？

首先，我们认为，这与斯大林本人对过渡时期阶级斗争的基本认识有关。1928 年底出现“粮食收购危机”以及开展反对布哈林的斗争后，斯大林一再强调，阶级斗争“是推动我们前进的决定力量”，“我们所有的进展，我们在社会主义建设方面的每一个稍微重大的成就，就是我们国内阶级斗争的表现和结果”。[⑤] 在无产阶级专政条件下，资产阶级必然“不顾一切地进行反抗”，向社会主义过渡必定会引起“新的阶级变动”和“阶级斗争的尖锐化”。[⑥] 他认为，“随着我们的进展，资本主义分子的反抗将加强起来，阶级斗争将更加尖锐”，“比无产阶级专政以前更加残酷”。[⑦] 正是从过渡时期阶级斗争越来越尖锐这个论点出发，斯大林逻辑地提出了无产阶级只有用“残酷的阶级斗争”才能消灭剥削阶级，实现向共产主义的过渡的公式。

---

① 《列宁选集》第 8 卷，第 498 页。
② 《列宁全集》第 33 卷，第 401 页。
③ 《列宁全集》第 27 卷，第 308 页。
④ 《列宁选集》第 4 卷，第 576 页。
⑤ 《斯大林全集》第 11 卷，第 149 页。
⑥ 《斯大林全集》第 12 卷，第 25~26 页。
⑦ 《斯大林全集》第 11 卷，第 149~150 页；第 12 卷，第 30 页。

这里必须指出，斯大林所说的“残酷的阶级斗争”，并不是仅仅就阶级斗争的程度而言的，而主要是指进行阶级斗争的手段和方式。从当时苏联的实际情况来看，斯大林所谓“残酷的阶级斗争”，就是指用国家的行政措施和强制手段向“耐普曼”进攻，用暴力剥夺和消灭富农，用搞群众性政治运动的方式变革生产关系，实现农业全盘集体化，消灭小农经济。显然，这与列宁关于过渡时期阶级斗争形式的基本思想是违背的。

其次，斯大林在20世纪20年代末提出“通过残酷的阶级斗争来消灭阶级”这一公式，很大程度上是出于当时政治斗争和经济斗争的需要。

我们知道，如何看待过渡时期的阶级斗争，是当时斯大林与布哈林争论的焦点之一。布哈林是联共(布)党内著名的理论家，在阐述列宁主义的理论和党的政策方面具有权威性的影响。斯大林为了剥夺布哈林的斗争武器，彻底击败布哈林，肃清他在党内外的广泛影响，就必须从理论上批倒布哈林。于是，斯大林便提出了列宁“通过残酷的阶级斗争来消灭阶级”这一公式，同时又将布哈林对过渡时期阶级斗争问题的看法概括为反动的“两论”，即“阶级斗争熄灭论”和“资产家长入社会主义”，从而，名正言顺地给布哈林扣上了背叛列宁主义、搞机会主义的罪名。

同时，当时苏联正面临“粮食收购危机”和工农业比例严重失调等问题，在斯大林看来，出现这些情况，原因在于小农经济阻碍了农业生产力的提高，在于农村资产阶级富农的破坏活动。因此，他主张不断加强阶级斗争的办法，用暴力剥夺、消灭富农的办法，实现农业集体化。显然，他之所以概括出“列宁的公式”就是为了给用阶级斗争的办法人为地加快向社会主义过渡提供理论性的依据。

总而言之，斯大林概括的“列宁的公式”并非列宁的基本观点，而是表明了他本人对于过渡时期阶级斗争的认识。

## 二

布哈林是否如斯大林所指责的那样，主张“通过阶级斗争熄灭和资本家长入社会主义来消灭阶级”呢？

让我们来看看事实。

首先，在理论上布哈林并不像斯大林所说的那样，否认过渡时期存在阶级斗争，鼓吹阶级斗争应当“熄灭”，恰恰相反，他一贯强调苏联过渡时期仍然存在阶级斗争，并在一定条件下可能尖锐化。他根据苏联当时的实际情况，明确指出：“敌对力量在国内活动着，这就是农村中的富农、城市中的资产阶级的残余和新资产阶级集团。”①他认为，在无产阶级专政的最初时期，以为阶级斗争一开始就会消亡“是最愚蠢的胡说”②，相反，阶级矛盾可能“继续增长”，阶级斗争可能尖锐化，“不文明的无产阶级有被较文明的资产阶级吃掉的可能性”③。

但是，布哈林不同意斯大林关于社会主义越向前发展阶级斗争就越来越尖锐的观点。他认为，无产阶级专政下的阶级斗争，“同资本主义制度下的阶级斗争相比，具有完全不同的发展趋势”。在资本主义制度下，阶级斗争的发展趋势是不断走向尖锐化；“而在顺利地向社会主义前进的条件下，到了一定时候就开始‘消亡’”。④ 布哈林还特别强调，他所说的无产阶级专政下的阶级斗争“消亡”问题，是一条很长的道路，是就直至过渡到共产主义的整个历史时期的一般路线而言的，不是就某一具体的历史时期，更不是就工人专政的初期而言的。⑤ 也就是说，主张过渡时期应该“取消”与“熄灭”阶级斗争并不是一回事。

布哈林也不同意斯大林关于阶级斗争是社会主义社会发展的主要动力和推动社会发展的主要手段的观点。他认为，“需要的增长是社会的经济发展的直接动力”，“群众消费”是“整个发展的主要动力”⑥，而发展生产力是满足这种日益增长的需要的主要手段。布哈林的这些看法同列宁关于在整个过渡时期，应把组织社会主义经济建设、发展生产力当作中心任务的基本思想，是完全一致的，而和鼓吹阶级斗争熄灭根本扯不到一块。

其次，在实践中，布哈林一贯主张，必须对城乡资本主义成分加以限制和

① 布哈林：《一个经济学家的札记》（1928 年 9 月 30 日）。
② 布哈林：《在联共（布）第十四次代表会议上关于合作制问题的发言》（1925 年 4 月 29 日）。
③ 布哈林：《马克思主义者的列宁》（1924 年 2 月 17 日）。
④ 布哈林：《对反对派经济纲领的批判》（1925 年 1 月）。
⑤ 布哈林：《马克思主义者的列宁》（1924 年 2 月 17 日）。
⑥ 布哈林：《一个经济学家的札记》（1928 年 9 月 30 日）。

排挤,他反对的仅仅是用暴力的手段消灭资本主义。布哈林认为,在无产阶级夺取政权、建立了无产阶级专政、掌握了国家的经济命脉以后,阶级斗争的形式也会相应发生变化,即由过去的暴力镇压的方式转为"用竞争、用经济斗争"①的方式。他指出,对"白卫匪帮、地主资产阶级、叛匪等阶层及其残余势力进行镇压,也只能是镇压",而"对新资产阶级决不能限于只用镇压的办法","在这里也有镇压,但这不是重点"。布哈林认为,应该把重点放在"用经济排挤的方法去战胜它","不能用革命的宝剑机械地一挥来砍倒"。② 布哈林提出,对"耐普曼"应当用各种新的方法进行斗争,通过和平演变的方式和长期的量变过程,对资本主义成分实行限制、排挤并最终战胜之。布哈林认为:"越往后,我们在经济斗争中越是不能使用行政压制的遏制手段,而是要使用我们日益增长的经济力量。"③他强调,在无产阶级掌握着国家政权,又控制着国家的经济命脉的情况下,无产阶级是完全有把握在对城乡资产阶级的经济斗争中取胜的。④

必须指出的是,布哈林在论证阶级斗争的主要形式应当转变为经济斗争时,并不绝对排斥无产阶级国家在必要时仍要采用暴力手段来对付反革命的暴力行动。他曾提出:"如果富农举行暴动来反对我们,我们将采取恐怖手段对付富农","我们将派出我们所有的炮兵对付他们"。⑤ "如果资产阶级今天胆敢像1917年、1918年、1919年那样手执武器来反对我们,那么我们当然就会使用武装力量,按罪惩罚这一敌人"。⑥

综上所述,布哈林在理论上并未提出"通过阶级斗争熄灭来消灭阶级",在实践中也并未取消对城乡新资产阶级加以限制和进行斗争。

下面让我们分析一下,布哈林所主张的资本主义"和平长入社会主义",是否就是鼓吹"阶级斗争熄灭"?

为了阐明这一问题,有必要分析一下,布哈林为什么要提出"和平长入社会主义"的理论?他又是根据什么而提出的?

---

① 布哈林:《论新经济政策和我们的任务》(1925年4月17日)。
② 布哈林:《对反对派经济纲领的批判》(1925年1月)。
③ 布哈林:《论新经济政策和我们的任务》(1925年4月17日)。
④ 布哈林:《论新经济政策和我们的任务》(1925年4月17日)。
⑤ 布哈林:《在联共(布)第十四次代表会议上关于合作制问题的发言》(1925年4月29日)。
⑥ 布哈林:《到社会主义之路和工农联盟》(1925年)。

布哈林认为，在资本主义条件下，社会的发展规律是“资本主义矛盾的扩大再生产”，最后必定发生剧烈的暴力革命而导致资本主义整个制度的崩溃。① 因此，在资本主义制度下，“无产阶级的总路线就是炸毁整个社会，分裂社会和摧毁国家的路线”，就是进行国内战争，用革命暴力彻底推翻资产阶级的统治。② 无产阶级如果不通过暴力革命掌握政权，是不能使资本主义和平长入社会主义的。“断言这种长入的过程在资本主义的内部就已经开始了，而我们认定它只有在无产阶级获得政权后才开始”。③

同资本主义条件下的情况相反，布哈林指出，在无产阶级专政下，社会开始了“新的发展序列”。社会的矛盾将不是扩大再生产，而是缩小再生产，社会将通过“进化的道路转变为共产主义的扩展”。因而，不需要也不应该再搞炸毁整个社会的革命。他提出：“在无产阶级专政下，无产阶级的总路线就是巩固整个社会的路线，就是反对分裂社会的路线，就是加强国家（直到国家开始消亡的阶段）的路线。”④

基于上述认识，布哈林提出了“和平长入社会主义”的理论，认为无产阶级获得政权后社会不需要经过剧烈的革命而可和平地“长入”社会主义。根据苏联过渡时期的实际情况，他提出，实现“巩固社会”而不是“分裂社会”的“和平长入社会主义”的路线，关键在于怎样正确对待“耐普曼”。布哈林坚决反对用“分裂社会”的暴力革命消灭城乡资本主义成分，主张对新资产阶级实行利用、改造的方针。他说：“工人阶级的总路线是什么？就是要利用资产阶级，到一定时候就战胜它。”⑤布哈林认为当时苏联的新资产阶级“是社会所需要的一个阶层，它在一定程度上，在一定时期内执行着对社会有益的职能”。⑥无产阶级不能用暴力加以镇压、剥夺，而应以“经济排挤”的手段与之进行斗争，“逐步把资本主义经济的一切残余排挤出去，直到因此把资本主义社会完全变为社会主义社会为止”。⑦

---

① 布哈林：《马克思主义者的列宁》（1924年2月17日）。
② 布哈林：《对反对派经济纲领的批判》（1925年1月）。
③ 布哈林：《在共产国际第四次代表大会上关于纲领问题的报告》（1922年11月18日）。
④ 布哈林：《对反对派经济纲领的批判》（1925年1月）。
⑤ 布哈林：《对反对派经济纲领的批判》（1925年1月）。
⑥ 布哈林：《对反对派经济纲领的批判》（1925年1月）。
⑦ 布哈林：《在共产国际第四次代表大会上关于纲领问题的报告》（1922年11月18日）。

布哈林为什么在20世纪20年代要不断强调“和平长入社会主义”呢？这是因为当时苏联曾出现了鼓吹“第三次革命”的“极左”论调。在当时那个时期，苏联报刊上宣扬这样一种观点：“由于分化，我们将产生资本家和雇农，阶级关系将越来越尖锐，事态必不可免地发展到我们必须进行第三次革命，即用暴力剥夺富农。”[①]布哈林坚决反对搞第二次革命的“极左”理论。他指出，在无产阶级专政条件下，对城乡资本主义实行“拆屋顶”“加印上封”“打碎门牙”的政策，会损害整个经济机体，人为地加剧阶级矛盾，搞“第二次革命”“第三次革命”那样的“灾难性发动”，“在客观上不外是反革命而已”，对于“这种破坏国内和平的行动”必须坚决惩罚。[②] 十分明显，布哈林主张“工人革命胜利后长入社会主义”，含义是明确的，就是指无产阶级夺取政权后，“国家内部的社会主义的进一步发展是通过进化的道路而不可通过其他道路”。[③]也就是说，无产阶级专政条件下，过渡可以通过对资产阶级和富农和平经济改造的方式，而不是通过暴力革命的途径来实现。布哈林的这个观点同列宁主张“尽可能少破坏地、审慎地、缓慢地、逐渐地来改造旧事物”的看法显然是相同的。

事实证明，布哈林在哲学上宣扬“进化”、政治上主张“和平长入”完全是针对当时出现的鼓吹“第三次革命”的极“左”思潮而发的，其目的是反对搞“第三次革命”那种“灾难性发动”，根本不是什么鼓吹阶级斗争熄灭，反对向社会主义过渡，图谋资本主义复辟。

总之，如果对布哈林关于过渡时期阶级斗争问题的论述不是任意歪曲、无限上纲，而是实事求是、客观全面地进行分析，那么，可以看出，斯大林指责布哈林提出“通过阶级斗争熄灭和资本家长入社会主义来消灭阶级”这一公式，并由此给布哈林戴上“右倾机会主义分子”和“富农代理人”的帽子，完全是莫须有的、强加的。

值得注意的是，尽管斯大林提出的“两个公式”明显歪曲了列宁和布哈林的观点，但在反对布哈林“右倾机会主义”斗争取得胜利后，这两个虚构的公式仍然被当作真理而得到了确认。尤需指出的是，直到今天，关于列宁的“公

---

① 布哈林：《论新经济政策和我们的任务》(1925年4月17日)。
② 布哈林：《马克思主义者的列宁》(1924年2月17日)。
③ 布哈林：《马克思主义者的列宁》(1924年2月17日)。

式”竟还没有人提出异议！

历史一再表明，理论上的偏差常常造成实践中的巨大失误。“两个公式”对苏联的社会主义建设事业曾造成了严重的损害，30 年代初期苏联实现农业全盘集体化中出现的严重的过火行动，30 年代中期的肃反扩大化，都是和由这两个杜撰的“公式”所助长的“左倾”直接联系在一起的。

今天，在总结国际共产主义运动历史经验的时候，有必要对斯大林提出的“两个公式”重新作一番实事求是的分析和探讨。

本文原载于中共中央《红旗》杂志社总编室编《内部文稿》第 21 期（1981 年 9 月 1 日）

# 对20年代末苏联反布哈林“右倾机会主义”斗争的再认识

王斯德　金仁芳

1928—1930年，在斯大林亲自发动的反右倾机会主义的政治斗争中，布哈林被宣判为反对国家工业化、农业集体化和企图在苏联复辟资本主义的右倾机会主义集团的头目而被清出苏联党政领导集团。半个世纪来，国际共产主义运动经历了复杂曲折的发展过程，但对这场斗争的评价至今没有获得一致的认识。本文拟对此问题进行一些探讨。

## 一

20世纪20年代末，苏联党内出现以斯大林和布哈林为代表的严重分歧和斗争，其主要内容和原因何在？这是一个值得深入探讨的问题。

人们往往把分歧和斗争局限于粮食收购危机或者是工业化和农业集体化问题上，其实，这种分歧和斗争内容要广泛得多，原因要深刻得多。20年代末，苏联正处在一个重要的历史新时期。经过几年的艰苦奋斗，苏联人民医治了战争创伤，并在国民经济恢复的基础上，开始进行大规模的社会主义经济和文化建设。这期间，一方面社会主义事业胜利地向前发展；同时，在发展中各种矛盾逐渐暴露出来，出现了积累和消费的比例关系以及国民经济各部门之间的比例关系的严重失调，甚至出现了严重的“经济危机”。社会主义建设在前进中出现的新情况、新问题，要求人们认真总结经验，根据实际情况，确定克服困难的方针政策和实施办法，及时对整个国民经济的结构和体制作出必要的调整和改革，使社会主义建设事业健康地向前发展。正是在这种背景下，1928年年底，围绕粮食收购危机产生的原因，克服危机的方针措施以及从中引出什么政治上和经济上的结论等问题，苏联党内发生了严重的分歧和激烈的争论。争论从粮食危机问题扩展到社会主义建设的一系列问题上，形成了一场怎样在苏联这样原先经济落后的国家里建设社会主义的大辩论。在这场争论中，以斯大林和布哈林为代表，各自在苏联建设社会主义的道路、方法等问题上提出了一套比较完整的理论、方针和政策，出现了所谓“斯大林模式”与“布哈林模式”的分歧和斗争。

所谓“斯大林模式”，大致可以概括为以下三点：

第一，社会主义建设的中心环节是实现国家工业化。斯大林认为：“把我国从农业国变成为自力生产必需的装备的工业国——这就是我们总路线的实质和基础。”①而苏联实现国家工业化是在特殊的条件下进行的。首先，从国际条件来看，它处于帝国主义的包围之中，随时有受帝国主义武装干涉和侵略的危险。其次，从国内条件来看，它是在经济上、技术上十分落后的基础上，是在个体农民占人口绝大多数的条件下进行的。从上述国内外条件出发，斯大林在进行工业化时，强调三个原则。一是坚持高速度。他认为速度问题是关系国家命运、民族生死存亡的严重问题，要摆脱落后挨打的局面，必须不顾一切牺牲，尽最大可能在最短时间内摆脱经济上的落后状况，赶上和超过发达的资本主义国家。斯大林提出要用 10 年时间跑完先进资本主义国家用 50 年到 100 年时间跑完的路程。二是他强调工业化不是发展一般的工业，而是必须优先发展重工业，自力更生生产必需的工农业装备，“为国防建设足够的工业基础”②。三是实行高积累低消费的方针。他主张“尽量增加工业的基本投资”③，减少人民消费品的生产，把计划订得“很紧”。从上述观点出发，斯大林反对用适当降低工业化速度和合理改变农轻重比例关系的办法来克服粮食收购危机、安排社会主义经济建设计划，片面强调按战备经济的要求来规划国民经济的发展和建设。

第二，向社会主义过渡的关键是变革生产关系，改变生产资料所有制。20 年代末，斯大林虽然在理论上仍承认有继续执行新经济政策的必要，但在实践上急于消灭非社会主义经济成分，尽快结束新经济政策。1928 年末爆发的

---

① 《斯大林全集》第 7 卷，第 294 页。

② 《斯大林全集》第 11 卷，第 214、213、149~150 页。

③ 《斯大林全集》第 11 卷，213、149~150 页。

粮食收购危机以及工业化开始后产生的各种比例失调的严重问题，促使斯大林下决心对资本主义发动全线进攻。在斯大林看来，粮食收购之所以发生危机，工业、农业之间之所以发生严重比例失调，原因在于农民个体小生产的生产关系阻碍了农业生产力的提高，在于农村资产阶级富农进行破坏活动。因此，要推进工业化，迅速改变农业的落后状况，必须实行农业集体化，把分散的私有制个体农业改造成公有制的社会主义大农业，必须消灭社会主义最危险的敌人——富农阶级。基于这种认识，斯大林超越苏联社会生产力的实际发展水平，一味强调用变革生产关系推动生产力发展，加快向社会主义过渡。

第三，阶级斗争是向社会主义过渡的主要动力。斯大林强调社会主义是靠阶级斗争斗争来的。他在批判“自流论”“沉睡论”时一再指出，阶级斗争“是推动我们前进的决定力量”，“我们所有的进展，我们在社会主义建设方面的每一个稍微重大的成就，都是我们国内阶级斗争的表现和结果”①，并认为1927—1923年出现的困难都是“阶级斗争引起的困难”，“困难后面隐藏着我们的阶级敌人”②。斯大林认为向社会主义过渡，搞社会主义建设必然要引起新的阶级变动，引起阶级斗争的尖锐化，并且根据1927年年底发生的粮食收购危机和1928年年初发生的沙赫特反革命经济破坏事件，得出结论：“随着我们的进展，资本主义分子的反抗将加强起来，阶级斗争将更加尖锐。”③因此，必须用不断加强阶级斗争的办法推进社会主义事业的发展，用加强向富农进攻、暴力剥夺富农和搞群众性政治运动的方式实现农业集体化。

在围绕粮食收购危机的争论中，布哈林不同意斯大林的上述意见和做法，并系统地提出自己的观点和行动方针。布哈林设想的模式主要有以下三点：

第一，强调在当时要继续坚持贯彻新经济政策各项原则，在生产资料所有制改造方面持慎重方针，反对急躁冒进。布哈林从苏联的实际情况出发强调在原来经济落后的俄国搞社会主义建设，必须允许资本主义经济成分较长时间地存在，并在加强国家控制的条件下发挥其积极作用，然后经过一系列中间环节最终战胜它。不顾条件地一刀斩尽资本主义私有制，一步跨入社会

① 《斯大林全集》第11卷，第149~150页。
② 《斯大林全集》第12卷，第266、267页。
③ 《斯大林全集》第11卷，第149~150页。

主义,“这是极端愚蠢的做法……如果这样做,就会一无所得,并且会失去很多东西。把富农打死,这会使我们在经济上受到损失”。[①] 布哈林认为,出现粮食收购危机的原因主要不在于富农的破坏和个体小生产的束缚,而在于新经济政策没有很好贯彻,军事共产主义政策残余尚未肃清。布哈林反对用“左”的办法进攻富农,反对用行政强制的办法和超经济的力量实行农业集体化,反对用过激地变革生产关系的手段解决粮食和农业问题。布哈林认为,克服粮食收购危机的根本办法是彻底肃清军事共产主义政策的残余,比较长期地、全面地贯彻列宁制订的新经济政策的各项原则,实行市场“常态化”,推行“消除贫穷的政策”,让农民能有所积累,并富裕起来,充分调动广大农民的生产积极性,安心致力于发展生产。

第二,发展国民经济必须尊重客观经济规律,注意综合平衡、协调发展。布哈林坚决拥护国家工业化,而且主张“力求使工业化有一种尽可能高的速度”,但是强调一定要尊重客观经济规律,注意综合平衡,否则一定要受到惩罚。布哈林认为1928年突发的表现为求过于供的“商品荒”和粮食供应不足的特殊的“危机”,就是明证。布哈林认为产生这种奇怪的“经济危机”的根源主要不在于资本主义成分的破坏或小生产的阻碍,也不源于阶级斗争因素,而在于“经济平衡的各种条件遭到破坏”,“再生产的各种因素(包括消费因素在内)不能正确协调”,“经济的相对无计划性”。[②] “为了使社会再生产和社会主义的不断增长尽可能有力地(尽可能没有危机地)进行,从而达到对无产阶级尽可能有利的国内阶级的力量对比,必须力求把国民经济各种基本成分尽可能正确地结合起来(它们必须保持平衡,安排得恰到好处)。”布哈林还指出“破坏必要的经济比例,其另一面就是破坏国内的政治平衡”。[③] 为此,布哈林强调必须“郑重考虑现行政策问题”,特别要立即调整被破坏了的国民经济的基本比例和不合理的经济结构。首先要调整工农业之间的比例关系,只有在农业迅速增长的基础上,工业“才能持续地保持最大的速度”。他认为苏联当时的问题不是“工业落后于农业”,而是工业发展的速度大大超过了农业发展的速度,超过了实际可能的“极限”,因而造成了极其严重的经济比例失调

---

① 布哈林:《论新经济政策和我们的任务》(1925年4月17日)
② 布哈林:《一个经济学家的札记》(1928年9月30日)。
③ 布哈林:《一个经济学家的札记》(1928年9月30日)。

的现象。为了克服工农业比例失调，保证整个经济“无危机的发展”，布哈林认为，一方面要正确处理工业本身各部门之间的比例，使之协调一致，达到完满的结合，并使工业“面向农村”；另一方面要适当压缩工业投资，把部分工业投资转移到农业方面去，使工农业和谐地发展。布哈林还强调要正确处理积累和消费的关系，指出要加快工业的发展，必须注意“积累的界限问题，投资的最大界限问题”，如片面地追求高积累，“最终会减慢发展速度，并由此引起不可避免的倒退”。① 布哈林反对用加重农民的赋税等办法积累资金，反对把农民当作剥削的对象，把农村当作殖民地奴役。他认为筹集资金的正确办法应是提高全民生产率，尽量缩减一切非生产性开支，发展和应用科学技术。为此，必须“学会文明的管理”，特别要改革整个国民经济的管理体制。必须克服过分集中化的弊病，“把个人的、集团的、群众的、社会的和国家的主动精神错综地配合起来”，扩大企业自主权，以便“使经济活动更加灵活，筹划得更好，取得的成果更大”。总之，布哈林认为社会主义建设不能滥用国家权力，急躁冒进，盲目蛮干，必须尊重客观经济规律，正确利用市场货币关系，把国家计划和市场调节有机结合起来，把一切为社会主义服务的经济成分最大限度地动员起来，从而保证国民经济“比较无危机地”“挫折较少地”发展成长。

必须正确认识和处理过渡时期的阶级斗争问题。布哈林从苏联的实际情况出发，一再指出在过渡时期，“敌对力量在国内活动着，这就是农村中的富农、城市中旧资产阶级的残余和新资产阶级集团”②，阶级斗争并没有熄灭。但布哈林认为，不能把阶级斗争看作社会发展的主要动力，不能把阶级斗争作为推动社会发展的主要手段。布哈林指出“需要的增长是社会的经济发展的直接动力”，“群众消费”是“整个发展的主要动力”③，而发展生产力是满足这种日益增长需要的主要手段。布哈林认为，无产阶级取得政权的初期，阶级矛盾可能增长，阶级斗争可能出现激化现象，但总趋势是日益走向缓和，走向消失。在过渡时期，阶级斗争主要表现在经济领域。无产阶级在经济上战胜资产阶级主要不应依靠强力的政治斗争和镇压手段，而应采用经济斗争的手段，对资本主义成分实行限制、排挤和改造，通过和平演进的方式和长期的

① 布哈林:《一个经济学家的札记》(1928 年 9 月 30 日)。
② 布哈林:《一个经济学家的札记》(1928 年 9 月 30 日)。
③ 布哈林:《一个经济学家的札记》(1928 年 9 月 30 日)。

渐变过程,最终战胜资本主义。布哈林指出企图用搞“第三次革命”实现社会主义,只能造成灾难性的破坏。

上述表明,20年代末,斯大林和布哈林的分歧和斗争决不限于某些局部性的具体问题,而是涉及苏联向社会主义过渡走什么道路、采用什么方法和手段等根本性大问题。在这个时候爆发这样一场大争论也绝不是偶然,它是社会主义事业发展到转折关头常常出现的现象。深刻地认识这场斗争的内容和原因,对于正确评价这场斗争,并从中引出科学的历史教训是有帮助的。

## 二

千百万人建设社会主义的事业是史无前例的极其复杂而艰巨的斗争,特别在苏联处于那样特殊的国际、国内环境的具体情况下,在通过什么道路、方法、手段建设社会主义的问题上,党内产生意见分歧和相应的思想斗争是不可避免的。这本来是党内政治生活正常的现象。应该说,斯大林和布哈林都坚持搞社会主义,都拥护国家工业化、农业集体化,大方向是一致的,根本利益也是相同的。他们的分歧只是在搞社会主义的方法和道路上观点不同,对形势的判断不同,对行动时机的选择不同,一般来说都不过是属于正确与错误、是与非的矛盾,而不是哪一个代表无产阶级搞社会主义,哪一个代表资产阶级搞资本主义复辟的问题。假如当时苏联党内有正常的民主生活,不同意见的人能在“平等”的条件下进行同志式的讨论,实事求是地总结经验,采取有力措施纠正已经出现的问题,制订出正确的方针政策,那么在苏联,社会主义制度的优越性将进一步发挥,人民群众的积极性将进一步高涨,国民经济将发展得更加迅速,社会主义事业将取得更大成就。

但是斯大林在处理和布哈林的意见分歧时不顾事实,无限上纲,混淆矛盾性质,利用自己的无限权力,发动全国性的政治运动,对布哈林进行批判斗争,用“棍子”把布哈林为代表的一种意见打下去。

在批判斗争中,斯大林给布哈林安上了许多可置于死地的罪名,指责布哈林反对国家工业化、农业集体化,鼓吹阶级斗争熄灭论,资本家长入社会主义论,妄图在苏联复辟资本主义。事实证明,这些罪名是缺乏根据的,是强加于人的。

布哈林反对国家工业化吗？翻遍布哈林的文章和言论，查不到一句布哈林反对国家工业化的话，相反，布哈林是真心实意拥护国家工业化的。布哈林不止一次地强调："我们整个计划经济的计算的轴心，我们全部经济政策的核心应当是对日益展开的国家工业化的关怀，党将与任何企图使我们离开这条道路的人进行斗争。从任何角度（发展生产力，发展农业，扩大社会主义的作用，加强国内的团结，提高我们的国际经济比重，加强国防能力，群众需要的增长等）来看，苏联工业化是我们的法律。"①说布哈林反对高速度发展工业，也是莫须有的罪名。如前所述，布哈林并不反对迅速发展工业，他反对的只是不顾客观条件片面地追求"高速度"，反对用牺牲农业、损害农民利益片面地发展重工业。斯大林指责布哈林反对十五大关于工业化的决议，其实，布哈林的意见倒是符合十五大决议精神的。十五大决议指出："要求尽量把资金从农业方面抽到工业方面去是不正确的，因为这不仅会在政治上同农民决裂，也会破坏工业本身的原料基地和国内市场，破坏出口，破坏整个国民经济体系的平衡。"②

指责布哈林反对十五大关于农业集体化的决议，这也很难令人信服。十五大确实制定了大力开展农业集体化的方针，但没有规定要人为地开展大规模群众运动，采用突击方式，限时限刻地完成农业全盘集体化。十五大决定对富农阶级发动进攻，但并不主张立即加以消灭。事实表明，布哈林在当时反对的不是十五大决议，而是一些违反十五大决议的冒进行动，具体表现为：第一，布哈林不同意斯大林关于当时个体小生产者已成为农业生产力发展的严重障碍、必须立即彻底改造的观点，认为在苏联具体情况下，个体生产者还蕴藏着社会主义积极性，只要政策正确，还能促进生产力的发展。所以，布哈林认为，当务之急不是改造生产关系，而是尽力帮助个体小生产者发展生产，同时积极而稳步地引导他们走集体化的道路。第二，布哈林反对在集体化问题上采取急躁冒进的方针。他认为，苏联当时生产力水平低下，生产管理经验缺乏，传统习惯势力顽固，集体化的样板没有搞好，因此"农业合作社应当

---

① 布哈林：《一个经济学家的札记》（1928 年 9 月 30 日）。

② 《苏联共产党代表大会代表会议和中央全会决议汇编》第 3 分册，第 379 页。

改用自愿入社制”，那些强迫创建的集体农庄，不仅不能为国家提供粮食，相反要“从全国大锅饭中盛饭吃”，变成“共产主义的寄生机构”。[①] 布哈林认为，“最能发展生产力的经济制度就是最好的制度”[②]，农村生产关系的变革必须根据生产力发展的水平逐步进行。布哈林认为，当时实现农业集体化，不能从建立集体农庄开始，而要从发展供销、信贷合作社开始，然后在生产力发展的基础上逐步扩大集体农庄。第三，布哈林反对超出新经济政策的范围，对富农实行过激限制和打击的政策，反对由限制转变为消灭的政策，反对用暴力剥夺的手段消灭富农。布哈林认为，对富农经济一定要加以限制，不能任其自由发展，“到一定时候就战胜它”，但战胜的办法主要是用经济的办法，即通过银行、市场、税收和发展国营农场、集体农庄的办法最后战胜它。虽然布哈林在农村政策上也有欠妥当的地方，如对小生产自发性的消极作用和富农经济的破坏作用估计不足等，但是，指控布哈林维护落后的小生产关系，反对农业集体化，充当富农在党内的代理人，妄图复辟资本主义，则完全是虚构的罪名。

布哈林是联共（布）党内著名的理论家，在阐述列宁主义和党的政策方面具有权威性的影响。斯大林为了彻底击败布哈林，肃清其在党内外的广泛影响，十分重视并用了很大力气从理论上对布哈林进行批判。他把阶级斗争问题作为要害，把布哈林的错误概括为鼓吹反动的两论，即“阶级斗争熄灭论”和“资本家长入社会主义论”，认为“阶级斗争熄灭论”和“资本家长入社会主义的理论”是布哈林及其拥护者“一切错误的根源”[③]，是为资本主义复辟鸣锣开道的理论。

布哈林是否鼓吹“无产阶级专政条件下，阶级斗争应当熄灭，应当取消”的理论呢？布哈林主张资本家长入社会主义是否就是宣扬阶级斗争熄灭论呢？事实绝非如此。首先让我们看看布哈林对无产阶级专政条件下，阶级斗争的性质、特点及其规律是怎样认识的。

布哈林认为，在资本主义条件下，社会的发展规律是“资本主义矛盾的扩

---

① 布哈林：《在全苏农业集体组合会议上的演说》（1925年3月4日）。

② 布哈林：《论新经济政策和我们的任务》（1925年4月17日）。

③ 《斯大林全集》第12卷，第30~31页。

大再生产”不断尖锐化，最后经过剧烈的暴力革命，资本主义整个制度崩溃。① 因此，在资本主义制度下，“无产阶级的总路线就是炸毁整个社会、分裂社会和摧毁国家的路线”，就是进行国内战争，用革命暴力彻底推翻资产阶级的统治。②

无产阶级专政开始了社会“新的发展序列”。社会的矛盾将通过“进化的道路转变为共产主义的扩展”，不需要再搞炸毁整个社会的革命。“在无产阶级专政下，无产阶级的总路线就是巩固整个社会的路线，就是反对分裂社会的路线，就是加强国家（直到国家开始消亡的阶段）的路线。”③基于这样的认识，布哈林提出了“资本家长入社会主义”的理论，认为无产阶级获得政权后社会不需要经过剧烈的革命而和平地长入社会主义。这里的关键在于怎样正确对待资本家和富农，布哈林坚决反对用“分裂社会”的暴力革命消灭城乡资本主义成分，主张对资产阶级实行利用、改造的方针。他说：“工人阶级的总路线是什么呢？就是要利用资产阶级，到一定时候就战胜它。”④当时苏联的新资产阶级（耐普曼）“是社会所需要的一个阶层，它在一定程度上，在一定范围内和在一定时期内执行着对社会有益的职能”。⑤ 无产阶级不能采用暴力加以镇压、剥夺，而应采用国家资本主义的形式，运用“经济排挤”的手段，“逐步把资本主义经济的一切残余排挤出去，直到把资本主义社会完全变为社会主义社会为止”。⑥ 可见，布哈林主张“工人革命胜利后长入社会主义”的含义是明确的，就是无产阶级夺取政权后，“国家内部向社会主义的进一步发展是通过进化的道路而不可通过其他道路”。⑦ 也就是说向社会主义过渡可以通过对资产阶级和富农实行和平经济改造的方式，而不能通过暴力革命的途径实现。十分明显，这一观点是针对当时鼓吹“第三次革命”的极“左”论调而发的。可见，布哈林当时在哲学上宣扬“进化”，政治上主张“和平渐进”，根本不是宣扬阶级斗争熄灭论，反对向社会主义过渡，鼓吹资本主义复辟，而是

① 布哈林：《马克思主义者列宁》(1924 年 2 月 17 日)
② 布哈林：《对反对派经济纲领的批判》(1925 年 1 月)。
③ 布哈林：《对反对派经济纲领的批判》(1925 年 1 月)。
④ 布哈林：《对反对派经济纲领的批判》(1925 年 1 月)。
⑤ 布哈林：《在共产国际第四次代表大会上关于纲领问题的报告》(1922 年 11 月 18 日)。
⑥ 布哈林：《对反对派经济纲领的批判》(1925 年 1 月)。
⑦ 布哈林：《马克思主义者列宁》(1924 年 2 月 17 日)。

为了反对在无产阶级专政条件下搞“第三次革命”，破坏社会主义事业。

如上所述，布哈林关于苏联过渡时期阶级斗争的观点，应该说，基本上是正确的，是比较符合苏联实际情况的，把它和第二国际修正主义相提并论，指控为复辟资本主义的理论是不公正的。

本文原载于《世界经济与政治内参》1982年第1期

# 如何评价苏俄“战时共产主义”

## ——近年关于“战时共产主义”讨论述要

1918 年到 1921 年苏俄实行的“战时共产主义”是当代国际共产主义运动史上引人注目、影响深远的一章。半个多世纪来,人们对这段历史一直众说纷纭。近年来,学术界在求索什么是真正科学社会主义的时候,对“战时共产主义”重新进行了探讨,展开了热烈争论,在许多方面有进一步深入和新的开拓,现择要介绍如下。

## 一、推行“战时共产主义”的原因和目的是什么?

“战时共产主义”是在什么历史条件下推行的?它产生的原因和推行的目的是什么?这是近年讨论中争议较多的问题,大致有三种意见。

第一种意见是,“战时共产主义”是列宁和俄共(布)党在“直接”向社会主义过渡的指导思想下自觉采取的方针、政策,其目的是借助“战时共产主义”的措施实现向社会主义“直接过渡”。持这样观点的同志认为,早在 1918 年三四月间列宁所写的有关社会主义建设方面的文章,就表明俄共(布)党实际上是以通过比较短的道路直接过渡到社会主义作为一系列政策的出发点。他们指出列宁自己也承认,根据我们党从 1917 年年底到 1918 年年初所作的各种正式的和非正式的声明,可以看出我们……在估计可能的发展时,我们多半(甚至我记不得有何例外)都是从直接过渡到社会主义建设这种推断出发的,可能这种推断并不总是公开表达的,但始终是默然意会的。[1] 这些同志

① 《列宁全集》第 33 卷,第 64~65 页。

还进一步认为,“战时共产主义”说到底是发端于农业社会主义或小资产阶级社会主义的影响,“在农民阶级占人口多数的俄国小资产阶级社会主义和农业社会主义有着广泛的社会基础和思想影响,无产阶级政党一旦放松对它的警惕,就要导致思想上、理论上的混乱”,“战时共产主义”的实施就是这种规律的反映。所以“即使没有战争环境和武装干涉,也同样会有所谓‘战时共产主义’,差别只是无需加‘战时’二字而已”,帝国主义武装干涉和国内战争“只是加速急于向共产主义过渡步伐的一种催化剂”,使俄共(布)“以疯狂的速度来进行自己的革命”。将实行“战时共产主义”的原因“完全诿之于客观的战争环境的需要,显然是歪曲了历史的实际”。

第二种意见是,严重的经济破坏和极为险恶的战争环境是促使俄(布)实施“战时共产主义”的主要原因,其目的是保证军事、政治斗争的需要,而不是直接向共产主义过渡。这些同志认为,1918 年春,列宁和俄共(布)的指导思想不是“直接过渡论”,而是“打算实行一系列渐进的改变,比较慎重地过渡到新制度”,仅仅是国内外敌人向苏维埃政权发动武装进攻,才逼使苏维埃政府进行“殊死的无情的斗争”,“敢于实行‘战时共产主义’,不怕采取过激的办法”,“远比原来所设想的更多地摧毁旧的关系”。[①] “战时共产主义”的许多措施,如余粮收集制、工业国有化、分配实物化等,都是在严酷的战争和与之相联的极度困难的经济条件下被迫采取的,假如没有帝国主义武装干涉和国内战争环境,“战时共产主义”就不会推行。所以实行“战时共产主义”不是超越客观历史阶段,而是适应客观现实的需要。

第三种意见是,分析苏俄施行“战时共产主义”的原因和目的既要考虑到当时的客观环境,也要估计到列宁和俄共(布)主观上的指导思想。也就是说,“战时共产主义”一方面是战争环境和经济破坏逼出来的,另一方面也不能否认列宁和俄共(布)在指导思想上有“直接过渡”的错误,上述客观和主观因素是相互交织、彼此影响的,不能以偏概全,各执一端。有的同志还认为,分析实行“战时共产主义”的原因和目的不能笼统地作大幅度的概括,而要分阶段作具体的分析。他们认为,在推行的过程中,由于形势变化,各项政策在实施范围、宽严程度、所起作用、指导思想等方面前后有变化,因而整个过程

① 《列宁全集》第 32 卷,第 343 页;第 33 卷,第 68、70 页。

分两个不同的阶段。第一阶段从1918年夏到1919年年底，这是“战时共产主义”政策逐步推行的时期，当时帝国主义正疯狂进行武装干涉，苏维埃政权危在旦夕，显然临时实行“战时共产主义”的主要目的是动员一切人力、物力保证战争的需要，至于向共产主义过渡在实践上根本无法顾及。第二阶段从1920年年初到1921年年初，此时帝国主义武装干涉已基本被粉碎，苏维埃政权已取得了暂时喘息时机，并再次准备转向和平经济建设。按理说，国内战争基本结束，作为战争措施的“战时共产主义”已逐渐失去原来的作用和意义，应该随着客观条件的变化不断缩小乃至中止执行。但是事实恰恰相反，正是这一时期，人们被粉碎帝国主义武装干涉的辉煌胜利所激励，滋长了一种幻想，认为“战时共产主义”不仅能战胜武装的敌人，而且能粉碎资本主义经济关系，可以乘势借助这些措施实现向社会主义的过渡。因此，当时党和政府领导人一再强调把军事上胜利的经验运用到经济任务上来，用军事办法解决经济任务，并把它看作保证“摆脱困难处境”和开展大规模经济建设的一条“正确”的道路。① 1920年3月召开的俄共(布)第九次代表大会通过《关于经济建设的当前任务》，宣布直接用无产阶级国家的法令在一个小农的国家里按共产主义原则来调整国家的生产和产品分配。② 此后“战时共产主义”发展到一个新阶段：在理论上，把“战时共产主义”从适应战争的临时非常措施上升为建设社会主义的根本途径，力图建立一种由“国家生产和国家分配”的新体制；在实践上，各项措施日益强化和扩大，余粮收集制扩大到棉花、皮革等农副产品和经济作物，1920—1921年征收的余粮数额超出了战争最艰苦的1919—1920年的55%。工业国有化也“变本加厉”，1920年11月，即国内战争已结束一个月，最高国民经济委员会颁布法令，宣布把拥有机械动力且雇工五人以上的企业或无机械动力但雇工十人以上的企业统统收归国有；在贸易方面宣布各种小商贩属于违法，严加禁止，取消了一切贸易活动；在分配制度上更加实物化，许多日用品发展到免费供应。总之，九大后“战时共产主义”以更大的规模、更快的速度推行起来，而且军事上的胜利越辉煌，“战时共产主义”就贯彻得越坚决、彻底，达到了登峰造极的地步。可见这一时期苏俄

① 《列宁全集》第30卷，第300~301页。

② 《列宁全集》第33卷，第39页。

推行“战时共产主义”的原因主要不是战争的逼迫，而在于主观思想的驱使，其目的不是保证军事上的胜利，而是加快经济恢复和经济建设。

## 二、农民是不是“战时共产主义”的主要打击对象？

“战时共产主义”打击的主要对象是谁？这在过去并不成为问题。但是近年的讨论中出现了一种观点，认为“战时共产主义”的主要打击对象是占俄国人口80%以上的农民小资产阶级。持这种观点的同志以这一时期列宁对苏俄农民阶级的一系列论述为论据，指出列宁对这一时期苏俄农民阶级所作的估计是完全脱离俄国社会经济和阶级关系的实际的，列宁错误地认为当时剥夺剥夺者的历史任务已基本完成，作为小私有者、小生产者和小商品经济的农民阶级“已成为直接过渡到共产主义的主要障碍”，成为“社会主义和无产阶级的主要敌人”。因此，“战时共产主义”的“中心问题，就是千方百计从各方面消除这个主要障碍”，铲除资本主义赖以存在和复活的非常广阔、极其深厚的经济基础。实质上，把农民当作主要打击对象，余粮收集制就是主要表现。

但大多数同志不同意上述观点，认为“战时共产主义”的锋芒主要指向资本主义势力，特别是投机倒把和破坏国家计划的资本主义自发势力，打击的主要对象是外国武装干涉者和国内阶级敌人。“战时共产主义”从本质上来说是保护了农民的根本利益和长远利益，因为农民用粮食支援工人和红军战胜国内外敌人，从而免除了地主复辟带来的灾难，保持了从地主手中得来的土地，并为以后的光明前途创造了条件。无疑，余粮收集制触犯了农民的利益，要农民付出巨大的代价，但付出巨大代价不等于把农民当作主要打击对象，因为为了战胜国内外敌人，保卫新生的苏维埃政权，整个民族都付出了巨大牺牲。问题是如何正确地分配这些苦难，列宁说“我们应当在保持无产阶级政权的前提下来进行分配，这就是我们唯一的原则”①，“战时共产主义”就体现了这一原则。实际情况表明，当时工人生活条件远比农民艰苦，经常处

---

① 《列宁全集》，第32卷，第475页。

于饥饿之中，农民从革命战争中得到的好处比工人多。正因如此，在国内战争的日子里，农民接受了余粮收集制，忍受了过重的负担。至于国内战争基本结束后继续扩大收集余粮，确实伤害了农民利益，但那是工作中的错误，并非自觉地把农民当作主要打击对象。

## 三、如何评价"战时共产主义"的性质和作用？

对"战时共产主义"的性质和作用应如何评价？这是近年来关于"战时共产主义"争论的焦点，大致有三种意见。

第一种意见是，"战时共产主义"不是科学社会主义，是小资产阶级社会主义和农业社会主义的变种，因为它崇尚落后的自然经济，迫不及待地企图消灭商品和货币，力图借助国家法令和政治强力统一掌管全部生产、流通与分配；它急于消灭全部私有制，企图在普遍贫穷与匮乏的基础上借助消费品的平均分配来消灭一切阶级差别。实行"战时共产主义"是带有全局性、路线性的原则错误；它不仅打击了富裕农民，也损害了广大中农和贫苦农民的利益，引起了广大农民的不满和普遍的暴动，严重破坏了工农联盟，造成了政治危机；它使工人阶级脱离大机器生产，队伍涣散，失去自己无产阶级的阶级性，造成了严重的社会危机；它挫伤了工人、农民的生产积极性、工农业生产凋敝，国民经济濒于崩溃的边沿，造成了严重的经济危机。总之，1921 年春出现的政治、社会和经济的严重危机既是实行"战时共产主义"的直接恶果，也是对"战时共产主义"的严厉惩罚。持上述观点的一些同志也肯定"战时共产主义"在当时有一定历史作用，但认为功绩有限，错误严重。

第二种意见是，"战时共产主义"是在战争和极度贫困的特殊条件下被迫实行的一种带有军事性的临时非常措施。它既不是农业社会主义变种，也不是适应无产阶级经济任务的建设社会主义的政策。他们认为评价"战时共产主义"的功过必须放在具体历史环境中作历史的、具体的考察。应该说，苏维埃政权在面临生死存亡的情况下，在正常的经济生活缺乏起码可能的条件下，断然采取非常措施以保证前线和后方人民生活的最低限度的需要，是完全必要的，也是当时唯一切实可行的做法，别无选择。这不仅不是一种错误，而且是一种不可磨灭的伟大历史功勋。诚然“战时共产主义”有很大的历史局限性,存在许多弊病、过失和错误。其错误主要表现为“没有保持一定的限度”,特别是“在贸易国有化和工业国有化方面,在禁止地方周转方面,做得过分”,“超越了理论上和政治上需要的限度”。[①] 但这是执行政策时掌握分寸不正确,而不是根本性错误,不能贬为农业社会主义而加以全盘否定。有些同志还强调,对它的错误也需作历史的具体分析:有的错误是属于“战时共产主义”本身内在的消极面,如余粮收集制挫伤农民生产积极性等;有的则是在执行过程中犯的错误,如在实行余粮收集制时,征收的不只是余粮,连口粮都加征收,超出了应有限度。同时对出现错误的原因也要作具体分析:有些错误与环境有关,如农民问题正如列宁所说:“我们在战争的重压下,不能集中精力考察怎样处理无产阶级国家政权同小农之间的经济关系。”[②]“我们当时的任务就是必须收集一定数量的粮食,而完全无法顾及这样做对社会周转会有什么影响。”“斗争越艰巨,实行慎重过渡的可能性越小。”[③]有些则是在缺乏任何经验的情况下难以避免的,如对资本主义采取“正面进攻”的办法是带有摸索和试探性的,因为“不经过试探,就是一个优秀的统帅也无法解决用什么正确的方法攻占要塞的问题”。[④] 对此我们不能脱离历史条件,不可过于苛求。

第三种意见是,“战时共产主义”具有双重性:一方面它是一种适应战争非常形势而实行的军事性临时措施,另一方面也是俄共(布)党寻求向社会主义“直接过渡”而作的一次尝试。其作为一种非常的军事措施在当时具体条件下基本上是成功的,完成了自己的历史使命;作为一种“直接过渡”的尝试却是失败的,主要表现为阻碍生产力的提高和破坏了工农联盟。

关于“战时共产主义”的消极作用,有些同志认为,不仅当时存在,而且对以后的苏联历史产生了长期影响:首先,“战时共产主义”一切服从军事需要,将军事上的一套作风带进了经济和政治工作中,因此迷信国家权力、崇尚行政命令的作风给苏联社会、政治生活各个方面打上了深刻的烙印。其次,由于当时形势所迫实行的“战时共产主义”和传统的社会主义概念发生巧合,于

---

① 《列宁全集》,第 32 卷,第 208 页。
② 《列宁全集》,第 32 卷,第 177 页。
③ 《列宁全集》,第 33 卷,第 70 页。
④ 《列宁全集》,第 33 卷,第 63 页。

是战时共产主义成为影响深远的一种特殊经济体制，这种高度集中的中央计划管理体制，在30年代形成的苏联国民经济管理体制和管理方法中可以看到明显的痕迹，并成为苏联社会主义经济建设中一个沉重的包袱。

## 四、“战时共产主义”与列宁主义是什么关系？

“战时共产主义”与“列宁主义”是什么关系？它在列宁主义发展过程中居于什么地位？这是近年来讨论中提出的新问题。有一种观点认为，列宁主义的发展经历了复杂曲折的过程，“战时共产主义”就是前进中的一个曲折。它是非列宁主义的小资产阶级社会主义，是列宁主义的异化物。他们认为，早在十月革命胜利后列宁就奉行类似“战时共产主义”的政策；只是到1921年春，列宁总结了“战时共产主义”失败的教训后，才从错误中根本改变了对社会主义的看法，逐步纠正和放弃了“战时共产主义”，实行新经济政策，形成了适合于苏俄实际情况的社会主义建设理论。所以列宁摒弃“战时共产主义”的过程，乃列宁主义更新和发展的过程。

另一种观点认为，“战时共产主义”是列宁和俄共(布)党在特定历史阶段所进行的理论和实践活动，是列宁主义在特定条件下的灵活运用。它本身就是列宁主义发展过程中的有机组成部分，而不是它的异化。“战时共产主义”的革命实践从正、反两方面推动了列宁主义的发展。从某种意义上说，没有“战时共产主义”的实践，就不会出现列宁主义在1921年后的重大发展。

本文原载于《华东师范大学学报》(哲学社会科学版)1982年第3期

# 苏联在二三十年代引进外资和技术的历史经验

王斯德　吴　瑞

20 世纪二三十年代苏联引进先进技术和装备、吸收外资的过程，大致可分为两个阶段，即国民经济恢复时期（1921—1926 年）和工业化、国民经济技术改造时期（1927—1937 年）。

1921 年国内战争结束后，苏联党和政府实行了工作重心的战略转移，从战时共产主义过渡到新经济政策。新经济政策的重要内容之一就是实行对外经济开放政策，加强同资本主义国家的经济联系。这一时期，吸收外资、引进先进技术和设备主要采取租让制、苏外合资经营、国际贷款和招聘外国技术人员等方式。

俄共（布）第十次代表大会决议指出："租让实质上是社会主义共和国同在工业方面比它发达的资本主义国家之间缔结经济协定的一定形式。"[①]1920 年 11 月苏联政府颁布了租让制法令，从 1921 年开始到 1926 年 10 月共签订了 144 个租让合同，1927 年租让企业达到 73 个。租让企业的产值占苏联工业总产值的比重，1925—1926 年度为 0.14%，1928—1929 年度为 0.6%。1924—1925 年度苏联从租让企业中得到的收入为 680 万卢布，1927 年为 1611 万卢布。

实行租让政策在一定程度上发挥了积极的作用。但是由于战后初期资本主义国家处于经济复苏阶段，同时在政治上对苏联抱敌视态度，经济上缺乏投资信心，因此租让制并未如预料的那样大规模地发展。

同外国资本家兴办合营公司是列宁实行经济开放政策的另一措施。在这种合营公司中，苏方所占股份一般不少于 51%，外国资本以先进的设备和

---

① 《苏联共产党决议汇编》第 2 分册，第 109 页。

技术专利入股，技术经理或总工程师大多由外国企业家担任。1925 年，合营企业为 64 个，参加的国家有德、英、美、荷、伊朗等。合营企业经营范围主要集中在木材、交通运输、贸易、建筑等行业。但是，由于缺乏兴办苏外合营企业的经验，具体经营中存在的矛盾不能及时解决，效果不是很好，所以合营企业从 1925 年以后就逐渐停止了。

这一期间，列宁还主张从外国贷款，进口先进的技术设备来促进国民经济恢复和发展。列宁亲自指导苏联代表团在 1922 年召开的热那亚国际金融会议上展开了积极的外交活动，并且不惜以偿付沙皇政府债款作为“贡赋”来换取贷款。当时，苏联还在英、德、瑞典、丹麦等国设立了一些银行，以便在西方金融市场筹集外国资金。当时由于帝国主义敌视苏联，一些资本主义国家向苏联提供贷款的条件十分苛刻，除了得到少量短期商业贷款外，苏联争取国际贷款的努力没有取得多大成果。外汇短缺、财政困难，使苏联在国民经济恢复时期没有能力从国外大量进口先进的技术设备，到 1924 年总共才签订了 5 个技术援助协定。

1927 年苏联进入以工业化为中心的社会主义现代化经济建设时期。1929 年联共(布)中央提出了为“在经济和技术方面赶上并超过先进的资本主义国家而奋斗”的任务，并提出了改造时期“技术决定一切”的口号。斯大林为首的联共(布)中央遵循列宁的教导并利用资本主义世界因爆发经济危机(1929—1933 年)而急切要求扩大同苏联的经济联系的有利国际环境，在引进先进技术和吸收外资方面开创了崭新的局面。

这一阶段的一个突出现象是大规模进口机器设备，引进先进技术。当时，苏联进口的机器和设备在世界上占第一位。1932 年苏联购买了世界出口机器总额的一半，有些类别的机器几乎全由苏联包购(如 1931 年世界拖拉机出口总额的 90.5%由苏联购买)，进口机器在国内同类机器总量中所占比重很大，如 1923 年切削机床占 67.1%，涡轮机占 52.6%，拖拉机占 69%。1930 年投产的发电机 89%从国外进口，蒸汽动力设备的进口比重占 87%。

这一时期，苏联还先后与经济发达的资本主义国家签订了各种技术援助协定。1931 年苏联同外国公司签订了 124 个协定，其中主要是美国和德国，苏联为这些协定支付了 8800 万卢布的外汇。苏联通过这些技术援助协定很快建立了一大批用先进技术装备起来的新兴骨干工业。苏联第一个五年计划的许多重点项目是由外国公司直接帮助建立的。例如,马格尼特哥尔斯克钢铁联合公司是由美国麦基公司帮助设计和建设的,最早的大型汽车厂——高尔基汽车厂是由美国福特汽车公司帮助建设的。为了实现国防现代化,苏联在飞机、军舰、潜艇等军事工业部门也同美、英、德、意等国公司签订技术援助协定。例如,从30年代初起,美国有20家以上公司向苏联提供设计、设备、专利或派工程师,帮助苏联制造飞机发动机、轰炸机、战斗机和商业运输机,使原来是空白点的航空工业到40年代初就跃居世界前列。1944年,斯大林在赞扬美国技术援助的作用时曾说:"在苏联大约有三分之二的大型工业企业是由美国帮助建设或提供援助的。"此外,苏联几家最大的制造军用炸药和有关化学制品的工厂,是西方公司以制造肥料的名义建造的。1935—1939年50艘驱逐舰是按法国和意大利公司设计的图纸建造的,并装有这些国家的发动机。与英国政府关系密切的维克斯公司为苏联供应了坦克设计和坦克模型,它们成为苏联在第二次世界大战中标准坦克的基础。

大规模社会主义建设开始后,科技人员的不足是一个十分突出的问题。苏联决定招聘外国专家到工业部门工作,并派苏联的大学生、工程师、技术人员出国学习先进技术。1930年到苏联工作的外国专家和技术人员达2万人(其中专家9190人、技工10665人)。1928—1932年美国专家在苏联工作的达1500人。截至1933年,德国专家和技术人员仅在乌拉尔地区工作的就达1552人。1929—1933年苏联有色金属所有单位的企业经理和技术经理都由美国人担任。1929—1933年美国专家约翰·考尔德先后担任斯大林格勒和车里雅宾斯克拖拉机厂总工程师、马格尼特哥尔斯克钢铁厂技术厂长和其他工厂的首席顾问,并曾由于成绩卓越,获列宁勋章。在苏外国专家还帮助培训苏联工人和技术人员。

由于大量进口机器设备,引进先进技术,招聘外国专家,派遣技术人员等出国学习,苏联的外汇需要量急增。为了筹集外汇,苏联主要依靠扩大出口贸易、开采黄金以及发展旅游事业等办法来解决。在出口贸易方面,因当时世界市场价格下跌,所以,虽然在实物数量上完成了计划出口任务,但外汇收入仅完成了五年计划规定的60.3%。因此,苏联根据需要并利用其他国家急于寻找资金出口的有利条件,从1929年起便大量吸收外国贷款。1929—1933年,苏联先后从德、奥、英、意、美、日、法等国得到信贷,进口了价值15亿卢布的工业设备。1931 年末,苏联的外债高达 14 亿卢布,约占苏联国民经济总投资的 3%。

在第一、第二个五年计划期间,苏联利用引进先进技术和吸收外资在工业化方面取得了显著成绩。如 1930 年钢产量为 400 万吨,到 1937 年已达 1650万吨;1930 年汽车产量为 3375 辆,到 1936 年已达 161500 辆;1928 年拖拉机产量为 350 台,到 1934 年已达 819 万台;1939 年苏联发电量比 1913 年增加了 9 倍以上;石油和煤炭工业也都成倍增加。1928 年苏联三分之二机床靠进口,到 1937 年机床已能满足国内市场的需求。

苏联在这一时期引进外国先进技术、吸收外国资金的历史经验是:

一、进行社会主义建设应执行对外开放政策,正确处理自力更生和开展对外经济技术交流的关系。

列宁一再强调:"不向资产阶级学习也可以建成社会主义,我认为,这是中非洲居民的心理。我们不能设想,除了从庞大的资本主义文化所获得一切经验为基础的社会主义以外,还有别的什么社会主义。"①"社会主义实现得如何,取决于我们苏维埃政权和苏维埃管理机构同资本主义最新的进步的东西结合的好坏。"②针对党内外一部分人存在盲目排外的思想,斯大林多次指出:"以为社会主义经济是一种绝对闭关自守,绝对不依赖周围各国国民经济的东西,这就是愚蠢之至。"③

但是,苏联强调吸收外资、引进技术的目的,是增强自力更生的能力,促进民族经济的发展。苏联大量进口机器主要在第一个五年计划期间,到第二个五年计划期间,进口的机器量已大大减少,1937 年比 1931 年减少了 87%,1937 年进口的机器只占苏联机器需要量的 0.9%,像拖拉机等重工业产品已开始转向出口。第二个五年计划后,苏联引进技术的形式,已从大量进口机器设备转变为有选择地派苏联专家到国外去学习。由于苏联执行了正确的政策,引进技术的工作始终沿着正确的方向前进。

二、利用有利的国际形势,大胆积极地引进。

苏联开展大规模经济建设之时,适逢资本主义世界发生严重的经济危

---

① 《列宁全集》第 27 卷,第 285 页。
② 《列宁全集》第 27 卷,第 237 页。
③ 《斯大林全集》第 9 卷,第 118 页。

机。当时,资本主义发达国家的资金、技术、设备、物资和人才大量过剩,急于在传统市场外寻找出路,以摆脱困境,因此迫切要求同苏联做生意。各国厂商在苏联这个市场上激烈竞争,相互压低贷款和输出高级技术的条件。苏联在这个关键时刻,审时度势,及时、果敢地抓住这个有利的国际环境,巧妙地利用各国矛盾和垄断财阀之间的竞争,以最有利的条件大规模地引进外国先进技术、吸收外国资金为己所用。

三、重视技术情报工作。

从1920年起,苏联就对世界上各种技术成就进行全面的、不间断的调查,建立了全苏科学情报所。此外,苏联驻外商务代办处、国外银行以及外贸技术验收员利用工作之便获取技术情报,并从大量外国技术书报文献中搜集科技情报和市场行情。同时,西方制造商为了得到大宗订货也给苏联提供了大量的图纸、资料和技术数据。例如,全苏机械进口公司就邀请了美国的巴杰尔公司和阿尔科公司,谈判建造一座大型炼油厂,虽然没有成交,却获得了美国公司的估价程序和他们打算在建设中采用的工艺过程、机器型号详细情报。通过情报工作,苏联及时掌握了有关各国的科技状况和趋向,以及国际市场的行情,因此,在与外国公司的谈判中处于主动地位,从而为引进技术的先进性、有效性提供了可靠的保证。

四、从实际出发,有选择地引进外国技术。

苏联在引进国外技术时注意了以下六点:

1.先进性。苏联最大的克拉马托尔机器制造厂和乌拉尔机器制造厂是以当时可能取得的西方最好设备以及西方设计的标准产品建设起来的。拖拉机、汽车、钢铁、化学等工业方面引进的技术也是当时最先进的。

2.实用性。苏联鉴于当时技术力量薄弱,工人文化水平低,而产品需求量大的情况,采取了美国式的大型、简单化的生产方法。这样既有利于满足国内市场的需要,又为那些不熟练的工人提供了极好的训练机会。

3.经济效益。如斯大林格勒和哈尔科夫两家拖拉机厂只用了两三年时间,就投产了。

4.消化推广。主要方式就是对原型设备和工艺进行彻底的检查、解剖、编目,分析到最微小的细节,然后选择最适合苏联情况的工艺过程。苏联仿制外国设备的原则是尽可能地降低成本,简化设备,使精密机械加工降至最低程度，最大限度地利用半熟练工人。这是从简单和容易制造的入手，在取得生产经验后，逐渐转到复杂和难于制造的设备上去。

5.引进先进技术与实行工业体制改革相结合。1929 年联共(布)中央执行委员会通过《关于改组工业管理的决定》；1930 年联共(布)第十六次代表大会通过的《关于工业五年计划的执行的决议》，确定了工业管理改组的基本方针。在第一个五年计划末就逐渐形成了"人民委员部的管理总局—联合公司—托拉斯—企业"的四级工业管理制。

除工业管理体制外，苏联在工厂科学管理上也进行了改革。最高国民经济委员会的总顾问工程师波拉科夫(美)在一座实验工厂里重新组织所有部门的生产，为每一台机器的每一件工作以及每一件工作的每一道工序编制了程序表。由于实行科学管理，这个工厂每年节约 100 多万卢布，年产量增加了 4 倍，这一方法被制成手册在全苏企业中推广。苏联工业管理体制在 30 年代实行的一些改革，基本上适应了当时先进技术引进和工业发展的需要，因而使苏联得以在较短时间内实现国家工业化。

6.加强领导，及时克服工作中的缺点和错误，并同外商的不法行为进行必要斗争。由于缺乏经验，进口技术、吸收外资的工作大规模开展后，工作中出现了不少问题，同时，少数外国资本家进行种种违约活动，因此，苏联采取了一系列措施来改善和加强对外国技术、外国资金引进和利用业务的统一领导。1929 年 5 月，苏联在最高国民经济委员会的建设委员会下设立了中央外国咨询中央局。根据联共(布)中央的指示，1930 年年底和 1931 年，该局对外国技术援助现状和发展前景进行了检查和总结。鉴于在利用外国技术和管理经验、外汇开支等方面存在不合理现象，以及外国商号过富等问题，其决定重新审查同外商实行技术合作的一切制度和机构，并对已签订的技术援助协定进行重新审查，坚决废除那些效果差和重复引进的协定。1931 年到 1933 年 3 月间，苏联废除了 78 份技术援助协定。苏共中央和苏联政府还通过了许多专门决议，要求有关部门在履行苏联订货和接收进口设备时，与外商的舞弊行为作斗争，要求苏联驻外商务代办处对所在国进行舞弊行为的商号采取教育和制裁措施。1931 到 1932 年，苏联对德国、英国和美国提出 617 项正式赔偿要求。1931 年仅苏联驻德商务代办处就提出了 29 件进口业务诉讼案，1932 年提出了 74 件诉讼案，对在苏外商所犯的违法行为，少数提交苏联法庭审判。与此同时,苏联还同走私活动进行了斗争。

苏联在二三十年代只花了十年左右时间,工业生产就超过了法国、德国和英国,跃居欧洲第一和世界第二的历史表明,同国际市场联系起来,扩展对外贸易,引进先进技术,利用外国资金,以及发展各种形式的国际经济技术合作,是落后国家赶上先进国家的必由之路,也是建设社会主义、振兴民族经济的重要条件。

本文原载于上海社会科学院主办的《社会科学》1984 年第 1 期

# 也评列宁主义与“战时共产主义”

叶书宗　王斯德

近年来，史学界对苏俄的“战时共产主义”进行了热烈的争论，笔者也从中受到了一些启发。我们认为有些问题尚需深入研究，如：“战时共产主义”与列宁主义到底是什么关系？实行“战时共产主义”的出发点是为了直接向共产主义过渡，还是为了捍卫处于困境中的新生苏维埃政权？“战时共产主义”有一定的历史功绩，还是一种不可原谅的历史错误？正确回答这些问题对于如实恢复“战时共产主义”的历史本来面目，以及科学总结国际共产主义运动的历史经验，都是必要的。我们仅就上述问题发表一些粗浅意见。

## 一

姜义华同志在《列宁主义与“战时共产主义”》[①]一文中认为，“战时共产主义”这一名称虽然是后出的，但其基本原则早在十月革命胜利后不久就推行了。他说：“列宁 1918 年三四月间所写的有关在社会主义建设方面任务的文章也表明，当时俄共(布)实际上是以通过较短的道路直接过渡到社会主义作为一系列政策的出发点的。”我们认为姜文的这一论断既不符合苏俄当时的历史实际，也不符合列宁当时的思想实际。

姜文论证上述观点的根据是列宁的两段话。其一是 1921 年 10 月 29 日列宁在莫斯科省第七次党代表会议上说的：“你们回想一下我们党从 1917 年年底到 1918 年年初所作的各种正式的和非正式的声明。可以看出我们那时

① 《复旦学报》1981 年第 1 期。(以下引用该文都不再加注)

就认为革命的发展、斗争的发展可能是通过比较短的道路,也可能是通过漫长而艰苦的道路。但是,在估计可能的发展时,我们多半(甚至我不记得有何例外)都是从直接过渡到社会主义建设这种推断出发的,可能这种推断并不总是公开表达的,但始终是默然意会的。”①其二是 1918 年 3 月列宁在提交俄共(布)第七次代表大会的《党纲草案》中说,要“将所有的工厂、铁路、银行、船只及其他生产资料和流通手段变为苏维埃共和国的财产”;要从国家对贸易实行垄断转变到用“有计划、有组织的分配来完全彻底地代替‘贸易’”;要“立刻着手全面实行普遍劳动义务制”,并逐步推广到小农中间去;要“将全体居民强制地联合到生产消费公社里来”,等等。②

可以用这两段话来论证十月革命胜利后不久就推行类似“战时共产主义”的政策吗?不可以。理由是:

第一,判断一个党和政府在某一历史时期推行什么性质的政策,必须对其全部政策、全部活动作全面的、科学的分析,不能抓住社会生活某一方面的现象就下结论,更不可孤立地摘引革命领袖的某些言论作为论证问题的唯一依据。

十月革命胜利后,列宁不失时机地领导无产阶级和全体劳动人民进行社会主义改造和社会主义建设,明确地提出把工作重心“过渡到管理国家这一现在列为首要的任务”。列宁在《苏维埃政权的当前任务》一文的初稿中写道:“医治战争给国家带来的创伤,恢复生产力,对产品的生产和分配搞计算和监督,提高劳动生产率——总之归结为经济改造的任务。”列宁认为“没有大机器生产,没有比较发达的铁路网和邮电网,没有比较发达的国民经济教育机构网,无论哪项任务无疑都不可能在全民范围内系统地得到解决”。③ 列宁还强调,苏维埃政权只有在实际上解决维持社会生活的这些基本和最基本的任务,才能使俄国稳固地过渡到社会主义。全面地看,十月革命胜利后列宁在论述党和国家的经济任务时,主要是抓住两条:一是在“全国各地以最广泛的形式对产品的生产和分配,实行计算和监督”;二是提高劳动生产率,使生产事实上社会化。

---

① 《列宁全集》第 33 卷,第 64~65 页。

② 《列宁全集》第 27 卷,第 140、143 页。

③ 摘引自《马列著作编译资料》第 3 期,第 4 页。

列宁所说的对私人资本的生产和分配实行严格的计算和监督，其具体办法就是在苏维埃政权的领导下，在工会的参与下，发动全体职工，责成企业主统计报告产品的生产、分配、买卖、库存等情况，监督他们依法经营，防止和制止怠工、贪污浪费、私下转移和盗窃企业资产。为了切实做到对产品的生产和分配实行全民计算和监督，列宁考虑到当时群众文化水平还相当落后，提出高薪聘用资产阶级专家。列宁还考虑到帝俄时代留下的消费合作社，提出加以利用，将其作为进一步有计划地分配和销售产品的过渡性的经济组织形式，并不急于立即将它们改造为“生产—消费公社”。十分明显，列宁是把建立全民计算和监督看作从资本主义到社会主义的一个实际步骤。列宁的这些论述和苏维埃政府所采取的措施，并没有“战时共产主义”的冒进气味。

以列宁主张全面实行普遍劳动义务制作为“直接过渡论”的依据，也难以成立。列宁当时提出要实行“普遍劳动义务制”，并非为了向共产主义过渡，而是为了消除有产阶级的怠工和破坏，以便尽快医治战争创伤，恢复被严重破坏了的国民经济。

以所谓列宁主张废除货币为理由，断定当时列宁主张“直接向共产主义过渡”，也是有悖于事实的。虽然列宁在十月革命初期对货币在社会主义过渡时期的作用的认识，没有后来在新经济政策时期那样明确，但是并没有主张立即废除货币。列宁曾明确说过：“在从资本主义社会向社会主义社会过渡时，不要货币或者在短期内代之以新的货币，是根本不可能的事情。苏维埃政权现在面临着一项困难而又非解决不可的任务，就是消除富人以保存和隐藏向劳动者索取贡物的凭证的形式进行的反抗。这些凭证就是货币。”[①]在资产阶级保存和藏匿大量货币，并以此作为保持自己的地位和恢复特权的工具的情况下，货币突出地兼有政治斗争工具的作用。即使如此，列宁也没有想到以废除货币来粉碎资产阶级的反抗，只是要求首先对隐藏大量货币、逃避国家任何监督的资产阶级进行有组织的斗争。把全部储藏着的货币集中到国家银行。此外，列宁也提出了为建设社会主义而利用商品货币关系的问题。总之，在任何对待货币的问题上，列宁都是慎重的。

第二，即使就姜文所引用的列宁的两段话的内容来分析，也不能证明苏

---

① 摘引自《马列著作编译资料》第3期，《苏维埃政权的当前任务》一文的初稿。

俄在十月革命胜利后不久就已实行了类似“战时共产主义”的政策。

姜文所引的第一段话是列宁在1921年10月间说的。当时全国已过渡到新经济政策,可是不少同志仍旧沉湎于国内战争胜利所造成的幻觉中,认为“战时共产主义”也能够粉碎资本主义的经济关系。为了帮助这些同志清除“左”的流毒,列宁对党内“左”的错误作了历史的分析,指出这种倾向早在十月革命后就已露端倪,借以引起有关同志的警惕。列宁的话并不是给十月革命后俄共(布)的路线和政策作总的评价。如果抓住某一两句话来代替对历史的全面研究,给某一历史阶段的政策方针的性质下结论,这种轻率的做法难免会以偏概全。列宁后来在总结回顾“战时共产主义”的一些措施时也说,“战时共产主义”“是同我们以前所说从资本主义向社会主义过渡的言论相抵触的,那时我们认为,不经过一个实行社会主义的统计和监督的时期,即使要走上共产主义的低级阶段也是不可能的”。①

姜文在引用上面列宁的第二段语录时,概括为列宁当时就已提出了在那段语录中所包括的四项政策,说明十月革命胜利后就已实行类似“战时共产主义”的政策。我们姑且不论姜文将列宁在这一时期的政策原则概括成以上四条是否恰当,就是对上述四条政策内容进行具体分析,也不能断定这些措施就是类似“战时共产主义”。

将所有工厂、铁路、银行等生产资料收归国有,就是共产主义吗?当然不是。何况当时列宁和苏俄政府也没有把所有工厂立即收归国有。众所周知,十月革命胜利后,列宁曾坚决反对“左派共产主义者”提出马上实现“最坚决的社会化”的“左倾”冒进主张。列宁也不赞成立即没收所有私人经营的工厂和银行。十月革命后苏维埃政府对资本主义企业基本上实行两种政策:一是对旧俄的国有资本实行直接剥夺,由苏维埃政府派员接管;二是凡属拥有工人和职员五人以上,或者每年资金周转额在一万卢布以上的工商企业、银行,则由全体职工或他们的代表对企业的生产、储藏、销售等事宜实行监督。大多数中、小企业,暂时都没有收归国有,只是将私人资本的活动置于无产阶级专政国家的有效监督之下。列宁是主张通过国家资本主义的迂回道路,并以赎买的方式逐步向社会主义过渡的。只是由于后来事变的发展,国内战争爆

① 《列宁全集》第33卷,第43页。

发，资产阶级拒绝无产阶级国家对他们施行监督改造，列宁才采取强力手段，以赤卫队进攻资本的方式，把国民经济的命脉掌握到无产阶级国家中。这样做，与其说是为了直接向共产主义过渡，毋宁说是为了安定社会经济生活，巩固新生的苏维埃政权。在某种意义上说，这样做并非列宁的本意，而是为形势所迫，不得已而为之。至于将小企业统统没收，变为国有财产，那是在 1918 年秋季以后的事。

可以说，从十月革命胜利到 1918 年秋国内战争全面爆发这段时间里，以列宁为首的俄共（布）中央在从资本主义向社会主义过渡问题上所实行的方针政策，是从俄国的实际情况出发，采取了一些有效措施，逐步向社会主义过渡的。认为当时列宁和俄共（布）中央早已推行类似"战时共产主义"的方针政策，是不符合历史事实和列宁的思想实际的。

## 二

姜文认为，"即使没有战争环境和武装干涉，也同样会有所谓'战时共产主义'，差别只是无需加'战时'二字而已"。战争环境"只是加速急于向共产主义过渡步伐的一种催化剂"。他又说"战时共产主义"是"农业社会主义的变种"，"苏俄当时所面临的极为严重的经济、社会、政治危机，正是这一套做法造成的直接后果"。我们认为不能下这样的断语。实际上，"战时共产主义"不是前一阶段政策的简单延续，也不是前一阶段政策的必然发展，而是在两个不同阶段上所采取的不同性质的政策。促使苏俄产生阶段性的政策转变的，正是严酷的国内战争环境。

"战时共产主义"是在 1918 年秋季以后，随着国内战争形势的加剧而逐步实行起来的，它的高潮是在 1920 年，到 1921 年春已经难以贯彻了。姜文却说，"'战时共产主义'从 1918 年春季开始逐步实行"，这就把"战时共产主义"的实行和国内战争的形势分割开来了。这是毫无根据和毫无道理的。

1918 年夏秋，英、法、美、日、意、德等国的武装干涉军相继占领了俄国的边境地区。西伯利亚地区发生了捷克斯洛伐克军团叛乱。邓尼金、阿列克谢耶夫、克拉斯诺夫等人也统率大军向苏俄的中心地区进逼。这样，苏俄立刻处于四面包围之中。9 月 2 日，苏俄中央执行委员会通过决议，变全国为军营，把党、工会和其他组织的活动转入战时轨道。战争的需要最突出、最尖锐地反映到粮食问题上来。1918 年 11 月 10 日，在莫斯科地区粮食委员会工作的共产党员，首先创议实行余粮收集制。党组织发出倡议说：“为了妥善地建立粮食机构，保证居民和红军的粮食供应，宣布国家处于非常状态，以动员一切力量，运用一切手段，保证正在战斗着的无产阶级的粮食供应……”[①]1919 年 1 月初，召开了全国粮食组织会议。会议制定了《关于在各产粮省份收集余粮和饲料交国家支配》的法令。1 月 11 日，人民委员会正式通过这一法令。自此以后，余粮收集制在全国普遍实行起来。

把城乡居民组织进消费公社，每人的食品和日用工业品都由各分配站按确定标准统一分配的办法，也是由于国内战争的形势加剧，于 1918 年秋季以后实行起来的。在此以前，在地方粮食机关监督下仍然允许消费品方面的私营商业存在。居民的食品，由国家粮食机关、工人合作社和普通公民合作社等三个系统分配。1918 年 11 月 21 日，人民委员会遂通过《关于组织居民各种食品、个人消费品和家用物品供应》的法令，规定此后一切个人消费品和家用物品的采购，统交粮食人民委员部办理。五天后最高国民经济委员会和粮食人民委员部进一步宣布，所有重要商品，如食糖、糖果、茶叶、食盐、火柴、布匹、靴鞋、胶鞋、肥皂等，由国家垄断经营，私人不得零售。1919 年 3 月 16 日，人民委员会又通过《关于消费公社的法令》，把所有城乡消费合作社联合为统一的消费公社。每个居民按法令规定被编入某一公社的某个指定分配站，由分配站定量配售食品和生活必需品。

经济关系的实物化也是在全面内战爆发以后，国家入不敷出，大量发行纸币，引起币值一落千丈所引起的。1918 年 7 月 1 日到 1921 年 1 月 1 日的两年半时间内，币值的发行量增加 25 倍以上；而同期国家能够投放市场的商品，以棉布和食糖为例，1920 年还不到 1913 年的 7%。这种严重不协调的情况，导致了货币成了名副其实的“彩色纸片”，交换和分配势必转向实物化。

“战时共产主义”的各项措施在 1918 年秋季以后逐渐实行起来的。“战时共产主义”是列宁和俄共（布）在险恶的形势下，为求得苏维埃政权的生存，

① 《真理报》1918 年 11 月 15 日。

不得已而采取的极端和拼命的办法。列宁是一个非常讲求实际的人，他说："既然事情已经弄到了进行战争的地步，那么一切就应该服从于战争的利益，整个国内生活就应该服从于战争，对于这一点不容有丝毫的动摇。"①

当我们搞清楚了苏维埃俄国为什么要实行"战时共产主义"和"战时共产主义"是怎样实行起来的问题之后，就会发现把"战时共产主义"说成"农业社会主义"的变种，是多么的不正确！

"农业社会主义"是在小农经济基础上产生的一种社会主义流派，它力求保存农业个体经济，把一家一户的农业个体经济作为社会的基本经济细胞，并把它看作向社会主义过渡的归宿。列宁在批判俄国民粹派时使用过"农民社会主义"一词，后来衍化为"农业社会主义"。19 世纪 60 年代，当民粹派还具有一定革命性的时候，他们代表了一定的农民群众的要求和心理，一方面坚决反对沙皇专制制度统治和地主阶级的剥削，另一方面又对资本主义在农村造成的两极分化心存恐惧。因此，他们否定资本主义发展的历史进步意义，迷恋自给自足的自然经济，鼓吹通过农民村社实行土地平均分配的办法，俄国就可以不经过资本主义发展阶段而直接走上社会主义。这当然是历史唯心主义的空想，它的意义也自然和历史的发展进程成反比例。20 世纪初，列宁在创建布尔什维克党的斗争中，首先彻底批判了"农业社会主义"的乌托邦理想。

姜文列举出三点理由，来说明"战时共产主义"是农业社会主义的变种：一、崇尚落后的自然经济，轻视商业，害怕商品货币经济的发展将使自己无法驾驭，因而迫不及待地要削弱和消灭商品与货币；二、把机器大生产基础上的生产社会化，同由国家控制生产流通与分配混为一谈，企图在小农经济占优势的基础上，借助于国家法令和政治强力来统一管理全部生产、流通、分配；三、对劳动者的个体所有制同剥削者的私有制不加区别，急于消灭全部私有制，企图在普遍穷困和匮乏的基础上借助于消费品的平均分配，消灭一切差别。应该说，姜文的这三条都是对苏俄的历史事实作了歪曲的概括。

"战时共产主义"之所以逐步实行，不是出于什么革命理想或某种已有的模式，而是出自于痛苦而又无可奈何的战争的需要。"战时共产主义"的种种

---

① 《列宁全集》第 31 卷，第 114 页。

政策按其实质来说，都不是旨在发展生产力的政策，而是不惜以破坏生产力为代价立即获得产品的政策，目的是保证红军和工人的需要，保住苏维埃政权。在这样的条件下，必然把生产放在次要地位上，而且要紧缩消费，以至不得不实行平均分配。工、农两大阶级之间的联盟关系不是建立在正常的基础之上，而是建立在对战争获胜的共同利害关系上的。“战时共产主义”同立足于农业、否认工业，立足于手工劳动、否认机器大生产的农业社会主义，有着本质的区别，尽管两者的某些表现有些相像。

“战时共产主义”在苏维埃俄国的历史上，在列宁主义发展的历史上都有其特殊的地位，这是不能抹杀的。

“战时共产主义”的实行，使苏维埃俄国在极端困难的条件下，最大限度地保证了革命战争的需要，捍卫了新生的苏维埃政权。在这个意义上说，“战时共产主义”有它的功劳。姜文根本否定它的历史作用，把它看作造成当时种种灾难性后果的根源，显然是离开了历史的分析。

当然，我们也无意为革命先辈们护短。“战时共产主义”在实行的过程中，确实存在过火和失当的偏向，造成严重的消极后果。特别是 1919 年 3 月俄共(布)第八次大会通过的党纲，要求把生产资料和流通资料全部变为苏维埃共和国的公共财产，在分配方面要求在全国范围内用实物配给来代替贸易，并说俄共将力求尽量迅速地实行最激进的措施，来准备消灭货币，首先是以存折、支票和短期领物证等代替货币，建立有钱一定要存入银行的制度，等等。[①] 自此以后，就出现了这样一种倾向，把“战时共产主义”上升为向共产主义过渡的有效办法，赋予各项应急措施长久的理论色彩。在这种“左”的理论指导下，就形成了国内战争在军事上的胜利愈辉煌，“战时共产主义”就贯彻得愈厉害的局面。1920 年初春，俄国境内足以威胁苏维埃政权存亡的反革命武装力量已被消灭，苏维埃政权赢得国内战争胜利的局面已经奠定。这时，应当适时地结束“战时共产主义”，把各项应急措施过渡到正常的经济建设轨道上来。但是，由于存在乘势向共产主义直接过渡的思想，苏联却反而加紧贯彻“战时共产主义”。1920 年年底，国家收集粮食 2.85 亿普特，比 1919 年度增加了 0.65 亿普特，且收集的范围也愈来愈广、收集的品种愈来愈多。经

---

① 《列宁全集》第 3 卷，第 769 页。

济关系实物化也加剧了,正常贸易渠道几乎被堵塞,黑市贸易更加猖獗。苏维埃政府把靴鞋、火柴、煤油、肥皂等日用必需品,由配售制改为凭证免费发放,工资被完全实物化了。与此同时,城市里还大办公共食堂,1919 年下半年,公共食堂首先在彼得格勒和莫斯科盛行起来。到 1920 年,除"两京"外,全国其他城市已有 150 万以上的居民吃公共食堂,还有 55 万铁路员工也吃公共食堂。1920 年 1 月 17 日,人民委员会公布了《免费公共用膳》的法令,肯定这种吃共产主义大食堂的做法。这样"战时共产主义"就越出了战争环境下应急措施的范围,变成了超越俄国客观实际的"共产风"。后来,列宁对"战时共产主义"的这种错误和缺点作了深刻的检查和严肃的总结。可见,作为一种在经济落后、小农占优势的国家建设社会主义的道路来说,"战时共产主义"是应当从根本上加以否定的。

客观地、历史地分析"战时共产主义"就可以看到,它在列宁主义的发展中有其特殊地位。像俄国这样一个农民小资产阶级占绝对优势的国家,无产阶级夺取政权以后应当通过什么道路来建设社会主义呢?列宁终于肯定地、正确地回答了这个问题。列宁认为,应当允许五种不同的经济成分在国营经济的领导下较长时期并存;商品货币关系可以而且必须为社会主义经济建设所利用,既是劳动者又是小私有者的农民,可以成为无产阶级建设社会主义的依靠力量,前途是社会主义,道路是互助合作。这就是列宁所总结的新经济政策的道路。新经济政策的道路如同社会主义革命可以突破帝国主义链条的薄弱一环、首先在一国取得胜利的思想一样,是列宁主义的一个重要内容,是列宁对马克思主义的突出贡献之一。而这一重要思想的形成和成熟,恰恰是不能离开"战时共产主义"的。

1917 到 1924 年的 7 年,是列宁一生中重要的、完整的一段实践,也是全新的、内容极其丰富的一段实践。诚如姜文所说,列宁是人而不是神,那么,就应当如实地把列宁看作具体的人。人的思想当然是有发展过程的,其发展变化是不能没有一定的条件的。列宁关于社会主义革命可以在经济落后的俄国首先胜利的学说,指导了十月革命的胜利;有了十月革命的胜利,列宁才有可能在各种复杂的条件下,在一个经济落后的国家实践社会主义建设。在小农经济占优势的国家如何建设社会主义,这在马克思和恩格斯的著作中是找不到现成答案的。在俄国建设社会主义,需要具体地回答和巧妙地处理这样一些根本问题:无产阶级夺取政权要依靠农民,无产阶级建设社会主义还能不能、要不要依靠农民?怎样吸引农民参加社会主义建设?能否和怎样利用商品货币关系为社会主义经济建设服务?列宁和俄共(布)是经过“战时共产主义”,经过在各种复杂条件下的实践,在总结经验与教训的基础上,才找到了新经济政策的道路,从而正确地回答了以上问题。“战时共产主义”是列宁主义发展过程中的一段曲折之路。列宁就是通过这段曲折,通过这段困难而复杂条件下的实践,才总结出新经济政策的。列宁对俄国建设社会主义的认识,是通过1918年春,到“战时共产主义”,再到新经济政策,这三个阶段来完成的。每一个阶段都是认识运动的全过程中的一个不可分割的部分。不肯定这段曲折和实践在列宁主义发展中的应有地位,甚至把它们作为机会主义的侵袭,这是不符合辩证唯物主义和历史唯物主义的。

本文原载于《世界历史》1983年第3期

# 基洛夫被刺事件再探讨

1934年12月1日，联共(布)中央政治局委员、中央书记处书记、列宁格勒州委书记基洛夫，在列宁格勒市委大厦斯莫尔尼宫被联共(布)党员尼古拉也夫枪杀致死。这一凶杀案造成了极为严重的后果，直接触发了苏联30年代肃反运动。长期以来，国外史学界对这一带有神秘色彩的事件抱有极大的兴趣，著书撰文，议论纷纭。但是，对这一事件的发生原因及其性质、后果并未作出符合事实的说明。本文拟就基洛夫被刺事件的前因后果试作分析。

## 一

20世纪30年代中期，苏联为什么会发生基洛夫被刺这样令人震惊的案件？苏联史学界一向认为它是由某几个仇视苏联的外国所策划和指使的，也就是说，事件的最终根源在国外，这是大可商榷的。

为了科学地揭示基洛夫被刺事件的真实原因，首先必须正确认清20年代末30年代初苏联的国内政治形势。

这一时期，苏联正处于重要的历史发展时期，国内政治形势错综复杂。在联共(布)党中央的领导下，社会主义改造和社会主义建设取得了重大胜利。由于苏联人民的艰苦奋斗，英勇劳动，第一个五年计划提前完成，社会主义工业化取得卓著成绩，大工业的总产值1932年比1928年增加一倍多。农业全盘集体化经过重大曲折和激烈斗争也获得了决定性胜利，基本实现了生产资料社会主义改造，建立了社会主义经济基础。苏联在最短的时间内实现了由落后农业国到先进工业强国的转变。同时，反对托季联盟和布哈林集团的斗争先后告捷。在联共(布)第十七次代表大会上,许多反对派首领纷纷承认错误,表示拥护以斯大林为首的党中央的路线、方针,全党出现了空前团结的新局面。总之,经过20年代末到30年代初几年的激烈斗争和巨大动荡后,苏联又一次度过了历史上最困难的时期,政治和经济形势开始趋于安定,全国人民以更加高昂的斗志为争取第二个五年计划提前实现而全力奋进。但是在令人鼓舞的大好形势下,苏联也隐伏着许多动荡不安的因素。由于农业集体化中的"左"的错误和消灭富农阶级中的过火斗争造成的农业生产严重破坏和农村动乱产生的影响还未全部消除,对党内反对派的无情打击、残酷斗争,使许多情节轻微或已经承认错误的反对派受到沉重打击,大批人被开除出党,不少人被逮捕、监禁、流放。1933年大规模"清党"又将许多"怀疑动摇"的"不坚定分子"清洗出党。1928到1933年间,对国家机关、工矿企业中的党外技术专家、教授和知识分子进行过火斗争,酿成阶级斗争的扩大化和党内斗争的"左"的错误,制造了不少冤、假、错案,使大批党员、干部、知识分子和善良的公民蒙受冤屈,在党内外广大干部和群众中产生了普遍的不满情绪。1933年11月,斯大林夫人纳杰日达·阿利鲁耶娃因对党的某些农村政策和党内斗争中的错误做法不满而在克里姆林宫家中自杀,集中反映了党外不满情绪的严重程度。值得注意的是,这时期,党内又出现了一些新的反对派团体。有的甚至印发政治纲领和宣言,其中具有代表性的是前莫斯科市委负责人之一、布哈林的积极支持者柳京撰写的长达二百多页的所谓"柳京纲领"。"纲领"要求调整国民经济各部门发展比例,纠正集体化运动中过激行动,改善人民生活,发扬党内民主,停止对党员的无辜迫害,并用大量篇幅对斯大林进行了抨击,宣扬只有取消斯大林在党内的领导地位,才能实现上述要求。[①] 此外,由于对现状不满,少数年轻的党团员和大学生中出现鼓吹暗杀恐怖活动的小组,全国各地多次发生暗杀地方党政干部的恐怖活动。柳京小组和少数青年中极端分子先后被国家保安机关所抓获,但是他们的行动深刻地表明,当时苏联在社会主义事业蓬勃向前发展、政治经济状态趋于好转的大好形势下,也隐伏着许多不安定因素。

---

① 参见伊思·格雷:《斯大林——历史人物》,纽约,道布尔杰出版公司,1979年版,第255页。罗·亚·麦德维杰夫:《让历史来审判》中译本,第224~226页。

面对上述复杂而严峻的形势，党应该从中得出什么政治结论，需要采取什么方针政策，这在当时党的最高领导层中存在意见分歧。一部分领导人对苏联当时的政治形势有比较清醒的认识。他们认为农业集体化运动和消灭富农阶级的斗争已经取得胜利，城乡资产阶级已被消灭，国内阶级敌人已减少，党内各种反对派已被彻底粉碎，“当前已经不存在具有任何重要意义的不可调和的敌人”。“旧的集团和党派在第一个五年计划的战斗岁月中已经烟消云散，目前已经不再成为有影响的因素。”①同时，随着政治形势的好转，广大干部群众已日益拥护斯大林为首的党中央的领导。他们认为，在向资本主义发动全面进攻的时期，采用激烈的措施是必要的，但是在新形势下，不能继续这样搞下去。对部分群众的不满情绪也不能用高压办法来解决，如继续进攻势必激化矛盾，引起更大的不满和新的冲突。他们要求在剥削阶级已被消灭的情况下，尽快结束大规模的阶级斗争。1932 年年底，列宁格勒举行庆祝契卡成立 15 周年盛大文艺晚会，当有人在诗中称颂“让契卡更加无情地继续消灭我们的敌人”时，加里宁激动地站起来说：“我们时常被迫地诉诸恐怖措施，但是永远也不要去歌颂它。我们不得不采用恐怖措施，这是我们的悲剧。但是我们大家渴望的事情，莫过于废除恐怖。为了这个缘故，我们应该做的，不是歌颂契卡的冷酷无情，而是希望我们不需要这只惩罚‘之手’的那一天早些到来。”②总之，这部分领导人，主张坚决纠正以往的“左”的错误，在政策上作总的调整，对恐怖镇压行动加以节制，团结更多的力量，改善党内外关系，促进社会主义事业的发展。

但是最高领导层中的另一部分③则认为阶级敌人没有停止反抗，托洛茨基、季诺维也夫、布哈林等反对派分子并不甘心失败，还在继续活动，强调反对调和主义，主张继续加强阶级斗争。

从 1933 年下半年开始，以斯大林为首的联共(布)中央逐步谨慎地采取一系列措施，对各项政策作了一定调整。首先对过去的党内反对派分子，特别是上层骨干实行团结争取的政策。允许已经公开承认错误、表示拥护党的

---

① 《一位老布尔什维克的信》，见《论布哈林和布哈林思想》，贵州人民出版社，第 110、119、121 页。

② 《一位老布尔什维克的信》，见《论布哈林和布哈林思想》，贵州人民出版社，第 111 页。

③ 《一位老布尔什维克的信》，见《论布哈林和布哈林思想》，贵州人民出版社，第 127~129 页。

方针的反对派分子重新入党，并让他们从流放地和其他地方回原地工作。许多反对派的领导人陆续重新负责党和国家的重要领导工作。如布哈林被任命为《消息报》主编，并负责以斯大林为首的新宪法起草委员会的领导工作，负责实际主持新宪法的起草工作。拉狄克和索柯里尼柯夫也参加了新宪法的起草工作。李可夫担任邮电人民委员，皮达可夫担任工业人民委员部副人民委员，拉柯夫斯基、克里廷斯基、加拉罕等被派往国外担任驻外大使、特使和商务代表团负责人。季诺维也夫、加米涅夫和布哈林被选为出席第十七次党代大会的代表。即使是新破获的柳京小组的大部分成员也在表示认错后恢复党籍回到莫斯科。对查获的一些鼓吹恐怖行动的小组成员，也因只有言论并无行动只作了开除党籍、监禁流放等较轻的判处（在工业党等案件审判中，犯此类罪行者都判处死刑）。1934 年春，对集体化运动中有反叛行为的富农也实行了某些宽大政策。同年 7 月，撤销了国家安全委员会，代之以内务人民委员部，并对专政机关权力作了一定限制，把它置于监察委员会的严格监督之下，如内务人民委员部的决定违反法律，监察委员会有权加以否决。这在思想意识形态领域也扩大了民主自由。从 1933 年下半年起，斯大林经常接见作家、演员、画家，和他们聚会，听取意见，并鼓励大家畅所欲言地讨论问题。为了健全社会主义法制，扩大社会主义民主，1934 年党中央和人民委员会倡议制定社会主义新宪法，在拟定宪法的过程中，广泛发扬民主，发动群众充分讨论，认真研究怎样充分发扬社会主义民主，真正体现和保证人民当家作主，使党内外政治生活开始出现生动活泼的气象。同时，党和政府在经济上也作了调整。第二个五年计划在吸取第一个五年计划的经验教训的基础上，更为合理地安排了农业、轻工业、重工业的比例关系。

1933—1934 年党和政府对一些重大方针政策所作的初步调整虽然步伐缓慢，但确实有所前进，获得了广大干部群众的拥护，收到了十分明显的效果。党在人民群众中的威信逐渐提高，政治上更加团结，联共（布）十七大出现的团结胜利的盛况，多少反映了当时苏联的政治状况。经济上的调整和改革促进了工农业生产的恢复和发展，特别是 1934 年农业获得近年少见的好收成，整个国家经济生活更加活跃，某些定量供应的日常生活必需品逐步取消定量限制，人民生活有了提高。总之全国上下愁眉舒展，情绪兴奋，对未来充满了乐观和信心。

正在令人鼓舞的关键时刻，为什么出人意料地突然发生暗杀基洛夫的严重事件？这似乎是一个难以解开的历史之谜。鉴于当时国内政治日趋安定，人们很容易认为这次暗杀事件和国内政治形势没有多大关系，是某一外国阴谋策划的结果，凶手尼古拉也夫一定是充当外国间谍机关的工具。这种说法在当时报纸上广泛宣传，并为党内外群众所接受，长期以来也几乎成了苏联史学界的定论。

但是这种直观的逻辑推理，并不能反映历史的真实。如果透过纷繁的政治表象，对苏联当时的政治状况进行深入、全面的剖析，就不难看出基洛夫被刺事件产生的根源不是在国外，而是在国内。

如前所述，20 年代末苏联党内外斗争的扩大化是十分严重的，留下了许多政治和社会问题亟待解决。1933—1934 年间党和政府实行的调整步伐却很缓慢，在处理重大问题时顾虑重重，犹豫观望，并受到最高领导层中的一些人的掣肘。这些人生怕纠正扩大化的错误，会放纵敌对势力，以致失去控制而不可收拾，因而反对对过去的政策作适当调整。因此，这期间党和政府虽然采取了一些措施来纠正、克服“左”的错误，恢复了一些人的党籍，释放了一些被捕者，使一些人重新返回工作岗位，但并没有认真地对造成的冤、假、错案进行彻底平反昭雪，由阶级斗争扩大化而在党内外造成的不满和怨恨情绪没有得到平息和消除。同时，这期间随着斯大林的威望空前提高，个人崇拜逐步发展，个人专断和家长制作风日益严重，使党和国家的政治民主进一步遭到严重破坏，党内同志间的不同意见不能正常发表，尤其是在广大基层单位“左”的流毒仍严重存在，得不到清除，党内关系仍然相当紧张。这样就出现了一种极为复杂的情况：从主流来看，极大部分的反对派分子，或在社会主义建设成就感召下，或屈从于政治压力纷纷公开承认错误，真心诚意地和党站在一起努力工作，初步出现了安定团结的局面。另一方面，一部分人对党中央改正错误的措施不力和政治生活继续不正常状态深感不满。其中少数思想混乱的青年人逐渐离开了社会主义民主和社会主义法制的正确道路，走上无政府主义和资产阶级个人民主主义的歧路，最终跌入犯罪泥坑。他们认为在苏联宪法遭到漠视，党内个人专断的体制已经形成，党内民主极端缺乏的情况下，运用正常的斗争手段已不可能达到目的，相反会招致政治上的灭亡，因此产生悲观、绝望情绪，有的甚至对 19 世纪末俄国历史上那些单枪匹马用炸弹和手枪去进攻专制制度的壮烈行动抱有强烈兴趣，认为反对派唯一能做的事就是诉诸恐怖、以行动来使党回到“列宁主义轨道上”。[①] 1934年年初，在莫斯科和列宁格勒等地出现了一些主要是由青年党、团员和大学生组成的秘密小组（也有独立行动的个人），他们在私下议论党内政治问题，鼓吹采取暗杀领导干部的恐怖手段，来改变党的最高领导和方针路线。尼古拉也夫便是这些青年中的一个。尼古拉也夫当时年仅30岁，是在十月革命后成长起来的青年。他16岁志愿参加红军，积极投入镇压尤登里奇叛乱的战斗，直到国内战争结束，在火线上参加了共青团和共产党。1920年，他在列宁格勒维堡区任共青团基层干部。1925年季诺维也夫以列宁格勒为基地进行反斯大林的派别活动时，尼古拉也夫未正式参加反对派，只是在会议上发表支持反对派的言论（当时列宁格勒党组织的90%党员同情和支持季诺维也夫的路线）。联共（布）十四大后，对新反对派成员进行彻底清洗，大批反对派成员被开除党籍、撤销工作或调离列宁格勒，而尼古拉也夫没有受到惩罚。1929—1933年，尼古拉也夫曾调到其他地方工作，其中一度在摩尔曼斯克一个劳改看守所工作。1934年，尼古拉也夫在清党高潮中因政治表现消极而被开除出党，不久，恢复党籍。尼古拉也夫对不正常的党内斗争和坎坷的人生之路缺乏正确的态度，不是振奋革命精神，同党同心同德一起认真总结历史经验；相反，在革命的重要关头陷入迷惘，经不起历史挫折的考验，在历史包袱的重压下沉沦、颓废。他错误地看待当时的形势，漠视党正在采取措施不断纠正和克服前一阶段工作中出现的错误，并已取得初步成效的事实，片面地、消极地看待历史上的失误和现实生活中的阴暗面，悲观厌世，愤愤不平。尼古拉也夫的思想并不深刻，他虽缅怀革命初期党内充满“骨肉之情”的单纯、愉快的生活，对党内日益增长的官僚主义和缺乏民主的状况深表不满，但比较多地注意党内复杂的人事关系，对党的政治路线、方针兴趣不大，更没有提出什么有见识的政治主张。

在苦闷中，他大量阅读了19世纪末俄国民意党人和社会革命党人鼓吹个人恐怖，幻想通过暗杀沙皇或个别统治者的办法来改变社会现状的著作，同时阅读了当时由“前政治流放者协会”（在沙皇时代被判流放服苦役的政治

---

① 《一位老布尔什维克的信》，见《论布哈林和布哈林思想》，贵州人民出版社，第113页。

犯,在十月革命后获释而建立的组织)出版的回忆录,深受影响,逐渐从内心产生对恐怖行为的崇拜情绪和充当殉道者的愿望。他在日记中不时流露这样的思想:由于党内极端缺乏民主,因此要改变党的状况,唤起群众的觉醒,必须有人出来作自我牺牲,对掌握党和国家大权的主要领导人实行暗杀行动。他得知将被处极刑时曾说:"这有什么？现在很多人倒下去,可是将来的某一天,我的名字要和热里亚鲍夫、巴尔马晓夫并列。"[①]正是这种既想改变现状而又缺乏正确指导思想和行动的方法的矛盾状况,促使尼古拉也夫走上了极端错误的道路。

上述事实表明,暗杀基洛夫事件并不是由帝国主义及其走狗策划的反革命阴谋,而是有其复杂的社会政治原因。从主观上说,这是对社会主义和党的领导丧失信心的绝望情绪和唯心主义英雄史观恶性发展的结果。从客观上来说,它是长期以来苏联阶级斗争和党内斗争严重扩大化而又得不到及时纠正的产物,是个人崇拜盛行、党内政治生活不正常的情况不断滋长的恶果,是多种因素相互作用下产生的政治事件。

## 二

基洛夫被刺事件对当时苏联产生的政治后果是极其严重的,由此会演变成一场全国规模的肃反运动。后人应从中吸取什么历史教训呢?

无疑,基洛夫被刺事件是带有强烈政治色彩的,它之所以成为30年代肃反运动的导火线,酿成一场巨大的政治灾难,重要的原因在于对这一事件的起因和性质作了错误的判断,对当时的政治形势作了违背实际的估计。事件发生后,党和政府断定尼古拉也夫的暗杀活动不是孤立的个人行动,而是在托洛茨基和季诺维也夫、加米涅夫直接领导下进行的有计划、有组织的反革命预谋,它是前反对派不甘失败疯狂反攻的表现;而以前的反对派又都堕落为暗杀分子、杀人凶手、人民敌人和外国间谍机关收买的特务,他们遍布于全国各个部门,因此,为了保卫社会主义建设的顺利进行,作好反侵略战争的准

① 《一位老布尔什维克的信》,见《论布哈林和布哈林思想》,贵州人民出版社,第118~119页。

备,必须发动大规模运动彻底肃清全部反革命分子。斯大林在1937年3月中央全会上的报告中提出了社会主义进展愈大,胜利愈多,阶级斗争就愈尖锐的论断。斯大林认为,当时苏联阶级斗争已具有新形式、新特点,阶级敌人已不是沙赫特分子和工业党人等公开敌视苏维埃政权的破坏分子,而大部分是混进党内,以党证作掩护,伪装成布尔什维克的新破坏分子。他认为"托洛茨基主义七八年前曾是工人阶级中的政治派别,现在它已经从这样的政治派别,变成一伙暗害分子、破坏分子、间谍和杀人凶手组成的寡廉鲜耻的、无原则的匪帮"。因此必须改变党内斗争的方式,由"辩论的方法"改用"连根拔除和粉碎的方法"。[①] 莫洛托夫在中央全会的报告中指出,当前阶级斗争的特点"在于持有党证者在暗害破坏组织中起积极作用。现今的暗害破坏组织之所以特别危险,就在于这些暗害分子和间谍是共产党员,是苏维埃政权的热烈拥护者,甚至往往是过去对党和苏维埃国家有过某些功绩的人"。"现在查明托洛茨基分子不仅同法西斯和其他外国侦察机关的资产阶级暗害分子和奸细紧密相关,而且是暗害活动、破坏活动和间谍活动的直接组织者和领导者"。[②] 在这种阶级敌人已主要转入党内,阶级斗争愈来愈尖锐的政治估量下,以前的反对派成员必然变成了后来肃反运动的主要对象和牺牲者,个别带有政治性质的刑事案件便有可能发展为全国性肃反运动,造成阶级斗争的严重扩大化。可见,基洛夫被刺事件演变为肃反运动的重要原因是苏共把暗杀事件和前反对派联系起来,并进一步把它和外国帝国主义国家挂起钩来,看作在帝国主义国家策划下整个反对派的集体政治行动。为了正确揭示暗杀事件的真正性质,我们有必要研究一下尼古拉也夫的暗杀活动同托洛茨基、季诺维也夫反对派究竟是否有组织上的联系,是否托、季反对派直接策划的阴谋。

从现有材料看,认定尼的暗杀活动是托、季联合总部直接策划的反革命行动的罪名,是缺乏确凿有力的证据的。

首先,暗杀事件发生后,苏联安保部门在斯大林的直接领导下,曾对尼古拉也夫进行了周密而严厉的审讯,但始终拿不出有力证据来证实对他的指

---

① 《斯大林文选》,人民出版社,第112、121、129、138~139页。

② 莫洛托夫:《必须从托洛茨基法西斯走狗的暗害、破坏和间谍事件中吸取教训》,见苏联《布尔什维克》杂志,1937年第8期。

控。被告始终没有招供有任何人对他的行动有任何指使,坚持暗杀活动是他一个人干的,没有与任何人共谋。相关方面也没有从他被搜获的日记中发现他与外国间谍机关,与托洛茨基、季诺维也夫等前反对派成员有非法的联系。如果有这种情况,那么在他的日记中不可能不露一点蛛丝马迹。因为他在日记中经常阐述他的政治观点,其措词毫不隐晦,而且在平时说话、行动都很不谨慎,时时流露不满情绪,有时显得有点神经质,时常公开谈论恐怖暗杀活动等,甚至对素不相识的人如此。①

其次,当时苏联有关部门指控列宁格勒的一个所谓以鲁缅采夫等人为首的密谋总部是尼古拉也夫犯罪活动的直接指挥者②,这也是很难成立的。这个所谓密谋集团真相如何?原来鲁缅采夫等是当年季诺维也夫担任列宁格勒州委书记时维堡区的共青团组织的领导人。1934 年秋,列宁格勒党史研究所计划出一本有关列宁格勒共青团的历史书,为此在全市各区召开了一系列座谈会,收集有关当年共青团工作情况的资料。许多当年的团干部应邀参加座谈会,鲁缅采夫在座谈会上回顾了 1925—1926 年党内斗争和反对派活动的情况,并介绍了联共(布)十四大后,当几个中央委员在共青团列宁格勒州委会上要求州委赞同十四大关于谴责季诺维也夫的决议时,他坚决反对这个决议,支持季诺维也夫的情况。这些历史回顾曾引起了强烈反响。据查,尼古拉也夫参加了这类座谈会。根据这些类似关系,便指控鲁缅采夫为尼古拉也夫的政治后台,而且更为严重的是通过这些以前季诺维也夫的坚决拥护者,又把基洛夫被刺事件同当时远在莫斯科的季诺维也夫和加米涅夫挂起钩来,进而株连到所有的前反对派成员,显然不仅缺乏法律依据,而且与当时前反对派成员的实际情况全然不符。

我们知道,从全国范围来看,当时确实存在少数坚持错误、继续进行秘密派别活动和主张搞恐怖活动的极端分子,且个别人堕落为异己分子,但绝大部分前反对派分子在政治上都早已放弃自己的观点,拥护党中央的路线方针,并早已解散一切派别组织,停止任何派别活动。一贯坚持反对派立场的前乌克兰苏维埃加盟共和国人民委员会主席拉柯夫斯基,也放弃了势不两立

① 《一位老布尔什维克的信》,见《论布哈林和布哈林思想》,贵州人民出版社,第 110、119、121 页。

② 《斯大林——历史人物》,第 268 页。

的态度,在1934年公开发表声明,谴责反对派的路线给革命事业带来的灾难,拥护斯大林的正确路线。对于反对派的政治变化,斯大林曾作过明确描述。他说:“在我们负责同志中间,有一些从前的托洛茨基分子,他们早已脱离了托洛茨基主义。他们进行反对托洛茨基主义的斗争,不仅不亚于而且胜过我们一些可尊敬的、未曾动摇到托洛茨基主义方面去的同志。”①有少数前反对派分子,虽然对过去所受到的不当处理和释放后的不佳处境仍有不满和怨恨,彼此之间保持一定的联系,互相传递有关党内的情况和在狱中或被流放的同志们的消息,捐款救济难友,有时私下发发牢骚,谩骂最憎恶的对立面,对某些当权的领导人进行某些批评,但是,他们并没有什么秘密组织,没有进行反党的政治行动。至于那些原反对派的最高领导人在政治上更是小心谨慎,一再对以斯大林为首的党中央表达忠诚,兢兢业业地埋首于党分配给他们的工作,与原来追随他们的反对派成员也限于一般工作关系,谈不上结成什么“暗杀团总部”。② 1934年年底到1935年年初,因基洛夫被刺事件而对季诺维也夫、加米涅夫和其他原列宁格勒反对派的骨干进行审判时,尽管施加种种压力,但所有被告都拒绝承认被控告的罪行,没有一个人承认组织过“暗杀团总部”。季诺维也夫和加米涅夫在审讯中也断然否认同基洛夫被刺事件有任何关系,并且当庭谴责了这种恐怖行动。但出于种种考虑,他们承认过去对斯大林的批评,客观上可能助长当时存在的恐怖主义倾向,促使犯罪者堕落:“这些青年恐怖分子可能从他们对斯大林的批评中得到鼓舞。”③因此,其对尼古拉也夫的罪行在道义上负有间接的责任。显然,他们之所以这样做,无非为了表明在政治上和恐怖主义划清界限,同时企图利用自己的威信来阻止他们以前的追随者继续进行恐怖活动。这种承认间接负有责任的表白,当然不能构成他们是尼古拉也夫暗杀活动后台的罪证。事实上,即使在1936年8月对“托洛茨基-季诺维也夫暗害团总部”案审判时也没有拿出确凿的人证、物证来证明季诺维也夫、加米涅夫直接策划了暗杀基洛夫的行动,而如果有这样的事实,那么审判时一定会将此列为他们的主要罪行,绝不会疏漏。以上事实表明,尼古拉也夫的暗杀活动并没有与帝国主义国家和托季反

---

① 《斯大林文选》,第112、121、129、138~139页。

② 参见《真理报》1934年12月到1935年1月初有关报道。

③ 艾萨克·多依彻:《斯大林政治传记》,纽约牛津大学出版社,1966年第2版,第356页。

对派有组织联系。暗杀事件的社会政治根源主要在于20年代末、30年代初阶级斗争和党内斗争扩大化以及由此而派生的复杂的政治状况。如果苏联党和政府对基洛夫被刺事件的原因和性质作出符合事实的科学分析,那么在处理这一事件时除了按法律严惩肇事的凶手外,必然会从中得出必要的政治结论;要杜绝和避免这类恐怖活动的再发生,最根本的办法就是坚决、彻底纠正阶级斗争和党内斗争中"左"的错误,健全社会主义民主制度,消除人民和党员的正当不满。但是以斯大林为首的联共(布)中央,却从国内外阶级斗争去找根源,把暗杀事件说成帝国主义和前反对派制定的反革命计划中的一个组成部分。这种违反客观实际的政治估量造成了极为严重的后果。

首先,它中断了从1933年下半年开始的纠正"左"倾错误、实行政策调整的进程,使党的指导思想重新转上"左"的错误的轨道。如前所述,1933年下半年在客观形势和党内群众的推动下,在党的最高领导层中主张调整政策的意见占了上风,但是坚持原来一套政策的人依然存在。基洛夫被刺事件正好被他们利用来证明自己正确,反对调整政策的有力根据,他们认为基洛夫被刺事件是放松阶级斗争的恶果,必须重新对阶级敌人发起进攻,在全国范围展开大规模的阶级斗争。"左"的倾向重新抬头,已经缓慢开始并已初见成效的政策调整过程为之中断,一度出现的安定局面化为乌有,党的指导思想重新转上阶级斗争为"革命动力"的"左"的轨道。

其次,它在实践上导致对阶级斗争形势作出错误估计,促使阶级斗争进一步扩大化。基洛夫被刺事件在一定程度上反映了当时阶级斗争的某种动向,但它并不反映当时政治形势的本质和发展趋势。从政治全局来看,它毕竟是一股小浊流,但斯大林为首的联共(布)中央,夸大了它的政治涵义,对全国阶级斗争的严重性作了脱离实际的"左"的估计,将基洛夫被暗杀事件当作党内反对派和国内阶级敌人勾结起来进行反革命行动的信号,因而把一件重大刑事杀人犯的审处变成了一场全国性的肃反运动,造成了阶级斗争的严重扩大化。值得指出的是,阶级斗争的严重扩大化,使早已出现的个人崇拜进一步恶性发展,而这反过来又使阶级斗争扩大化甚至发展到了难以控制的地步。

纵观1934年前后苏联的政治形势和基洛夫被刺事件的真相,我们可以透过扑朔迷离的历史现象看到这样一个基本事实:尼古拉也夫的主观动机虽包含某种要求克服党内“左”的错误的愿望，但历史证明，错误的行动不会开出鲜花，只能结出苦果。19 世纪末，血气方刚的青年民意党人企图以暗杀沙皇及其奸臣来唤醒人民，推翻旧制度，结果遭到残酷镇压，革命力量蒙受摧残。尼古拉也夫在新的历史条件下重蹈覆辙，也走向主观愿望的反面。刺杀基洛夫的一枪（可悲的是这一枪正好打中了主张克服“左倾”错误的代表者）非但不能解决矛盾，反而使矛盾激化，导致一场历史性悲剧，这是尼古拉也夫所始料不及的。历史同样证明，在党的政策处在重大转变时期，党的领导如果不能用马克思主义辩证法对复杂的形势进行实事求是的分析，而被一些表面现象所迷惑，主观主义地夸大阶级斗争的严重性，误把旧的错误当作新的真理，轻率放弃正确的方针，重返错误轨道，同样会导致不幸的后果，造成不可弥补的损失。

阶级斗争和党内斗争中的“左”的错误，激化了党内外矛盾，引起了广大群众的不满。少数人离开正确道路企图用错误的方法去纠正党的错误，结果进一步激化矛盾；党的领导对这错误行动作了非科学的判断，从而用更错误的手段去解决矛盾，以致错误发展到难以收拾的困境。这幅 30 年代苏联政治斗争的恶性循环图，深刻地揭示了基洛夫被刺事件的前因后果，也给后世留下了值得深思的历史教训。

本文原载《国际共运》1984 年第 5 期

# 国际关系及第二次世界大战史研究

# 论二次大战前夕英国对外政策的转变

1939 年 3 月到 9 月战前的最后半年,国际形势激烈动荡,变幻莫测,国际政治关系和战略格局急剧变动,深刻改组,世界大战的危机在险象环生中日日逼近。在这重要的历史关头,英国的对外政策有什么变化?为什么费尽心机力避战争的英国最终还是战祸临头,劫数难逃?弄清这些问题对于认识“二战”前复杂多变的国际关系,探求“二战”的起因及教训,具有十分重要的意义。本文拟就上述两个问题作初步分析。

## 一

1939 年 3 月 15 日希特勒德国武装侵吞捷克斯洛伐克后,英国的对外政策是否发生积极的变化和重大的转折,人们应怎样正确认识和评价这些变化和转折?这些问题至今仍存在分歧和争论。长期以来苏联和我国史学界盛行一种观点,认为 1939 年 3 月后,英国在外交上继续顽固实行绥靖政策,没有发生调整、变化,对波兰等国的安全保证、与苏联进行加强合作的谈判等,都不过是掩盖与德国秘密勾结和迫使德国向苏联进攻的策略手段,是绥靖政策在“新形式”下的继续,是一种更狡诈的绥靖政策。① 这是值得商榷的。我认为,英国对外政策在 3 月后发生了重大的变化和转折,这主要表现在两个方面。

第一,在对德关系上,由一味妥协、投降的绥靖政策逐渐转向阻遏、对抗

---

① 参见苏联情报局:《揭破历史捏造者》。

的强硬政策。

希特勒在德国上台后，英国虽已模糊地意识到“那些曾经在战场上放下武器并乞求停战的人们正在谋取世界霸权”，纳粹德国已成为它“最大的潜在敌人”，但是并没有把它视为现实的致命威胁。相反，为了稳定现状，维持既得利益，英国继续对德国纵容、姑息，始则奉行“扶德抑法”“以德制法”的均势政策，纵容希特勒毁约扩军，阻止法国攫取欧洲霸权，继而玩弄“祸水东引”的阴谋勾当，姑息希特勒吞并奥地利，“肢解”苏台德，力图把德国的侵略矛头引向苏联。在这种对德战略的指导下，第一次世界大战后，英国在欧洲实行了重点保西欧的方针，认为西欧是阻挡德国向西扩张的屏障，西欧的安全同它有不可分割的利害关系，明确宣称“我们的边界在莱茵”，莱茵以西不容德国染指(签订《罗加诺公约》，保障法国东部边界和比利时中立，以归还殖民地为代价换取德国参加该公约等，都在于确保西欧和英国的安全)，而对莱茵以东的广大中欧、东欧地区，采取不直接介入的“超然”态度，以便一方面保持行动自由，在欧洲充当“仲裁者”；另一方面，避免由于承担对东欧的义务而使自己卷入战争。为此，英国竟不择手段地压迫法国放弃在中欧、东欧负有的义务，破坏法国在中欧、东欧的同盟体系，甚至为了保持西欧“孤立的和平”，把德国引向东方，不惜牺牲中欧小国，把奥地利和苏台德地区奉送给希特勒。

但是，希特勒鲸吞整个捷克斯洛伐克以后，英国对德国的政策发生了急剧的变化。首先，英国改变了在德国扩张面前一味退让、投降和不愿在东欧承担军事保证义务，力避军事介入的态度，开始积极参与东欧事务，实行对德阻遏、对抗的“新政策”。3 月 17 日，即捷克斯洛伐克灭亡后两天，张伯伦在伯明翰演说时宣称，虽然英国现在“并不准备作出新的泛泛保证，说我国在现在不能预见的条件下将如何行动”，但“英国不是不关心东南欧发生的事态”，如果出现希特勒的挑战，英国将与其他国家一起竭力“予以抵抗和制止”。随着事态的发展，不久，英国便采取实际行动，对一系列国家作出了安全保证。3 月 31 日，张伯伦在下议院宣布，如果波兰受到进攻并进行反抗的话，英国和法国一起“将给予波兰政府全力支持”。4 月 6 日又和波兰缔结互助条约，把单方面担保变成双边互助协定，从而把英国的“安全线”从莱茵河延伸到遥远的维斯杜拉河。接着又在 4 月 13 日对罗马尼亚、希腊提供安全保证，4 月 16 日又对荷兰、丹麦、瑞士提供安全保证，5 月 12 日宣布与土耳其缔结互助条约，从北海到黑海、爱琴海形成了一个对德包围圈。同时,英国进一步加强和法国的联合,共同对付德国的扩张。这种局面的形成经历了一个转变的过程:“一战”后,英国从传统的“均衡外交”出发,不愿与法国结成正式同盟。当1938年9月捷克危机达到爆发点时,英国仍然拒绝对法国作出提供军事援助的保证。甚至,在1938年11月30日,意大利公开叫嚷向法国索取突尼斯、科西加、尼斯等殖民地后,12月12日,张伯伦在下议院仍宣称:“我们同法国之间没有任何条约或公约,规定一旦意大利对法国或其领地采取战争行动,英国必须对法国提供军事援助。”①但是捷克斯洛伐克灭亡后,面对德国咄咄逼人的扩张势头,英国感到自己的力量日益衰微,不足以单独与德国抗衡,而法国的军事力量和战略地位对欧洲的稳定和自己的安全有举足轻重的意义,因此大力调整对法国的政策,放弃“抑法扶德”的政策,实行“联法抗德”的政策,加强和法国的联合。3月23日,正当德国军舰占领立陶宛的默默尔港时,英国和法国互换照会,正式结为同盟,承担互助的义务。

有人认为,英国对波兰等国的保证不过是纸上诺言,没有实际意义,不能说明英国对外政策发生重大变化。这种观点似乎过于武断。为了说明问题,不妨把英国在1939年8月波兰危机时的立场和一年前捷克危机时的态度作一比较。众所周知,在苏台德危机期间,英国强使法国一起无耻地胁迫捷克政府向希特勒投降,用出卖捷克向希特勒乞求和平;而在但泽危机期间,形势虽比苏台德危机时更紧张,战争危险更严重,但在此“战”或“和”、“抗”或“降”的紧要关头,英国既未被希特勒的战争威胁所吓倒,也未为德国的和平攻势所软化。8月21日深夜,柏林宣布里宾特洛甫前往莫斯科签订互不侵犯条约的消息,第二天中午,英国内阁会议就发布公报,重申“英国对波兰所承担的义务……决心履行,绝不受(《苏德互不侵犯条约》)影响”。② 8月23日,《苏德互不侵犯条约》正式签订,表明德国的侵略锋芒肯定指向英法,但英国并不退缩,立即表示“不论《苏德互不侵犯条约》的性质如何,都绝不能改变英国对波兰的条约义务”。③ 24日,英国进一步与波兰正式签订互助条约,表示一旦波兰受到攻击,英国就要参战,决心对抗到底。这一行动打乱了希特勒

① 转引自惠勒-贝内勒:《慕尼黑——悲剧的序幕》,第327页。
② 转引自夏伊勒:《第三帝国的兴亡——纳德国史》,第758页。
③ 转引自夏伊勒:《第三帝国的兴亡——纳德国史》,第758页。

的战争计划。希特勒在得知这一消息后，立即下令取消原定26日进攻波兰的命令，以便“争取时间进行外交谈判”，“排除英国方面的干涉”。[①] 这时候希特勒企图故伎重演，再获得一次“慕尼黑式”的胜利，对波兰不战而取。8月25日，希特勒接见英驻德大使汉德逊，表示只要用政治办法“解决波兰问题”，德国就愿意“接受一项合理的军备限制”，并“把德国的西部国境看成最后的疆界”，“不仅在一切情况下保证英帝国存在，而且如有必要的话，还愿意保证不论英帝国在哪方面需要援助，德国都将给予援助”，甚至提出可以“采取一个性质对苏联所采取的行动具有一样决定意义的行动”，同英国签订一项类似《苏德互不侵犯条约》的协定；并警告，如果英国政府拒绝德国的建议，“那么就会发生战争”。[②] 与此同时，希特勒还通过瑞典商人达勒鲁斯向英国政府进一步表示，尽管已签订《苏德互不侵犯条约》，但只要英国帮助德国取得但泽和走廊地区，德国将保证波兰新国界和大英帝国的安全，并缔结条约或结成同盟。[③] 希特勒根据在慕尼黑和张伯伦打交道的经验，满以为在战争威胁下，只要给张伯伦一条脱身的出路，提供一个摆脱对波兰保证的借口，张伯伦就会再次屈膝投降，波兰就稳在囊中了。但是今非昔比，当时英德矛盾空前激化，彼此冲突已无转圜余地的情况下，英国不愿再放弃波兰这个“对抗德国的中欧联盟的唯一尚存的屏障”，不愿再用慕尼黑方式和德国达成投降协定。27日，英国政府照会德国，断然拒绝希特勒保证英帝国存在的建议，重申英国将“一丝不苟恪守对波承担的义务”，如果德国侵略波兰，英国将采取行动，并在28日调回在波罗的海和地中海的舰队，摆出决战的姿态。30日，英国又照会德国，要求“停止德国人在波兰境内的破坏活动”，表示“不能为了取得改善英德关系而牺牲其他友邦的利益。”[④]8月31日，墨索里尼重新扮演慕尼黑会议时调解人的角色，致电哈里法克斯，表示如果给予希特勒但泽，意大利将出面调停。但英国没有上钩，坚持要德波直接谈判。9月1日，德国发动侵波战争，达勒鲁斯秉承戈林指示，再次赴英斡旋，英国则提出，当德军还侵略波兰的时候，任何调停的想法都是谈不到的。现在要避免一次世界大战，唯一的

---

① 转引自夏伊勒：《第三帝国的兴亡——纳粹德国史》，第774页。

② 转引自夏伊勒：《第三帝国的兴亡——纳粹德国史》，第762、763页。

③ 转引自夏伊勒：《第三帝国的兴亡——纳粹德国史》，第792、795页。

④ 转引自夏伊勒：《第三帝国的兴亡——纳粹德国史》，第806、807、808页。

路就是：(一)停止敌对行为；(二)德国军队立即撤出波兰领土。[1] 当这些条件遭到德国拒绝后，英国终于宣布对德作战。上述事实证明，尽管由于张伯伦之流主宰着英国政府，对德的对抗行动总的来说是相当软弱的，但是此时和慕尼黑危机时期，在希特勒进攻面前步步退让、屈膝投降相比，不能不说是一个明显的转变。从历史比较的角度，从国际斗争全局来看，英国宣布将抵抗德国新的侵略行动，对波兰等国提供安全保证，乃至最后对德宣战，总的趋势是沿着联合抗德的强硬路线发展的。这里需要讨论一下如何看待英国对德宣战一事。有些人以英国在宣战后进行“奇怪战争”为由，断定英国对德宣战是假的，目的是重操“西堵东引”的故伎，因而仍然是绥靖政策的继续。这种观点似乎太简单化了。什么是英国的绥靖政策？它的主要内容包括两方面，一是“丢卒保车”，牺牲弱小国家的利益保护自己的既得利益；二是“祸水东引”，牺牲苏联求得西欧无战事。而英国对德宣战恰恰反映了英国不愿再用牺牲弱小国家和德国实行勾结，反映了“祸水东引”阴谋已遭幻灭，而不得不自己出来与德国进行武装对抗。所以，英国对德宣战一事不能说是绥靖政策的继续，而应该看作绥靖政策进一步破产的标志。应当看到，对德宣战不是英国政府随意玩弄的外交动作，多少年来英国为保持“和平”、避免战争付出了巨大“牺牲”，投入了可观的赌注，非万不得已绝不会贸然宣战，所以对此一举的意义不能低估。至于宣战后英国没有对德国进行认真的军事行动，这固然一定程度上反映了英国的绥靖倾向，但是我们也应看到这里还有别的因素在起作用。如英国自己认为还没有做好战争准备，缺乏进攻能力(这种观点是否正确另当别论，但至少可说明英法统治阶级进行奇怪战争的动机不完全是要“祸水东引”)，我们不能根据英国在宣战后不认真作战一事，就断定“宣战”是绥靖的继续，正像我们不能因德国灭亡波兰后没有立即向西欧发动进攻，就相信它已经放弃了战争政策一样(要知道这里的原因主要也在于希特勒没有作好军事准备)。如果考察一下 1940 年 3 月，美国副国务卿萨姆纳·韦尔斯到欧洲进行“结束战争”的调解时英国政府所持的态度，就更可说明对德宣战并非纯系“空话”。张伯伦在和韦尔斯的谈话中，坚持和谈要有个

---

① 转引自夏伊勒：《第三帝国的兴亡——纳粹德国史》，第 835 页。

先决条件，就是德国人必须从波兰和捷克撤军，恢复波兰和捷克的独立和自由。[①] 如果英国把对德宣战完全当作压迫德国和英国勾结的手段，那么韦尔斯的调停介入岂非正中下怀，为什么英国对此如此冷峻？德国进攻波兰前，为什么张伯伦不立即被赶下台，原因就在于张伯伦不是一成不变地搞绥靖，否则早就在已经出现的内阁危机中下台了。总之，历史事实表明，在“布拉格冲击”后，英德间的对抗关系逐渐居于主导地位，英国的对德政策也相应地发生了不可忽视的变化：由绥靖政策开始逐渐向强硬政策转变。

第二，在对苏关系上，开始由反苏亲德逐渐转向联苏抗德的轨道。

发展对苏关系是英国抗德战略中重要的一环，也是这一时期英国对外政策转变的重要表现。英国当权者一贯极端仇视苏联，特别是张伯伦上台后，英国奉行绥靖政策的核心内容就是“祸水东引”。鲍尔温曾毫不掩饰地表示：“假如一定要打仗的话，我希望看到布尔什维克和纳粹打起来。”[②]张伯伦更是凶相毕露地叫嚷，“俄国是英国的敌人”[③]，“希特勒的行动将指向东方，而在这种情况下，我们就可能完全不卷入了”[④]。长期以来，英国蓄意破坏苏联为建立集体安全体系而作的种种努力，拒绝与苏联采取一致行动。德国吞并奥地利和苏台德区后，苏联曾先后提议召开国际会议磋商共同制裁德国侵略的事宜，并表示愿意和英法在国联内或国联外讨论采取局势所必需的实际措施，参加集体行动。但英国政府对此不仅置之不理，而且利用上述国际危机和希特勒进行政治交易和反苏勾结，这种反苏阴谋在“慕尼黑危机”期间达到了高峰。

捷克灭亡后，由于德国的威胁日益严重，国内舆论压力不断加强，张伯伦政府不得不改变以往不与苏联进行任何联合的僵硬态度，开始主动和苏联接触，商议如何共同对付德国新的侵略行动。3 月 17 日，英国外交部首席顾问范西塔特接见苏联驻英大使麦斯基，谈到德国威胁罗马尼亚时曾坦率地说，“能够制止德国扩张的只有英、法和苏联与包括一切受德国侵略威胁的其他国家，如波兰、罗马尼亚、斯堪的纳维亚国家迅速结成同盟”，“为此第一步应

---

① 参见《世界历史译丛》，1979 年第 2 期，第 70~71 页。
② 米德尔马期：《绥靖战略》，第 90 页。
③ 米德尔马期：《绥靖战略》，第 90 页。
④ 米德尔马期：《绥靖战略》，第 734 页。

当是伦敦巴黎和莫斯科之间的接近，及早拟定行动的共同计划，而不要等到危机来到之时”。[①] 3 月 18 日，英国获知德国最近几天将进攻罗马尼亚的情报，十分紧张。哈里法克斯立即指示驻苏大使西兹紧急会见苏联外交人民委员李维诺夫，并同时召见苏联驻英大使麦斯基，就英、苏在援助罗马尼亚问题上如何协同行动方面交换意见。[②] 英国还建议英法苏波发表共同宣言，声明共同“关心保持东欧和东南欧国家的完整和独立”[③]，使德国有所“清醒”[④]。此事虽因罗马尼亚态度变卦而作罢，却反映了在日益严重的德国威胁下，英国为了自身安全有求于苏联的动向。英国对波兰等国提供安全保证后，朝野要求与苏联结盟的呼声空前高涨。3 月 31 日，张伯伦在下议院宣布对波兰保证后的当天接见劳合·乔治，在交换意见时，劳合·乔治尖锐地批评张伯伦忽视苏联的态度，指出：“没有苏联的积极援助，任何‘东方战线’都没有可能”，“在缺乏同苏联建立可靠协议的情况下，我认为你今天的声明是不负责任的赌博，结果可能十分坏”。[⑤] 同一天，哈里法克斯接见苏驻英大使，强烈呼吁苏联政府支持首相在下院宣读的声明，说“为了防止英国本身内部的争论和意见分歧，这是十分重要的”。[⑥] 之后，范西塔特文接见麦斯基，一再表示英国联苏的要求，“现在政府也包括西蒙和霍尔，在关于必须建立有苏联参加的反德同盟的问题上全都完全一致”。[⑦] 4 月 3 日劳合·乔治在下院又强调指出，“如果我们没有俄国的援助而参加战争的话，我们就是自投罗网。这是唯一能出兵进入那里（波兰）的国家”。[⑧] 同时英驻波兰大使霍华德·肯纳德在

---

① 《第一次世界大战前夜苏联为和平而斗争（1938.9—1939.8）》文件和材料，莫斯科 1971 年版，第 679 页。

② 《第一次世界大战前夜苏联为和平而斗争（1938.9—1939.8）》文件和材料，莫斯科 1971 年版，第 245、246 页。

③ 《第一次世界大战前夜苏联为和平而斗争（1938.9—1939.8）》文件和材料，莫斯科 1971 年版，第 247、265 页。

④ 《第一次世界大战前夜苏联为和平而斗争（1938.9—1939.8）》文件和材料，莫斯科 1971 年版，第 263 页。

⑤ 《第一次世界大战前夜苏联为和平而斗争（1938.9—1939.8）》文件和材料，莫斯科 1971 年版，第 291 页。

⑥ 《第一次世界大战前夜苏联为和平而斗争（1938.9—1939.8）》文件和材料，莫斯科 1971 年版，第 288 页。

⑦ 《第一次世界大战前夜苏联为和平而斗争（1938.9—1939.8）》文件和材料，莫斯科 1971 年版，第 300 页。

⑧ 《第三帝国的兴亡——纳粹德国史》，第 746 页。

一份给外交部的报告中也指出:“波兰人在德国人进攻面前将守不住走廊地区和西部边界”,“因此,一个友好的俄国对波兰是绝顶重要的”。[①] 在社会舆论的强大压力下,张伯伦政府被迫向苏联靠拢,从4月起开始和苏联进行正式谈判。虽然在长达四个多月的谈判中,张伯伦政府玩弄各种手法,延宕、阻挠、破坏,但在帝国主义矛盾日益尖锐和苏联政府的不断斗争下,被迫不断做出让步,总的趋势是朝联合方向前进的。直到8月16日,军事谈判因波兰、罗马尼亚拒绝苏联的军事援助而陷于僵局时,英国仍然设法争取恢复谈判,并对波兰施加压力,要它接受苏联的军事援助。8月17日,哈里法克斯电示英驻波兰大使,要他劝导波兰:“没有及早的和有效的苏联援助,波兰不可能,罗马尼亚更不可能在最短时间内抵抗德国陆军或空军的进攻……把决定推迟到战争爆发就会措手不及了。”[②]20日又电示大使,向波兰政府提出重新考虑接受苏联援助问题,并指责波兰的态度“破坏了”莫斯科军事谈判。[③] 在谈判中英国始终持谈下去的态度,并无“关门”之意。英法苏谈判最终失败的原因是复杂的,英法要负主要责任,但也不能由此全盘否定英国要求联苏抗德的愿望和行动。

综上所述,希特勒德国侵吞捷克斯洛伐克彻底破坏了中欧的政治稳定,严重动摇了整个欧洲均势,构成了对英国生死存亡的威胁。在这种情况下,反苏亲德的绥靖政策开始破产,广大人民抗德卫国的情绪日益高涨,统治集团内部的抗德势力不断增强,资产阶级统治集团感到仅仅靠姑息、退让的绥靖政策已不能有效地维护英帝国的根本利益了,因此被迫调整它的全球战略和外交政策。1939年3月到9月,英国外交政策开始了从绥靖向强硬的转变,这是一个两者交替并存、互相消长的渐变过程。之后,英国的外交政策虽然没有发生什么“外交革命”,绥靖政策虽然没有因此而“彻底死亡”,但是,绥靖政策日益破产、强硬政策不断强化的趋势却是不容忽视和抹杀的事实,这种趋于强硬的变化,是顺应时代要求的,是符合反法西斯斗争的总方向的,是有利于人类进步事业的,不能简单地否定,而应给予一定的肯定。只有全面

---

① 《第三帝国的兴亡——纳粹德国史》,第651页。

② 路易士·费希尔:《从和平到战争的俄国道路,苏联对外关系》,1969年纽约英文版,第359页。

③ 参见《第三帝国的兴亡——纳粹德国史》,第746页。

阐述英国对外政策的变化，才能完整地总结历史经验教训，揭示帝国主义之间矛盾不可调和的客观规律，证明在大敌当前的情况下，不同社会制度的国家有必要也有可能建立广泛的国际统一战线。

## 二

为什么一心企求“和平”，力避战争的英国最终还是战祸临头，难逃厄运？这是研究战前英国对外政策应予以重视的问题。

大家知道，“一战”后，英国对外政策的重要目标就是极力维护帝国主义“和平”，防止新的战争动荡破坏现存“秩序”的“安全”，确保它在世界的霸权。英国比较倾向和平，当然不是出于什么“人类心灵最崇高最善良的本性”，也不单纯是由第一次世界大战所造成的害怕战争的恐惧症在作祟，而是有其更为深刻的历史、政治、经济的原因。英国是个老牌帝国主义国家，通过几个世纪的扩张侵略，“脂肪满身”，尤其是《凡尔赛和约》使它上升到世界权力的顶峰，就其能力来说达到了利益的饱和点，因此在重新瓜分世界的战争中，无论结局如何，英国“不会赢得任何东西”（张伯伦语），而只能失去利益。同时，英国是依靠国际贸易为生的国家，一旦战争爆发，贸易通道就会中断，世界市场就会崩溃，财政来源就会枯竭。因此，英国害怕战争，把“和平”当作保持既得利益的重要条件。

为了维持战后的帝国主义和平，张伯伦政府继续对德退让、安抚和姑息。但是，绥靖政策改变不了帝国主义列强争斗愈演愈烈的客观趋势，保障不了英国的安全与“和平”。“慕尼黑阴谋”终于把英国引进了外交的死胡同，英国陷入危险的境地。在德国威胁日甚一日，绥靖政策步步破产的情况下，英国统治阶级感到“全盘绥靖”的老路走不通了，被迫转向强硬政策，企图从绥靖所造成的困境中挣扎出来。但是，这一时期张伯伦为首的绥靖派仍然把持着制定和执行对外政策的大权。因此英国政府在对外政策的转变上决心不大，步子不快，缺乏紧迫感，在行动中缺乏坚定性，表现为左右摇摆，举棋不定，前后矛盾。这种动摇和混乱削弱了对德强硬措施的威慑力，影响了其他国家对英国的信任，阻碍了国际反法西斯统一战线的及时建立，助长了希特勒的冒险性,大大加速了战争的来临。下面拟作一些具体分析。

首先分析一下英国对德政策上的动摇及其恶果。

捷克灭亡后,英国政府虽已明确认识到德国是英国的主要敌人和直接威胁,德国的侵略矛头正指向英国。英国被迫采取一些对抗措施,但是没有把对德战略建立在准备打仗的基础上,仍把谋求缓和英德关系力争避免战争放在重要地位,缺乏使用军事力量进行对抗的决心。为什么当时张伯伦政府对德政策立足于和,而不立足于打呢?一方面是由于害怕德国的军事力量,另一方面则是因为对德国决心发动战争的战略意图缺乏清醒估计,对德国还抱有"以绥靖求和平""以安抚避战争"的幻想,张伯伦之流认为,由于扩军备战,德国经济十分困难,无力马上发动战争。英国可以利用德国经济上的弱点,通过经济的"施舍"和合作缓和政治上的紧张关系,使它在经济上依赖英国,从而放弃战争行动。这种以经济为糖弹来软化希特勒的秘密经济谈判在 6 月到 8 月间不断地进行。直到 8 月 28 日,战争已迫在眉睫,张伯伦在答复希特勒 25 日提出的关于同英国缔结盟约的通知时,仍然恳求希特勒和平解决波兰问题,并说如果波兰问题达成协议的话,"就将打开大不列颠和德国彼此间在更广泛、更全面的了解的情况下举行谈判的道路。这种谈判正是这两个国家所切望的"。① 为了表白真诚之心,汉德逊甚至对德国外交部表示,"他绝对不捍卫与波兰的条约","不赞成英国对波兰的立场,没有赋予同俄国订约的任何价值"。② 英国这种向德国乞求和平的行动,大大刺激了希特勒的侵略胃口,助长了希特勒的战争冒险性。

1939 年夏,希特勒下了攻打波兰的决心,因为"不流血再也不能取得新的胜利了"。但希特勒感到德国挑起世界大战的时机还没成熟。因此极力"把战争限制在波兰境内",避免扩大为与英法对抗的"大仗"。当时希特勒非常害怕进攻波兰会引起英国的干涉,他的将军们再三警告他"如果英国和法国马上在西线大举进攻,是能够突破齐格菲防线并闯入德国低地的平原的"。所以在准备进攻波兰的过程中,希特勒十分注意英国的态度,把能不能避免英国的干预当作向波兰进攻的重要前提。希特勒在 5 月 23 日的讲话中,反复

① 《慕尼黑——悲剧的序幕》,第 446 页。

② 《第二次世界大战前夜苏联为争取和平而斗争(1938.9—1939.8)》文件和材料,第 448 页。

对将领们强调:“根本问题是同波兰的冲突只有在西方国家置身事外的条件下才能取胜。”而英国在这一时期优柔寡断、摇摆不定的表现,徒然给了希特勒一个强烈的印象:英国仍然是只“没有睡醒的狮子”,它对波兰的保证不过是为了应付国内舆论而采取的一种保全面子的举动,是一种虚张声势的恫吓,根本不必把它放在心上。特别是英国在六七月间秘密谈判中低首下气的姿态,更使希特勒摸透了张伯伦害怕战争的心理,相信在捷克问题上屈膝投降的张伯伦绝不会在波兰问题上甘冒一场条件显然要更差的战争风险,到决战关头,张伯伦这些胆小鬼肯定会临阵脱逃,即使参战也不过表面上对波兰作一些信守义务的姿态,“虚应故事地打一打”而已。历史表明,希特勒进攻波兰在很大程度上是建立于英法不会干涉,或不会认真干涉的前提之下的,而希特勒之所以会做出如此判断,原因正在于英国在实际行动中表现出了软弱与动摇。两军对垒,勇者胜。正是英国的强硬不足、软弱有余,促使希特勒在没有做好发动世界大战准备的情况下竟敢冒天下之大不韪。

战略上的混乱,外交上的摇摆,镇不住希特勒的勃勃野心,却损害了反德联合阵线的建立,助长了英国和盟国间的信任危机和离心倾向,使盟国加深了英国是否靠得住的疑问。盟国普遍担心在未来严重的斗争中能否把英国视为真正可靠的伙伴。连紧跟张伯伦推行绥靖政策的达拉第也担心有朝一日,法国“会被英国出卖,这是英国的盟国司空见惯的命运。……张伯伦是一根枯干的手杖……英国已经变得如此脆弱和老迈,以致英国人会出卖他们的朋友的任何财物而不去抵抗德国和意大利”。① 这种心情在其他国家领导人中也普遍存在,法国社会党领袖、前总理勃鲁姆在和张伯伦谈话中指出:“照所有那些同他交谈过的社会党朋友们看来,只有一个导致欧洲战争的危险,并且是一个非常现实的危险,那就是英国和法国给人以他们并不认真的印象,而且不能信赖他们会履行他们的诺言。”②在这种情况下,许多中小国家出于安全求存的愿望,纷纷与德国靠拢,或脚踏两条船,或干脆倒向希特勒怀抱,结果使反德联合战线支离破碎,失去了遏制德国扩张的作用。

其次,再分析一下英国对苏政策上的动摇及其恶果。

---

① 奥维尔·H·布利特编:《富兰克林·D·罗斯福和威廉·C·布利特通讯集,私信和密函,献给总统》,第310页。

② 内维尔·张伯伦:《寻求和平》,第307~308页。

捷克灭亡后，英国迫于形势，停止公开反苏，开始转向联苏抗德的轨道。但是张伯伦之流对社会主义苏联的猜疑、敌意和轻视是根深蒂固的。同时英国统治阶级对苏联的战略地位、军事经济潜力、政治的稳固、人民的觉悟性及组织性估计严重错误，根本不相信苏联在对德斗争中有重要的价值。张伯伦说“我必须承认对俄国极度不信任……我怀疑它的动机，我认为这些动机与我们的自由概念没有多少联系，并且它只关心把别人弄得不和。”①张伯伦说：“我无论如何也不相信它有能力提供有效的攻势，即使它想要提供。”②此外，英国也错误估计了形势，认为苏联面临德国、日本东西夹攻的危险，处境比英国更差，苏联有求于英国，自以为在谈判中居于优越地位，有恃无恐，故意制造困难。此外，英国还从战略上考虑，认为英德尚有“和解”的可能，如与苏联结盟无异于让自己处于同德国决一死战的地位，并承担对苏援助的任务；同时认为苏德矛盾尖锐，祸水犹能东引，一旦与苏联结盟，这种幻想就断了路。出于上述原因，英国当局缺乏与苏结盟的强烈愿望，采取被动应付、走一步看一步的拖延策略，并极力把对苏谈判纳入与德国缓和的轨道，把它当作压制德联英的外交牌来玩弄。英驻苏大使西兹在论述英、法、苏军事谈判时说：“我对军事谈判的成功不乐观，我也不认为军事谈判能迅速结束，但现在开始谈判将给轴心国家一种有益的震动，可以给我们友邦一种刺激，而且这一谈判可能延长到足以避过今后几个危险的月份。”③德国驻英大使在分析英国当局的情绪时说，在英国建立非侵略的阵线，应仅仅服务于作为对德建设性政策的基础和前提的信念日益增强。④ 尽管客观形势迫使张伯伦政府不得不一步步向苏联靠拢，但是，英国在对苏谈判中表现的怠工消极、三心二意的立场却给自己铸成了灾难性的后果。其一，使苏联失去对英国的信任，导致英法苏谈判破裂，使自己陷入孤立挨打的困境。捷克灭亡后，苏联从反法西斯斗争的大局出发，摒弃前嫌，欢迎英国的转变，愿意和英法建立抗德联盟。但是鉴于过去的教训，苏联在采取决定性行动之前，需要在实际行动中考察英国的诚意。苏联外交人民委员李维诺夫在给驻英大使麦斯基的信中指出：“我

① 《慕尼黑——悲剧的序幕》，第412页。

② 《慕尼黑——悲剧的序幕》，第412页。

③ 《第三帝国的兴亡——纳粹德国史》，第702页。

④ 《第二次世界大战前夜苏联为争取和平而斗争(1938.9—1939.8)》文件和材料，第692页。

们五年来在对外政策活动上所从事的，就是做了关于保障和平与集体安全的表示和提议，但是列强并不理睬它们，并且反其道而行之。如果英国和法国真正改变自己的路线，那么就让他们或者对我们以前所作的建议表示意见，或者提出自己的意见。应当让他们采取主动"，"用一些东西证明它们真正站在集体安全的道路上"。[①] 但是英国的行动使苏联的怀疑不断加深，终于使苏联下决心中断与英、法谈判的，转而与德国签订互不侵犯条约。其二，鼓舞了希特勒的侵略扩张，加速了大战的爆发。众所周知，希特勒要发动世界大战最重要的条件之一，就是摆脱东西受敌、两线作战的困境，为此，必须阻止、破坏英法苏结成同盟。这里，苏联的态度是个关键（因为希特勒预定的攻击方向首先是英国与法国）。《慕尼黑协定》签订后，希特勒就利用苏联的孤立感以及对英法的不满，主动向苏联发出和解的信号。英法苏谈判开始后，德国十分紧张，害怕一旦谈判成功，手脚就被捆住。但是英法在与苏联的谈判中所表现的消极态度打消了希特勒的疑虑，感到不必为英国对波兰等国的保证感到过度不安。因为在希特勒看来，英国除非能得到苏联的支持，否则做梦也不会为波兰而战。里宾特洛甫曾明白地告诉希特勒："在你发现英国把俄国当作盟国之前，你无须担心英国。只有在它们结盟时才意味着它真正要打仗了。"[②]失去了苏联的支持，英国的一切强硬措施在希特勒眼中都成了虚张声势的外交恫吓。《苏德互不侵犯条约》一签订，希特勒更加深信，从此既争取了苏联的中立，又排除了英国干涉的可能。因此就在 8 月 22 日送走里宾特洛甫后，立即召开军事首脑会议，下令 8 月 26 日实施进攻波兰的"白色计划"。希特勒在会上解释为什么下战争令时说："我已经从西方手里把（俄国的援助）这个家伙打掉了"，"在我看来，在一场冲突中西方列强进行干预的可能性是不大的"，"我认为任何一个负责的英国政治家在这种形势下使英国冒一场战争风险是不可能的"。"我已经完成了政治上的准备，底下的路要由军人来走了"。[③]

综上所述，希特勒为什么敢于在没有做好充分准备的情况下挑起战争，张伯伦政府为什么力避战争而最终仍招来战祸？其原因并不是捷克灭亡后英国政府的外交政策没有任何转变，也不是这些变化纯属虚假的外交姿态，

① 《第二次世界大战前夜苏联为争取和平而斗争（1938.9—1939.8）》文件和材料，第 249 页。
② 《慕尼黑——悲剧的序幕》，第 400 页。
③ 《纽伦堡审判》第 1 卷，1957 年莫斯科版，第 630 页。

而是由于这种转变决心不大，步子不快。正是在转变过程中表现出来的优柔寡断和动摇犹豫，破坏了希特勒最害怕的反侵略联盟，打消了希特勒时刻担心英法干涉的顾虑，终于使希特勒决心提前发动世界大战。事实表明，虚张声势阻挡不了希特勒的侵略步伐，摇摆、犹豫走不出外交死胡同。如果当时英国毫不动摇地推行联苏抗德的强硬路线，和苏联及其他国家组成坚强的反侵略联盟，那么，二次大战也许可能被阻止或推迟，英国也不至于会在“最不利”的条件下仓促应战，最后狼狈逃离欧洲大陆，蒙受敦刻尔克溃退的奇耻大辱。

英国的对外政策在由绥靖政策逐步转向强硬政策的过程中为什么经常摇摆、犹豫？原因纷繁复杂，这里暂且撇开历史、政治和社会经济的因素，仅从外交本身进行分析。

其一，缺乏正确且坚定的战略目标。捷克灭亡后，客观形势迫使英国政府逐渐把遏制和对抗德国的侵略扩张作为外交政策的战略目标，但是以张伯伦为首的保守党内最顽固的反动集团，在行动上却极力抵制，千方百计地谋求英德“和解”。客观形势和主观愿望使张伯伦在两种战略思想和战略目标中摇摆不定，迟疑不决，在所谓“现实主义”的旗号下，见风使舵，随机应变。为了“和平”，张伯伦一方面不得不对希特勒“过分”的行动对抗一下，另一方面却“不失信心”地继续暗中同德国进行秘密勾结。为了“安全”，张伯伦不得不同苏联进行谈判，借苏联力量钳制德国，同时却极力阻挠、拖延谈判的进行，幻想把希特勒的侵略矛头转向东方，使自己脱身。张伯伦自鸣得意，以为他这样做，在国内政党斗争中既能满足这派要求，又能顾全那派利益；在对苏、对德关系中，既和苏联“友好”“合作”，又向德国暗送秋波，可谓面面俱到，左右逢源，万无一失。但事实适得其反，由于缺乏坚定且正确的战略目标为指导，行动就必然缺乏章法，临时应急，零敲碎打，首尾不一，结果在德国的凌厉攻势下，处处被动，顾此失彼，漏洞百出，一败涂地。从而它既没有达到“祸水东引”的目的，又失去了抗衡德国的强大同盟军；既没有套住德国，又招来了德国的提前进攻。同时没有坚定的战略目标也使英国在外交活动中，缺乏大刀阔斧、敢作敢为的精神，缺乏为了对付主要敌人而敢于“化宿敌为盟友”的气魄，而乞怜于玩弄外交权术，拘泥于枝节的纠缠上。张伯伦这种政客加商人的外交作风和缺乏远见胆识的战略思想，互为因果，形成恶性循环，结果丢了“西瓜”，也失了“芝麻”，这在对苏谈判中表现得最为典型。

其二,没有把外交斗争和加强国防、经济实力有机结合起来。外交是维护本国利益的一种斗争手段,它可以在一定程度上弥补实力的不足,但是,它不能缺乏必要的实力基础,缺乏实力作后盾的单纯外交绝对束缚不住侵略者的手脚。张伯伦之辈们迷信"外交万能",认为"运用小心谨慎的外交活动可以防止战争,也许可以无限地防止"。[①] 因此,在德国日益严重的威胁面前,张伯伦之辈不是全力以赴地去重振军备、加强实力,而是片面地想靠玩弄纵横捭阖的外交手段来改善自己的不利地位。其结果必然是英国的军事实力更加落后于德国。这种日益拉大的实力差距,反过来促使英国在外交上愈来愈软弱、动摇,更加害怕与德国进行正面对抗,幻想通过谈判和德国达成和解。需要指出的是,当时英国错误的军事思想也助长了外交上的动摇。英国军政界流行一种"空军制胜论"和空军"决定一切"的论调,认为由于远程轰炸机投入战斗,战争的性质和形式都发生了根本变化,海军称雄的时代过去了,"轰炸机的时代"来到了。"轰炸机是无法阻挡的",德国的空军已"摧毁了素称天险的英吉利海峡这一屏障",伦敦变成了"世界上最大的靶子""一头捆绑起来吸引野兽的值钱的肥母牛"。英国的命运既已操于德国空军之手,其结论必然是"和可存,战必亡"。这种错误的军事理论,也加强了英国政府在外交上的软弱与动摇。

其三,绥靖派头目还掌握着政权,左右着外交政策。张伯伦个人的意志虽然抵挡不住联合抗德的时代潮流,这期间英国对外政策变化的实际情况也证实了这点,但是,张伯伦作为绥靖主义投降路线的头子,"病毒既深,解毒甚难",要他本人来彻底改变这条错误路线是不可能的,正如他自己在临终前所说:"我一刻也没有怀疑过我在慕尼黑所作所为的正确性。"只要张伯伦在台上一天,绥靖政策就不可能彻底被抛弃,强硬政策就不可能被坚定地推行。张伯伦下台之日,才是绥靖政策彻底破产之时。

关于二战前夕英国对外政策的变化以及英国战祸临头的原因和教训是个极复杂的问题,本文意在抛砖引玉,希望引起同志们的进一步研究和讨论。

---

① 《绥靖战略》,第94页。本文原载于《华东师范大学学报》(哲学社会科学)1981年第1期。

# 丘吉尔简论

陈　兼　王斯德

温斯顿·丘吉尔(Winston S. Churchill,1874—1965),是本世纪最负盛名的英国资产阶级政治家,曾两度出任首相,多次担任内阁大臣职务。在第二次世界大战中,他领导英国人民取得了抗击德国法西斯战争的胜利。

1874年11月30日,丘吉尔出生在英格兰牛津郡的一个贵族家庭,是家中的长子。他的祖先马尔巴勒公爵约翰·丘吉尔是英国近代史上著名的军事家和政治家,为英帝国争夺海上霸权立下过汗马功劳。他的父亲伦道夫·丘吉尔担任过英国财政大臣,母亲珍妮特·查罗姆是美国一个百方富翁的女儿。

丘吉尔从小受到典型的英国贵族式教育,8岁开始上学,14岁进入专为贵族子弟开设的哈罗公学。他生性好动,喜欢冒险,读书"疏懒",很不用功,尤其不喜欢数学和拉丁文,但对历史和古典文学有兴趣,特别喜欢军事。在班上,他是成绩特别差的学生。他从小就崇拜拿破仑和自己的祖先马尔巴勒公爵,渴望能像他们那样去开创一番大事业。1893年,经过三次考试,他终于考进了桑德斯军事学院。他的理想是,"只要什么地方打仗",就去参军;"一旦仗打好了,就要搞政治"。

1894年年底,丘吉尔从军事学院毕业,第二年被编入第4骠骑兵团任骑兵少尉。1895—1900年,他以军官和战地记者的身份,先后参加过西班牙殖民者镇压古巴人民起义的战争、英国军队镇压印度西北边境人民和苏丹人民的战争,以及南非的英布战争。在印度的两年,在丘吉尔后来的一生中留下了深刻的烙印。从此,他一直是大英帝国殖民统治的"卫道士",民族解放运动的敌人。同时,作为一个记者,他深深感到自己的知识是多么贫乏。两年中,他读了成箱的书籍,特别爱读著名历史学家吉本和麦考莱的著作以及达尔文写的书,后来他能够成为一个在很多问题上有深刻洞察力的政治家,同他拥有丰富的历史知识是分不开的。也就在这几年,他的最初几本著作《马拉坎德远征史》《河上战争》等问世了。

1899 年,是丘吉尔生活中的一个转折点。他以保守党候选人的身份参加竞选,开始了漫长的政治生涯。第二年,他被选入下院。这期间,丘吉尔在政治上扮演了激进派和自由主义者的角色,他一再在下院发表演说,抨击保守党某些领袖的保护关税政策,指责上院限制改革的行动。1904 年,由于不同意保守党的保护关税政策,他退出保守党,加入了自由党。1906 年,自由党在大选中获胜,丘吉尔首次入阁,担任殖民副大臣。此后几年,他担任过商务大臣、内政大臣,并于第一次世界大战的 1911 年出任海军大臣。

当时,德国的力量迅速膨胀,严重威胁了英帝国的霸权地位。欧洲列强分裂为两大阵营,重新瓜分世界的战争迫在眉睫。身为海军大臣的丘吉尔目睹此情此景,上任后即对海军部进行改组,建立了海军总参谋部,使海军拨款达到历史最高水平,命令海军作战部队处于常年戒备状态。1914 年 7 月,萨拉热窝事件发生后,丘吉尔未等英国政府对德宣战,便下令海军实行总动员。

第一次世界大战爆发初期,协约国军队和德军相持不下,战事进入胶着状态。为了打开局面,丘吉尔提出一套新的作战计划,主张派一支强大的舰队进入达达尼尔海峡,攻占加利波利半岛,迫使土耳其屈服,然后从背后打击奥匈帝国和德国。加利波利之战持续 8 个多月,结果,英军惨败,损兵折将 46000 余人。丘吉尔在来自各方面的攻击下,被迫于 1915 年 5 月辞去海军大臣职务。

丘吉尔下野两年后,1917 年 7 月,又出任劳合・乔治政府的军需大臣。这时,“一战”已进入后期,俄国爆发了十月社会主义革命,世界革命的风暴正在兴起,资本主义世界体系遭到了猛烈冲击,大英帝国的殖民统治和霸权地位也受到了严重威胁。丘吉尔对此忧愤交加。他攻击布尔什维主义是对“人类文明的威胁”,鼓吹对苏俄进行联合武装干涉。他亲自策划向高尔察克、邓尼金白匪及波兰反动军队提供大量军援,说要把新生的苏维埃政权“扼杀在摇篮里”。

20 年代初,丘吉尔的政治生涯出现了曲折。1922 年,他丢掉了内阁大臣的官职,1923 年又在下院补选中被击败,并退出了自由党。几经波折,1924 年他重新加入离开了20年的保守党。

1924年到1929年间，丘吉尔又出任财政大臣。这一时期，殖民地解放运动和英国国内工人运动蓬勃高涨。1926年，英国发生了历史上著名的工人大罢工，丘吉尔公开咒骂罢工工人是“民族的敌人”，叫嚷要对他们采取“强硬措施”。他还主张对印度、爱尔兰及中东阿拉伯地区争取独立和解放的斗争进行镇压。他对保守党领袖们在对待印度人民争取独立的问题上表现“软弱”十分不满。为此，他于1931年1月退出了保守党影子内阁。从此，直到第二次世界大战爆发，丘吉尔没有出任过政府要职，处在“政治上的荒漠状态”。

30年代是风云突变，危机迭起的年代。1933年，希特勒在德国夺取政权后，欧洲形成了新的战争策源地。1936—1937年，德、意、日法西斯组成了“柏林—罗马—东京”轴心，加速战争准备。德、意、日法西斯的侵略扩张构成了对英国霸权地位的严重威胁。在这严峻的历史关头，英国“避战求和”的和平主义情绪十分严重。苟且偷安的思潮颇为泛滥，以张伯伦为代表的对德绥靖派对法西斯在欧洲的步步紧逼胆怯心虚，认为英国缺乏足够力量与德、意正面对抗，武力制裁只会引起全面的欧洲战争，并导致英帝国大厦的倾覆。为了维护现状，保全既得利益，张伯伦主张对德、意的侵略扩张采取绥靖政策。

丘吉尔对德、意法西斯崛起后复杂多变的国际形势有比较清醒的认识，具有比较远大的战略头脑。他坚决反对张伯伦推行的对侵略者一味妥协、退让的政策，主张对德、意侵略者实行坚决遏制和抗击的强硬政策，在当时是英国政界公认的对德强硬派的领袖。早在希特勒上台之初，丘吉尔就从德国毁约、扩军的种种迹象中意识到德国的目标是控制欧洲，夺取世界霸权，英德矛盾无法调和。丘吉尔在他的一系列演说中，特别是在1936年年底保守党外交委员会的一次秘密报告中阐述了他的外交战略、路线。丘吉尔认为，英国400多年来的传统外交政策是“参加不那么强大的一方，同他们联合起来，反对和挫败欧洲大陆上的军事霸主”，现在“由一小撮洋洋得意的亡命之徒”领导的德国是最危险的敌人，他们正在“以德国历史上空前未有的规模来扩充军备”，准备发动一场使欧洲“德意志化”的战争。丘吉尔认为，拯救英国的战略应是实行“武力与国联盟约并重”的政策，这就是在国内要“迅速地、大规模地把英国重新武装起来”，对外则“建立武装的国际联盟，争取尽可能多的国家参加，以英法两国为核心，反对潜在的侵略者”。丘吉尔强调，“要拯救我们的国家,必须再一次联合欧洲一切力量来约束、抑制,必要时挫败德国的霸权”。为了共同对敌,丘吉尔主张化宿敌为盟友,调整同社会主义苏联的关系,与苏联结成反纳粹的“大联盟”。早在 1934 年 7 月,丘吉尔便对苏联驻英大使麦斯基表示:“现在我是德国的敌人,我要保护英帝国不受德国人的侵略。但是希特勒德国不仅威胁着我们英国人,而且威胁着你们俄国人,那么,为什么我们不联合起来反对共同的敌人呢? 我们为什么不以共同的努力来粉碎它呢?”

30 年代中期,英国统治集团内部绥靖派与强硬派的分歧十分深刻,斗争异常激烈。由于当时绥靖主义在英国有广泛的社会基础,因此绥靖派的主张占了上风,绥靖分子在政府中占了优势。1937 年 5 月绥靖派头子张伯伦上台执政后,绥靖政策便正式成为英国外交的基本国策而被全面推行。后来,丘吉尔自己承认:“我在那时的影响已降到零。”但是他不怕孤立,坚持同绥靖主义进行斗争。他在议会内外大声疾呼,敦促政府争取时间加紧重整军备,并一再尖锐地抨击张伯伦政府推行的绥靖政策。

1938 年 3 月,德国吞并奥地利。张伯伦政府对这一侵略行径表示了卑屈的软弱立场,丘吉尔对此大为不满。他指出,如果“坐待事态的演变”,不采取果断的措施加以制止,那么“所有的小国将纷纷从日内瓦溜走,转向日益壮大的纳粹制度致敬”。他还坚决要求英国政府响应 3 月 18 日苏联政府关于举行国际会议,商讨共同对付希特勒的建议,指出“只有成立法、英、苏的联盟的方向,才能有希望制止纳粹的进犯”。

1938 年慕尼黑会议前后,丘吉尔坚决反对牺牲捷克斯洛伐克的利益和向希特勒乞求和平。9 月 21 日,丘吉尔向新闻界发表了有关捷克危机的声明,指出如果在纳粹的军事威胁下屈服,不仅不会给英、法带来安全与和平,反而会使两个国家的处境更危险,“以为把一个小国投入虎口就可以换得安全实属误见”。《慕尼黑协定》签订后,当张伯伦侈谈“一代人的和平有了保障”时,丘吉尔对这个协定进行了谴责,认为英国在慕尼黑“遭到了一次完全、彻底的失败”,指出这是“一次欧洲最大的灾祸”,“这不过是算账的开始,这不过是以后每年还要递给我们的苦杯的第一口”。

果然,正如丘吉尔所料,希特勒的欲壑难填。1939 年 3 月,他撕毁了墨迹未干的《慕尼黑协定》,出兵侵占了整个捷克斯洛伐克。捷克斯洛伐克的灭亡,彻底破坏了中欧的政治稳定。这时,丘吉尔进一步呼吁政府加强战备,并和苏联采取联合行动。他在议会辩论中一再指出:"没有强大的东战线,我们在西欧的利益就不能有令人满意的防卫;而没有俄国,也就不能有强大的东战线。"如果现在"拒绝和丢掉俄国的不可缺少的援助,这将使我们在最恶劣的情况下卷入形势最坏的战争之中"。英、法、苏三国莫斯科谈判开始后,丘吉尔不断批评英法政府的消极态度,力促英法政府根据平等的条件同苏联"订立最广泛的协定"。

1939 年 9 月 1 日,德国入侵波兰,英法被迫对德宣战。张伯伦的绥靖政策在严酷的现实面前逐步破产。此时,一贯主战的丘吉尔声望大振,进了改组后的张伯伦内阁,任海军大臣。

从 1928 年 9 月到 1940 年 5 月,英法政府宣而不战,西线出现了"静坐战"的奇怪局面。英国政府中有些人主张同德国议和。丘吉尔对此表示坚决反对。他认为,在当时情况下与纳粹德国议和,无异于向德国投降,他主张"把战争打到底,消灭希特勒,彻底粉碎纳粹主义"。同时,他领导下的海军,在大西洋对纳粹德国进行了认真的战斗。

1940 年 5 月 10 日,希特勒调兵西进,对荷兰、比利时、卢森堡等国和法国发动突然袭击。当天,张伯伦在一片责难声中下台,丘吉尔出任首相兼国防大臣。不久,前线战局急转直下,5 月底,英国远征军从敦刻尔克仓皇撤退;6 月 22 日,法国宣布投降。纳粹德国的势力席卷整个西欧,并准备入侵英国本土,纳粹空军对英国进行了大规模空袭,英国处于民族危亡的严峻时刻。在这历史的紧要关头,身为首相的丘吉尔临危不惧,发出了坚定的誓言:"我们的政策是用上帝所能给予我们的全部能力和全部力量在海上、陆上和空中进行战争","不惜一切代价去争取胜利;无论多么恐怖也要去争取胜利;无论道路多么遥远和艰难也要去争取胜利;因为没有胜利就不能生存"。丘吉尔断然拒绝了希特勒的"和平"建议,领导英国人民进行保卫英伦三岛的战斗。为了改变孤军作战的困境,丘吉尔展开积极的外交活动,采取一切措施努力争取同盟者,首先大力争取美苏两国的支持和参加。

1941 年 6 月 22 日,德国大举入侵苏联。丘吉尔立即表示英国将同苏联联合对德作战,在当天晚上发表广播讲话说:"最近 25 年以来,没有一个人比我更始终不渝地反对共产主义了,凡过去我说过的有关共产主义的话,我一个字也不想收回。但是,在此刻正在展开的景象面前,所有这一切都变得黯然失色了。俄国所受到的威胁,也就是我国和美国所受到的威胁……我们当然要尽我们所能去帮助俄国和俄国人民。”1941 年 7 月 12 日,英苏两国签订了在对德作战中联合行动的协定。8 月,丘吉尔与美国总统罗斯福在纽芬兰签署了《大西洋宪章》。苏德战争爆发不到两个月,长期以来屡遭挫折的国际反法西斯统一战线终于初步形成,丘吉尔对此起了积极的作用。在大战过程中,丘吉尔作为同盟国的主要领导人之一,出席了苏、美、英三国领袖在德黑兰、雅尔塔和波茨坦举行的重要会晤,为争取反法西斯战争的最后胜利作出了一定贡献。

作为英国垄断资产阶级的政治代表,丘吉尔参加反法西斯战争的目的是维护英国的霸权利益。因此,随着第二次世界大战的胜利,当德、意、日法西斯的覆灭已成定局,战后划分势力范围的问题提到日程上来时,他反苏、反共、反对民族解放运动的政治立场越来越明显地表现出来,英国同苏联及美国之间的矛盾和斗争也日益突出。丘尔吉再三拖延在法国开辟反对德国法西斯的第二战场,力图把战争的重担更久地压到苏联身上,尽可能地削弱苏联的力量。为了阻止苏联控制东欧,恢复英国在巴尔干地区的传统势力范围,丘吉尔竭力主张在所谓“欧洲柔软的下腹部”即巴尔干地区开辟第二战场,并企图在南斯拉夫、希腊、波兰等国恢复资产阶级政权的统治。1944 年 10 月丘吉尔访问莫斯科期间向斯大林提出了划分巴尔干势力范围的方案。丘吉尔拼命反对殖民地的民族解放运动,也绝不允许其他国家染指英国殖民地。1945 年 2 月在雅尔塔会议上,美国提出的关于由联合国托管英国殖民地的计划使丘吉尔暴跳如雷。他宣布,只要他当一天首相,就决不会放弃“哪怕是一小块不列颠土地”。1944 年 12 月,丘吉尔曾派军队血腥镇压希腊人民的革命力量。

1945 年 7 月,大战还没有最后结束,保守党在英国大选中失败,丘吉尔丢掉了首相职务。对于在最后胜利即将到来的时刻被赶下台,丘吉尔很悲伤,他抱怨英国人忘恩负义。可是他并未就此退出政治舞台。他始终认为自己是最有资格统治英国、“是能够对付俄国的唯一的人”。1946 年 3 月 5 日,丘吉尔访问美国时,由美国总统杜鲁门陪同,在富尔顿发表了题为《和平砥柱》的著名演说。他鼓吹美英联合,共同对付苏联和国际共产主义运动,叫嚷不能对苏联和所谓“共产主义的威胁”“采取绥靖政策”。美国抓住丘吉尔的富尔顿演说，掀起反苏浪潮，拉开了战后“冷战时代”的序幕。同时，丘吉尔还致力于西欧联合。1946 年 9 月，他在瑞士苏黎世的一次讲话中提出了建立“欧洲合众国”的主张。他说，为了拯救欧洲必须“重建欧洲大家庭”，建立“一种类似欧洲合众国的组织”。1948 年 5 月，在海牙召开的讨论欧洲统一问题的会议上，丘吉尔被推为名誉主席。为了加强英国在世界事务中的作用，他在 1948 年的保守党年会上全面阐述了所谓“三环外交”的政策，提出第一环是英联邦和英帝国；第二环是包括英国、加拿大和美国的英语世界；第三环是联合起来的欧洲。丘吉尔认为，“一旦它们联结在一起，就没有任何力量的结合足以推倒它们”。英国“则是在这三环的每一环中都占有重要地位的唯一国家”。

战后，民族解放和人民革命运动迅猛高涨，大英帝国的殖民统治和霸权地位呈现土崩瓦解之势，印度、巴基斯坦、缅甸等英国的一些主要殖民地相继摆脱殖民统治。为了应付这种局面，英国统治阶级再度起用丘吉尔。1951 年，77 岁的丘吉尔又一次出任首相。但是，丘吉尔也没有回天之力来阻止大英帝国的崩溃，在他任内，英国殖民地的民族解放运动继续发展。1955 年，心力交瘁的丘吉尔辞去首相职务，宣告退休。

晚年，丘吉尔对于自己终生为之效力的事业仍然念念不忘。1963 年 4 月 9 日，在接受美国“荣誉公民”的称号时，他发表书面讲话说：“我不同意那种认为英国和英联邦现在应在世界上扮演默然听命和次要角色的见解。”“谁也别想永远低估我们的精力、潜力和恒久不衰的力量。”可是，大英帝国的没落是无可挽回的。丘吉尔在回顾自己的一生时，也只能无可奈何地承认：“我曾取得过很多成就，但到头来却是一场空。”1965 年 1 月 24 日，丘吉尔逝世，享年 91 岁。

丘吉尔不仅是一位政治家，也是演说家和作家。他的主要著作有《第二次世界大战回忆录》（6 卷）、《英语民族史》（4 卷）、《世界危机》（6 卷）、《马尔巴罗的生平与时代》（4 卷）等。

本文原载《世界史研究动态》1982 年第 4 期

# 论太平洋战争前美国远东战略及其演变(1931—1941年)

王斯德　李鉅廉

太平洋战争是日本和美国争夺远东太平洋地区霸权斗争的产物。从卢沟桥的隆隆炮声到珍珠港的熊熊火海,美日之间的斗争,纵横捭阖,云谲波诡,变幻莫测。科学地分析太平洋战争前美国在远东的战略,无疑对认识这一时期复杂多变的远东国际形势和探求太平洋战争的起因和教训,具有十分重要的意义。

太平洋战争前,美国推行的远东战略包含什么内容?史学界的认识并不一致。长期来国内外流行着一种说法,即同"二战"前英国在欧洲推行名为"慕尼黑政策"的绥靖战略一样,太平洋战争前美国在亚洲也推行名为"远东慕尼黑"的绥靖战略。它是由三个主要方面构成,一是对日的妥协政策,二是对华的出卖政策,三是对苏的嫁祸政策,也就是日美妥协、牺牲中国、把日本的侵略矛头引向苏联。

能不能把这一期间美国的远东战略概括为"远东慕尼黑"的公式,简单地类比为张伯伦的对德绥靖战略呢?值得商榷。

## 一

对日政策是美国远东战略的核心部分。美国和日本在远东太平洋地区的矛盾和斗争由来已久。第一次世界大战后,美国面临两大竞争对手,一个是英国,一个是日本。从全球观点来看,控制国际联盟、拥有遍布全球的殖民地和势力范围的大英帝国,是美国的主要敌人,但是这个已开始走向衰落的老牌帝国主义国家,并无对美国进行武装威胁的企图和力量。美日矛盾却是在另一种情况下展开的。日本同美国一样,也是在"一战"中发了财的后起的帝国主义国家,正处于加紧扩张的势头上。虽然日本的扩张一时间还主要在亚太地区,但它日益发展的军事实力和野心,构成了对美国的真正威胁。因此,美国认为"太平洋将成为下次争霸的战场","日本是可能性最大的敌人"。

1921—1922年的华盛顿会议,是美日矛盾尖锐的结果,也是谋求缓和两国矛盾的努力。美国在会上迫使日本接受"维护中国领土完整""门户开放"的原则,取得了共同掠夺中国的"均等机会",打破了日本独占中国的美梦。美日矛盾以日本的妥协、退让暂时得到缓和,但是华盛顿会议没有消除日美之间的矛盾和争斗。日本处心积虑地以美国为假想敌人,积极准备以武力打破华盛顿会议建立起来的太平洋"秩序"。美国也以日本为主要对手,1924年9月制订了"橙色对日作战计划",1928年又进行了重大修改,准备有朝一日一决雌雄。

1929—1933年经济大危机爆发时,日本于1931年发动对我国东北地区的侵略,猛烈冲击了华盛顿会议所确立的有利于美国的远东"秩序",日美矛盾又重新开始尖锐起来。不过当时日本对我国东北地区的侵略,对美国利益触动不大,美国不愿为此而影响到在经济危机期间显得十分重要的美日贸易关系,再加上国内孤立主义势力的牵制,因此推行了"不承认主义"政策,力图调和美日矛盾。1933年罗斯福上台后,在其第一任总统期间,因穷于应付国内经济问题,无力在国际斗争中采取主动行动,基本上承认了"不承认主义"政策。虽然,罗斯福对美日矛盾的性质和发展形势,认识是比较清楚的。他在就任总统后的第二次内阁会议上,就指出了美日发生战争的可能性①。但整个来说,美国这时的对日政策,绥靖的一面是主要的。美国除了发出要求日本遵守国际公约和中日双方停止战斗的呼吁外,对日本侵占我国东北地区没有采取任何制裁行动。

1937年7月7日,日本对中国发动全面侵略战争,美国的在华利益进一步受到威胁,罗斯福的对日政策开始有所转变。这一年的10月5日,罗斯福在芝加哥发表了著名的"防疫演说",不指名地谴责了日本的侵华行动,并指

① 格罗里亚·巴伦:《未击中的领导——罗斯福走向干涉之路》(*Leadership in Crisis, FDR and the path to intervention*),纽约1973年版,第10页。

出在这种侵略威胁的发展下,美国也将难以幸免,西半球将受到攻击,表示美国赞同用集体行动共同对付侵略者。1938年,日本进一步扩大侵华战争,侵占了大片中国土地,11月日本政府正式宣布建立“东亚新秩序”,叫嚷着“不辞与第三国一战”的决心,打破“门户开放,机会均等”的“旧秩序”,夺取英、法、荷的势力范围,独霸亚洲。对此,罗斯福政府做出了一系列反应。1938年12月31日,美国照会日本政府,强烈反对日本政府建立“东亚新秩序”的行动,表示“美国政府不承认任何一国有必要或有理由在一个不属它的主权的范围内规定一个‘新秩序’的内容和条件,并自命为这个新秩序”的主宰”。[①] 1939年5月17日美国国会通过《海军扩建法》,计划10年内建造115万吨军舰。6月30日又签订美、英、法三国海军相互使用港口和协同行动的协定。同年7月26日,美国宣布《日美通商航海条约》到期后不再续约[②],表示美国对日本的行动不再置若罔闻。但是,当时美国由于种种原因,如军事实力的相对不足、基本属于“和平型”的国民经济结构、强大的孤立主义势力,以及忙于应付空前严重的经济危机所引起的国内问题等,还缺乏对付日本挑战的充分准备和有力手段。另一方面,法西斯国家的侵略扩张,当时首先指向的是英法等老牌帝国主义国家及其势力范围,美国不愿站到第一线去对付危局。罗斯福政府当时就认为,“我们在远东的利益较英国为小”[③],美国没有必要在解决远东危机中“充当心甘情愿的领袖”。所有这些使美国在这期间基本上采取了“不干涉”的绥靖立场。美国国务卿赫尔的多次声明都仅仅强调日本的行动“对于美国在中国的权益亦有影响”,表示“美国所关心的是保全在华美国人的生命财产”。在布鲁塞尔举行的《九国公约》签字会议上,美国没有同意苏联代表提出的对日采取集体制裁的建议,也没有采取任何制裁措施。

美国还对日本实行经济绥靖政策。尽管日本在中国和亚洲地区的扩张不断损害美国的利益,美国却迟迟不肯对日本实行经济制裁,而把大量战争物资源源不断地输往日本。1937年美国出口日本的物资中战争物资占58%,1938年占67%,1937—1940年美国提供给日本13.6多亿美元外汇,直接供给

---

① 美国国务院编:《和平与战争,1931—1941年的美国对外政策》(*Peace and war*, *United States foreign policy* 1931—1941)第123号文件,华盛顿1941年版。

② 《日美通商航海条约》签订于1911年,1940年1月26日到期。

③ 《科德尔·赫尔回忆录》(*The Memories' of Cordell Hull*)第1卷,纽约1948年版,第553页。

日本10亿美元物资,其中绝大部分是作战物资。日本所急需的战争必需品石油、废铁和飞机零件多数从美国进口。1939年日本进口的石油90.8%来自美国,而在日美关系十分紧张的1941年1至8月,美国输往日本的石油为222.5万桶,超过1939年的214.6万桶。日本是个先天资源贫乏的国家,如果没有美国的经济输血,它是很难发动大规模侵略战争的。政治上的姑息,经济上的扶植,表明美国这一时期的对日政策,绥靖仍是主导方面,这是不可抹杀的历史事实。

但是,必须指出,美国是个新发展起来的帝国主义大国,自"一战"以来一直觊觎着世界霸权,罗斯福历来认为"美国的边疆在全世界"。法西斯国家在欧亚的侵略扩张,不可避免地激化了同美国的矛盾,迫使美国逐渐采取对抗制裁的措施,以维持其在远东的利益。这种趋向,在欧洲战争爆发后,特别是法国败降后,更加明显。

"德国法西斯战争机器的暂时胜利,使日本人的头脑如醉如痴"①。1940年春,日本趁英、法、荷老牌殖民主义国家无暇东顾之机,企图夺取资源丰富的南洋。1940年4月15日,日本外相有田八郎发表声明,为侵夺荷属东印度制造舆论。美国把这看作日本准备南下的信号,立即做出反应。4月17日,美国国务卿赫尔发表公开声明,反对日本干涉荷属东印度的事务或改变其现状。这时,虽然美国驻日大使格鲁正和日本外相有田八郎就"中国事件"进行外交接触和谈判,但美国仍然采取了比较强硬的态度。日本在会谈中要求美国:采取临时措施弥补日美商约的废除;停止对蒋介石的援助,同日本合作"建中国";承认"东亚之新状况",双方在太平洋保持自己的势力范围。美国坚决反对日本的这个建议。赫尔认为,同意日本这些条件,无疑是承认日本"在世界东半部的霸权"。美国针锋相对地提出了自己的反建议,要求日美双方宣布保证维持欧洲各交战国在太平洋势力范围的现状,也就是不准日本把手伸向南洋。

法国败降后,日本外相有田八郎6月29日发表所谓"大东亚共荣圈"的声明,将英、法、荷在太平洋的领地,甚至菲律宾、澳大利亚和新西兰都纳入"共荣圈"。对此美国反应强烈。6月底,美联合委员会宣布将子午线以东的

---

① 约瑟夫·G·格鲁:《在日本的十年》(*Ten years in Japan*),第325页。

英法领地归入门罗主义的范围内。同时,罗斯福总统下令集结在夏威夷进行例行训练的太平洋舰队,不再按惯例返回美西海岸而继续留驻夏威夷,以便对日本的南进有所"威慑"。7月3日,罗斯福又宣布将对武器、军事器材和铝、镁等物资的出口,实行许可制度,以此对日本施加经济压力。美日矛盾日益紧张。

7月22日,主持发动全面侵华战争的近卫文麿第二次上台组阁,公然宣称,建立以日本为核心的大东亚新秩序。7月29日,日本御前会议通过了《基本国策纲要》,确定南进为主要侵略方向,要求尽快结束东侵对华战争,加紧同德意联盟,做好对美英开战的准备,以便寻找良机使用武力吞并南方。8月1日,日本外相松冈洋右发表"大东亚共荣圈"的声明,把东到新西兰、南到澳大利亚、西到印度的整个亚太地区都圈到了日本统治的范围内。9月23日,日本军队进驻印度支那北部,迈开了夺取东南亚和南洋的第一个实际的军事"步伐"。9月27日,德、日、意在柏林正式签订了矛头直指美国的《三国军事同盟条约》。日本独占亚太地区的南进侵略行动,把日本和美国推到了战争的边缘。

人们通常将1940年年底开始酝酿并延续到珍珠港事变的日美谈判,称为罗斯福玩弄的"新远东慕尼黑阴谋"。但事实上,这期间美国的对日政策,同1938年张伯伦在"二战"前的对德政策不完全相同。

首先,张伯伦的对德绥靖,是当时英国整个外交政策的战略方针和基础,而法国败降后罗斯福的对日绥靖,则是产生于"先欧后亚"战略方针下的策略。这时美国面临着德日两个法西斯国家分别从大西洋和太平洋两个方面的威胁。三国轴心的军事同盟条约,形成对美国的一种钳形攻势,"美国的生活方式受到了前所来有的威胁"。1940年9月28日,即德、意、日《三国军事同盟条约》签字后第二天,罗斯福召开了高级决策会议,确定了"先欧后亚"的战略方针,在大西洋对德国的侵略扩张采取攻势;而为了集中力量对付德国,在太平洋对日本采取守势,并力图通过谈判避免或推迟同日本的冲突。

其次,与张伯伦签订《慕尼黑协定》为终点的英德谈判不同,罗斯福在1941年进行的对日谈判,不是一味地退让,而是同遏制措施相互配合、并行不悖的一种软硬兼施的"又拖又挡"的政策。在日本咄咄逼人的攻势下,罗斯福强调必须“做点实际的事,让日本明白我们是认真的,我们一点也不怕它”。[①]早在1940年7月26日,罗斯福宣布实行凭许可证购置航空汽油、飞机润滑油及高质废钢铁,同时下令增加陆军兵员和扩大军用飞机的生产,增派一批军舰和飞机到菲律宾去加强防御力量。此外,罗斯福还给国民党中国政府50架新式飞机和一批货款,企图通过援助促使蒋介石中断1939年11月开始的日蒋谈判。在整个对日谈判过程中,美国始终坚持了自己的“原则”,对日本的每个方案都提出了反建议。谈判一开始,美国就明确提出赫尔的“四原则”:尊重所有国家的领土和主权完整的原则,不干涉他国内政的原则,平等(包括商业机会均等)的原则,太平洋现状不得使用武力改变的原则。1941年7月23日,维希政府接受日本在印度支那南部建立海军基地的要求,28日日军开进印度支那南部,公然用武力行动否定赫尔提出的“四原则”。美国对此采取了严厉的制裁措施。25日,罗斯福下令冻结日本在美资产。8月1日,美国宣布对日本实行除大米和棉花以外的全面禁运,并一度中断了日美谈判。8月24日,罗斯福指出,远东形势将有“武装冲突”的危险,美日关系已接近“危险点”,并第四次召见野村,警告日本必须停止扩张活动,否则美国将立即采取一切必要手段;如果日本能停止扩张并沿着美国所提出的那些方案和原则的路线参加一项太平洋和平方案,那么美国将考虑恢复美日谈判。8月26日,日本建议举行日美首脑会谈。赫尔提出首脑会谈前必须在三个问题上取得一致意见,作为先决条件:日本从中国撤军;日本改变与三国同盟的关系;太平洋地区贸易机会均等。日本拒绝美国提出的先决条件,首脑会议终于告吹。

第三,与幻想通过《慕尼黑协定》缔造“一代和平”的张伯伦不同,罗斯福在整个日美谈判中,并未完全沉醉于和平的幻想之中。他在读了“日美谅解方案”后说:“他们(日本)恨我们。他们靠拢我们,从牙缝里发出嘶声说:‘总统先生,我们是你们的朋友,日本无所求,也希望与美国友好。’然后,他们又从牙缝里发出嘶声。我们知道他们正在准备揍我们。啊,他们恨我们,迟早他们还会对我们动手。”[②]1941年10月16日,日本近卫文麿内阁在军部的压

① 威廉·兰格和S·格利森:《未宣战的战争,1940—1941》(*The undeclared war*,1940—1941),纽约1953年版,第36页。

② 威廉·兰格和S·格利森:《未宣战的战争,1940—1941》(*The undeclared war*,1940—1941),纽约1953年版,第325页。

力下辞职,东条英机继任首相。罗斯福得知这个消息后立即召开战时高级军政联络会议磋商对策,同时,海军作战部部长斯塔克下令太平洋舰队司令金梅尔采取预防性警戒措施。11月上旬,美国从截获的大量日本外交密码电报中得知日本决定:“决心对美、英、荷开战”,并“将发动武装进攻日期定为12月初”。美日谈判的最后日期限定为11月29日,如果美国到时不接受日本提案,日本即将发动战争。这时美国政府的态度,可从野村吉三郎11月14日给外相东乡茂德的电报中反映出来:“美国政府决心在不从事战争的范围内,尽一切可能手段来阻止日本采取进一步行动,无论是南进或北进,但他们已不愿再犯慕尼黑式的错误。如果要他们在这点上让步,他们毋宁毫不踌躇地从事战争。”①11月20日野村向赫尔提交了日本最后一个谈判方案,要求美国不得向东南亚及太平洋地区实行扩张,解除对日本的“经济封锁”,不得阻碍日本对蒋介石的诱降活动。美国当然不会接受。为了尽可能把谈判拖下去,11月22日美国国务院远东司奉命起草了休战三个月的临时性方案,对日本做出了若干让步。罗斯福在这个方案上批注道:“我们不抱多大希望,我们必须准备对付真正的乱子,可能很快会发生。”②罗斯福在11月25日白宫举行的战时高级军政联合会议上,根本不提欧洲战事而专谈日本,并强调:“美国可能在下星期一(12月1日)遭到攻击,因为日本人素以不加警告就进行攻击而臭名昭著。问题在于我们该怎么办。问题是我们应该怎样调动他们到对我们不致过于危险的阵地去放第一枪。”③这时,美国已意识到美国的利益与亚洲的局势已使美国不能再完全置身事外,而这个临时方案也因中国等国反对而终于被扣住不发。11月25日,赫尔重新起草了《美日协定基本纲要》,即《赫尔备忘录》,严词要求日本:从中国和印度支那撤出全部军队;不支持伪满和汪伪政权;日本不能参加与保持太平洋地区和平相抵触的协定,实际就是要求日本退出德、意、日三国军事同盟。26日,赫尔将“纲要”交给野村吉三郎和来栖三郎,日本认为这是“美国已决心对日作战”的“最后通牒”。27日,赫尔

---

① 《远东军法庭判决书》,第408页。

② 约瑟夫·纳什:《罗斯福与丘吉尔,1939—1941》(*Roosevelt and Churchill* 1939—1941),纽约1976年版,第469页。

③ 特雷福塞编:《珍珠港事件真相——1941年12月7日日本袭击珍珠港及其背景文件集》(*What happened at Pearl Harbor? Documents pertaining to the Japanese attack of December* 7, 1941 *and it's background*),纽约1958年版,第139页。

对陆军部部长史汀生说,“现在该是你和诺克斯(海军部部长)——陆军和海军来干了”①,断然采取了迎战的姿态。这表明,日美不可调和的矛盾终于导致了太平洋战争的爆发。

综上所述,虽然美国出于种种原因和考虑,对日本一直抱有妥协求和的愿望,做出过某些退让,“远东慕尼黑阴谋”也确实在美国统治集团某些人的头脑中盘算过,但美国始终在根本问题上未做出慕尼黑式的让步,而且客观现实使美国统治集团不得不采取必要的制裁手段来阻碍日本的扩张,维护自己的既得利益。整个美国对日政策,随着形势的发展,绥靖的色彩日益消减,强硬的趋向日益明显,最后强硬立场成了主立场。事实证明绥靖不是美国在太平洋战争前对日政策的全部内容,也不是始终占主导地位的因素。

## 二

对中国的政策是美国远东战略的重要部分,中国既是美日争夺的主要对象,也是美国用来对抗日本的重要力量,或者是被当作谋求日美妥协的交换品。

怎样评价太平洋战争前夕美国的对华政策呢? 有人认为,美国对华政策的本质是把中国当作牺牲品,以实现日美妥协,共同瓜分亚太地区,1941 年的日美谈判就是典型。我们认为,这种认识是片面的。无疑,日美谈判过程中,美国曾经企图牺牲中国的部分利益以推迟日本向美国进攻的时间。1941 年 5 月,赫尔在与野村吉三郎的谈判中曾表示:只要日本不在南洋发动进攻,美国帮助日本从“不幸的中国战争”中脱身是不难办到的。② 5 月 16 日,赫尔在美国提出的方案中又重申在日美双方达成协议的前提下,美国将建议中日双方进行和平谈判——“满洲问题通过友好谈判处理”,妄想在事实上承认日本用

---

① 特雷福塞编:《珍珠港事件真相——1941 年 12 月 7 日日本袭击珍珠港及其背景文件集》(*What happened at Pearl Harbor? Documents pertaining to the Japanese attack of December 7,1941 and it's background*),纽约 1958 年版,第 141 页。

② 美国国务院:《美国对外关系外交文件集,1941 年》(*Foreign Relations of the United States Diplomatic Papers* 1941)第 4 卷《远东》,第 429~430 页。

武力制造的伪满洲国,以换取日本从中国关内撤军。6月21日,美国又表示愿意在一定条件下,“建议重庆政府为结束敌对行为及恢复和平关系,参加同日本的谈判”。临战前,罗斯福为推迟日本的进攻时间又设想了一个“权宜方案”,其中一条是“美国将介绍日本与中国直接进行友好对话,和平解决两国的分歧”。[①] 11月17日罗斯福在接见日本新派来的特使来栖时,再次表示:“本政府可以将日本和中国作互相介绍并告诉他们去进行其余的或详细的调整。”这一切说明,1941年的日美谈判中,美国确实想通过牺牲中国的部分利益,缓和同日本的关系。

但是,罗斯福政府并不打算,也不愿意把中国出卖给日本,因为在它看来,“假如没有中国,假如中国被打下了……他们马上可以打下澳洲,打下印度。他们可以不花力气地把这些地方打下来,他们并且可以一直冲向中东”。所以在整个谈判过程中美国始终在中国问题上坚守基本立场,即日本必须从中国撤军,日本不能独占中国。5月28日,野村对赫尔表示日本从中国撤兵不适用于为共同“防共”而驻在中国的军队,日本要求在河北、山东、山西、察哈尔、绥远保留驻军。当时日本以这些地区是共产党活跃的地区为借口,并强调这是同美国达成协议的必要条件。日本虽然打出了反共的旗帜,但是美国并未被反共的幌子蒙住眼睛,落入日本的圈套。5月31日和6月21日,美国提出的反建议中,都坚决反对日军留驻中国。双方因撤军问题争执不下,致使谈判暂时搁浅。

1941年10月,东条英机取代近卫文麿组阁后,日美谈判进入最后阶段。日本提出以美国不得干涉日本“调整中国事件”的行动,作为日美妥协的先决条件。美国严加拒绝,而且在中国问题上坚持更为强硬的立场。11月26日,赫尔提出的《美日协定基本纲要》,严词要求日本政府“从中国以及印度支那撤出一切陆海空军和警察力量”,“把一切恢复到‘九一八’事变以前的状态”;并且要求美日双方“除了承认以重庆为临时首都的中华民国政府外不支持(包括军事上、政治上和经济上)任何其他政府”,实际是要求日本不支持伪满和汪伪政权。

恰恰就在这时,美国加强了对中国的援助。这一方面是因为日本加紧了

---

① 查尔斯·彼尔德:《罗斯福总统与1941年战争的来临》(*President Roosevelt and the coming of the war*),纽黑文1948年版,第511页。

南进的态势，严重威胁着美国在远东的利益，美国感到需要利用中国人民的抗日斗争来牵制日本的南下，把日军的主力控制在中国。罗斯福指出："保卫中国即是保卫美国的关键。"①另一方面，"七七事变"后，中国人民在中国共产党领导下掀起了抗日高潮，粉碎了日寇3个月灭亡中国的美梦，使大量日军陷入中国战场（日本陆军总兵力50个师的70%的兵力投入中国战场），显示了中国人民的伟大战斗力量。美国从这一现实中认识到中国抗日战争在其远东战略中具有重要地位，颇有利用的价值。美国驻日大使格鲁认为援助中国是美国最有利的"自卫方略"。② 副国务卿威尔斯也认为，"德国在俄国节节取胜，以及这些胜利有可能被日本认为是它可以采取进一步侵略行动的机会，都使我国在尽可能短的时间内给予中国有效的援助这件事变得更加重要了"，迅速、切实地援助中国是美国"自卫事业中"十分重要的方面。1941年9月美国军方拟订的《对世界战争和综合基本战略的估计》也认为，对付日本的战略方法之一是推动"中国人对日本占领军发起进攻"。从1940年下半年起，美国逐渐在财政和军事物资上加强对中国的援助，陆续给中国一些贷款和飞机等武器。1941年1月，罗斯福自己的助手克里到中国，以便全面研究中国的政治、经济和军事情况，了解美国一旦和日本开战"在多大程度上可以依靠中国"。1941年夏，以克莱格特少将为首的美国空军使团到达中国，进一步研究在中国建立空军基地和帮助中国训练空军等问题，同时，美国还准许现役的航空人员加入空军预备队并参加中国空军；1941年8月底，又派麦鲁德准将为首的军事代表团到重庆，研究如何加强对中国的军事援助。8月初，又在中国空军中设立了以陈纳德少将为指挥的"P-40"飞机飞行小组。当然，当时美国对外援助的重点是在欧洲的英国，对华援助实际上并不很多。但这表明了一个动向：美国在太平洋战争前，援华制日的倾向大于勾结日本、牺牲中国的倾向。

还有一种意见认为，美国为什么要牺牲中国搞"远东慕尼黑"呢？是因为"怕中国人民力量的兴起危害他们的利益"。无可否认，帝国主义在历史上一贯极端仇视中国人民的革命运动，支持中国反动派血腥镇压中人民革命。但

① 《中美关系资料汇编》第1辑，世界知识出版社，第99页。

② 格鲁：《东京归来》，中外出版社1943年版，第9页。

是在日本野心勃勃地试图用武力独占亚太地区,首先直接威胁和严重损害了美国在中国和亚洲的利益。在美日矛盾成为美国在远东面临的主要矛盾的情况下,罗斯福政府在对中国共产党采取了正确的国际统一战线政策的条件下,对中国共产党领导的革命力量的态度发生了转变。为了阻止日本独占中国和整个亚太地区,美国不仅加强对蒋介石政府的支持与援助,而且在一定程度上希望中国各种抗日力量联合起来共同抗击日本。美国当局从各种渠道了解到中国共产党领导下的人民武装力量是抗日积极的力量,因此太平洋战争爆发前夕曾在某种程度上反对蒋介石挑起内战,认为这将会削弱中国抗日的力量,并要蒋介石"暂时克制同共产党的内部斗争"。1941年1月,蒋介石制造皖南事变,掀起反共高潮,美国曾对此表示反对。当时,美国驻华代理武官巴雷特上校,曾对苏联驻华武官和蒋介石的总军事顾问崔可夫说:"我们对国民党对新四军所采取的行动表示了否定的态度。这有碍于抵抗日本的进攻","如果日本人在中国感到吃紧,他们就会节制自己向南方和向北扩张的野心"。[①] 美国驻华大使高斯及武官为促进国共联合抗日也做了一些工作。

总之,太平洋战争前夕美国的对华政策具有双重性,但主要倾向不是牺牲中国而是阻止蒋介石投降日本,促使蒋介石积极抗日;不是害怕中国人民革命力量的兴起,而是希望中国各种抗日力量联合抗日。正是考虑到美国对华政策的这一转变,中国共产党当时提出了包括美英在内的国际反法西斯联盟的正确外交政策,从而为中国抗日战争创造了有利的国际环境。

## 三

对苏政策是美国远东战略的另一重要部分。

太平洋战争爆发前,美国对苏联采取了什么政策?有人把它概括为"祸水北引",认为1941年美国酝酿"远东慕尼黑阴谋",就是"为了把日本侵略矛头引向苏联"。我们认为这也需要作具体分析。我们应当承认,美国统治集团中始终有一部分人顽固地力图玩弄张伯伦"祸水东引"式的把戏,挑动日本

---

① 崔可夫:《在华使命》,新华出版社,第81页。

向北进攻苏联。直到苏德战争爆发后仍然有人念念于此。1941 年 7 月，日本力图侵占印度支那南部，美国政府中相当一部分人主张对日本实行全面禁运，但海军作战部部长斯塔克反对实行全面禁运。他说"禁运会使（日本）对马来亚、荷印进攻，使美国参加太平洋战争。美国将来即使参加太平洋战争，也应等到日苏开战"①，流露了"祸水北引"的意向。

但是，在 20 世纪 30 年代法西斯侵略日益猖獗，美国利益受到严重威胁的情况下，美国对苏政策也有联合的一面。1937 年日本发动全面侵华战争后，罗斯福政府一直企图利用苏联在远东牵制日本。1938 年 1 月，罗斯福总统指示驻苏大使戴维斯向苏联领导人探寻双方陆、海军建立联系的可能性，以便交换关于日本和远东局势的情报。1937 至 1939 年间，苏美双方曾就美国为苏联建造海军舰只问题进行一系列谈判，并取得了一定进展，后由于欧战爆发，谈判才中断。②

法国败降后，特别是苏德战争爆发后，美国从全球战略出发，对苏联主要采取了联合和支持的政策。法国的败降使希特勒称霸世界的气焰骤然嚣张，美国日益感到自身的安全受到致命的威胁。罗斯福认为，"如果英国陷落，战争的灾难对美国就是不可避免的"，因此全力支持英国。苏德战争爆发后，美国感到苏联是抵挡希特勒侵略的重要堤防，"因为只有俄国拥有充足的人力，并位于有利于接近德国军事力量的中心地区"③；认为"如果我们现在帮不了他们，俄国人说不定会垮台，而当希特勒最后解除东顾之忧时，他便可以集中全力在西方对付我们"；同时，"俄国人的抵抗已经给我们以新机会，已经把西欧的德国部队搞得空空的，而且暂时阻止了轴心国在其他可能作战的战区采取攻势活动"。④ 哈里曼甚至说，美国"今天唯一的军事问题是如何帮助俄国"。事实上，美国当时并不希望，更未唆使日本进攻苏联。因为一旦日本进攻苏联，苏联将处于东西夹攻状态；如果苏联失败，美国自己将第一个尝到苦果。1941 年 7 月，哈里曼在莫斯科会见莫洛托夫时转达了罗斯福的意见：美

---

① 美国国会两院联合调查珍珠港事件委员会编：《偷袭珍珠港事件听证会记录》第 5 卷，第 2382 页。

② 兰格和格利森：《对孤独的挑战，1937—1940》（*The challenge to isolation*），纽约 1952 年版，第 127～128 页。

③ 舍伍德：《罗斯福与霍普金斯》中译本上册，第 561、531、532、449、450 页。

④ 舍伍德：《罗斯福与霍普金斯》中译本上册，第 561、531、532、449、450 页。

苏友好关系是北太平洋稳定的可靠保证,这种关系将因日本人在西伯利亚的冒险行动而受到危害,美国不能眼看着那个地区的任何部分被日本占领而处之泰然,美国人民不会同意日本进一步在西伯利亚摄取一个支撑点①,明确表示美国反对日本进攻苏联。7月4日,美国驻日大使格鲁向日本政府递交的声明中警告日本,如果对苏联采取侵略行动,将违背美国主张维持太平洋和平的愿望。另外,苏联的存在也是牵制日本的重要力量。美国军方认为"如果遏制日本,就势必要由俄国保持东西伯利亚",如果苏联遭到失败,美国将在未来的日美战争中失去潜在的同盟者。所以,无论欧洲还是亚洲的形势都使美国统治集团的大部分人员主张联合苏联、支持苏联,并不主张唆使日本北上,从而使苏联陷于困境。苏德战争爆发后,美国立即宣布支援苏联。罗斯福派亲信顾问普金斯前往苏联研究并制定具体援助计划,11月7日美国宣布将租借法扩大到苏联,从物质上支持苏联和德国战斗下去。上述事实表明,美国在太平洋战争前对苏政策不能简单归结为"祸水北引",更不能把美国对日本的妥协、姑息都归为换取日本反苏。

太平洋战争前美国对日本确有姑息、绥靖的一面,这是有更为深远的历史背景和更为复杂的决策动机的。

第一,害怕对日制裁会影响美日贸易。这点在前期是起主要作用的。第一次世界大战后美日贸易关系十分密切,在美国对外贸易中,日本远比中国的地位更重要。据1935年统计数据,在美国与远东的贸易中,对日贸易占43%,对华贸易仅占14%;1938年美国对外总输出中日本居第三位,占7.7%,中国居第22位,仅占1.1%。在美国总输入中,日本居第二位,占6.5%,中国则居第14位,仅占2.4%。美国垄断资本家对美日经济关系是十分重视的,特别是1929—1933年经济危机爆发后,美国把维持和扩大对日贸易看作摆脱危机的一条生路,担心削减或断绝美日贸易会加深危机。因此,美国垄断资产阶级认为,为了中国的利益而与日本结仇是不值得的。"九一八事变"后,美国驻华公使詹森坦率承认:"美国不同意制裁日本,因为那样做会破坏日本的

① 舍伍德:《罗斯福与霍普金斯》中译本上册,第561、531、532、449、450页。

经济,从而危害美国的对日贸易。"[1]1937 年七七事变后,美国舆论界认为,"美国对中国的一年贸易额,还抵不上美国与日本一个星期打仗的战争费用"。[2] 正是这种短视的经济观点,促使美国在 20 世纪 30 年代的对日政策上,涂上了浓重的绥靖色彩。

第二,孤立主义势力的掣肘。孤立主义势力在美国有较深远的影响,"一战"后强化了。他们鉴于美国在战后分赃中获利太少,认为用美国的人力、财力去为别国打仗有损美国利益,毫无必要。他们要求集中精力解决国内问题,反对干涉欧洲事务,也反对卷入太平洋战争,叫嚷着"我们不为欧洲人的殖民事业火中取栗"。孤立主义势力还利用美国社会中强烈的和平主义反战情绪壮大自己的政治声势,左右美国舆论,极力阻挠罗斯福政府为阻遏法西斯侵略而做的努力,直接影响了美国的外交政策。1937 年 10 月 5 日,罗斯福发表矛头针对日本法西斯的"防疫演说",结果遭到孤立主义势力的猛烈攻击。罗斯福对此感慨地说:"你一心想带领人们前进,可是掉头一看没有一个人跟着,这真可怕。"直到 1940 年 7 月,美国《幸福》杂志就日美关系向全国企业界代表人士(1.5 万名)进行了一次调查,结果主张绥靖的占 40.1%,主张任其自然的占 35%,主张实行强硬政策的占 11.1%。出于政治需要,罗斯福不得不"顺从民意",迁就舆论,见风使舵,步步前进,罗斯福在采取强硬措施前总是疑虑重重,迟疑不决。"凡是可能在国会造成不利的票数,或哪怕是相当近时,他决不轻易一试。"特别是当总统改选时,一心想谋求总统职位的罗斯福更是处处考虑"民情"。1940 年 6 月共和党通过宣言,声明"共和党坚决反对国家参与国外战争"。民主党为了抵消共和党这个宣言对选民的影响,就通过更坚决的"不参战宣言",宣称"除非被攻击,吾人将不参加国外战争,亦不派陆海空军到美洲以外的异国土地上作战"。为了讨好受孤立主义与和平主义影响的选民,罗斯福在竞选演说中向选民中的父母们保证:"你们的孩子们决不会被送到外国去打仗。"美国的这种政治情况充分暴露了资产阶级民主

---

① 奥夫纳尔:《第二次世界大战的起因,美国对外政策和世界政治,1917—1941》(*The Origins of the Second World War, American Foreign Policy and World Polities*, 1917—1941),纽约 1975 年版,第 98 页。

② 多罗西·博格、冈本:《作为历史的珍珠港事件,1931—1941 年的日美关系》,纽约 1973 年版,第 41 页。

制度的局限性和弱点,在有关民族安危的时刻,其缺乏应付危机的灵敏反应能力,面临敌人的挑战往往陷于旷日持久的争吵,迟迟难以作出有力的反应。

第三,“先欧后亚”战略的考虑。美国是个全球性大国,“一战”以来一直怀有夺取世界霸权的野心。在美国统治集团看来,美国在“五大洲、七大洋都有利益”,但其海外的主要利益在欧洲,欧洲是它首先要确保的战略地区。法国败降后,希特勒武力称霸欧洲和世界的野心完全暴露,纳粹德国不仅成为同美国争霸世界的主要敌人,而且在夺取工业发达的西欧地区之后,已经拥有直接进攻美国的潜力。如果岌岌可危的英国和被孤立于欧洲大陆的苏联屈服于希特勒的“铁蹄”之下,那么德国攻击西半球就只是个时间问题。日本在亚太地区的侵略行径,虽然也严重损害了美国的利益,但按其军事、经济实力来说,暂时还不至于直接威胁到美国本身的安全。所以美国认定纳粹德国是最危险的主要敌人。罗斯福说,“最重要的事情是打败希特勒和希特勒主义”[①]。由于美国当时尚未做好参战准备,不可能同时“伸出两个拳头”去对付德国和日本,必须区分主次,各个击破。罗斯福政府从这种形势出发,在 1940 年 9 月 28 日制定了“先欧后亚”的全球战略,确定了“大西洋第一,欧洲第一”这个美国在第二次世界大战中的战略原则。同年 11 月,美国陆军总参谋长马歇尔和海军作战部部长斯塔克的备忘录明确提出:德国是主要敌人,在大西洋采取攻势,在太平洋采取战略守势,在欧洲问题解决之前要尽量避免与日本开战。1941 年 3 月,美英参谋人员联席会议在制定“二战”的战略方案时,确定首先击溃头号敌人德国,对日本在太平洋和远东发动的战争采取守势,直到欧洲战事顺利结束为止。同年 9 月,马歇尔和斯塔克签署了一个美国作战计划,再次规定首要目标是在军事上完全打败德国,且极力把日本“束缚住”。正是在这个方针的指导下,美国在太平洋战争前的一年里,同日本进行谈判,企图通过阻遏和妥协,稳住太平洋局势,推迟日美冲突。

第四,临战前的缓兵之计。这也是 1941 年美国同日本进行谈判的一个动机。太平洋战争前美国的军事力量主要放在大西洋,在太平洋上的海上力量不如日本强大。以马尼拉为基地的美国亚洲舰队只有 45 艘舰艇,其中大型军舰只有 3 艘巡洋舰。以珍珠港为基地的美国太平洋舰队,虽有航空母舰 3 艘、

① 《罗斯福与霍普金斯》上册,第 444 页。

战列舰9艘、巡洋舰21艘,但日本拥有9艘航空母舰、10艘战列舰、35艘巡洋舰。美国深感远东实力的薄弱,因此,害怕过早与日本摊牌,而尽量争取更多时间作好迎战准备。为此美国“想走的是一条不被卷入远东战争的路线”。[①]这是美国在大西洋与太平洋顾此失彼、无以两全的困境下,采取的带有权宜策略的缓兵之计。1941年8月,罗斯福曾说,“我深信,必须尽一切努力避免同日本发生战争”,“甚至30天也可以对巩固美国的阵地起良好作用”。11月27日马歇尔和斯塔克给罗斯福的备忘录中强调:“从美国的观点来看,当前最重要的事情是争取时间。”[②]赫尔在战后国会调查会上解释为什么在美国已获悉日本决心在最近发动进攻的情报后,要拟订一个为期三个月的“权宜方案”时说,因为这样一个文件可以“使两国的会谈得以延长下去,为我们的陆军和海军赢得时间进行准备”。当时陆军报告,不到1941年12月增援部队到不了菲律宾。海军报告,不到1942年2月海军完不成训练计划。足见,赢得时间是此时美国政府进行谈判和拖延谈判的重要原因。当然,推迟战争并不是一厢情愿就能办到的事情,美国当时由于对日本的侵略野心和危险性估计不足,对日军发动攻击的可能地点和方式估计错误,麻痹大意,吃了大亏。

第五,离间德日意集团,瓦解“三国轴心同盟”。1941年3月5日希特勒在关于同日本合作的第二十四号特别命令中指出:“签订三国条约加强德日合作的目的在于迫使日本快速在远东采取行动,这样英国力量将被削弱,美国的利益重心亦将转向太平洋。”美图在逐步卷入欧洲战争时最担心的是日本遵照三国同盟条约第三条所规定的义务,配合希特勒对美开战,使自己东西挨打、腹背受敌。因此离间德日关系,拆散三国同盟成了美国当时外交斗争的重要任务。美国在日美谈判中孜孜以求的目的之一也是如此。三国同盟问题始终是日美谈判的重要内容,在谈判中美国坚持要求日本同意即使美国参加欧战也不援引三国公约。11月17日,罗斯福和赫尔在接见野村和来栖时一再提出三国同盟问题,如17日罗斯福总统所指出的那样,要订立一般性协定,应先废除三国同盟,以便今后不论欧洲形势发生任何变化,美国可完全排除它在背后遭到日本一击的担忧。[③] 纳粹德国方面的反应也充分说明了

---

① 《中美关系资料汇编》第1辑,第96页。

② 查尔斯·彼尔德:《罗斯福总统与1941年战争的来临》,第516页。

③ 来栖三郎:《日美外交密话》,创元社1952年版,第129页。

这一点。1941年5月9日,德国外长里宾特洛甫接见日本驻德大使大岛浩时曾公然表示担心美国政府利用谈判"离间日本和德国",担心罗斯福政府以此说服美国国内的反战派相信:"由于消除了太平洋方面的危险,美国现在可以出兵大西洋了。"

综观上述分析,太平洋战争前,美国对日妥协、绥靖的背景和动机是错综复杂的,也是发展变化的。如果说1940年夏、秋之前主要是由于经济上的利害考虑和孤立主义势力的阻挠、作梗,那么在这以后政治军事的战略考虑则成了决定性的因素;如果说前期的对日妥协、让步具有典型的绥靖性质,那么后期的对日妥协则带有更多的策略性色彩。

太平洋战争前美国的远东战略经历了复杂、曲折的发展过程,但贯穿着一条基本线索:随着日美矛盾的不断激化,美国对日政策逐渐由绥靖向强硬转化。美国从"先欧后亚"的全球战略出发,在远东太平洋采取了战略守势,这种战略态势不可避免地使美国的远东战略蒙上了绥靖色彩。但是,美国毕竟不是英国,罗斯福也不是张伯伦,美国是个拥有雄厚经济实力和强大军事潜力的国家,罗斯福是位具有战略眼光的现实主义政治家,美国与日本在"一战"后,同样都处在扩张势头上,两强相逢,势在必争,美国决不会在日本的进攻面前自动放弃对远东太平洋霸权的争夺。当时,美追求的远东战略目标是,把日本遏制在"一定范围内"(罗斯福语),尽量推迟和避免日美战争,为美国赢得更多战备时间,以便在更有利的条件下与日本进行最后决战。为此,美国对日本采用经济制裁,援华援苏,与日本谈判,三管齐下。美国虽然也打算作一定的让步,但这种让步没有越出"远东的历史格局"所允许的范围,亦即以不动摇华盛顿体系为极限。帝国主义争霸斗争是不可调和的。美国的强硬制裁和局部妥协、让步都不能缓和美日不可调和的矛盾。太平洋战争终于不以人们意志为转移地在1941年年底爆发了。美国没有完全达到它所追求的战略目的——在远东暂时避免战争或推迟战争。但这不能简单归结为推行"远东慕尼黑"的绥靖战略的结果。珍珠港的悲剧使美国吃了大亏,但不能由此全盘否定美国的远东战略措施。

本文原载于《历史研究》1982年第6期

# 中国抗日战争与世界主要大国的战略演变（1931—1941年）

王斯德　陈　兼

第二次世界大战是德、日、意三个法西斯国家为重新瓜分世界、称霸世界而挑起的。日本是最早点燃起侵略战火的国家。它发动侵华战争，不仅是为了奴役中国人民，也是为进一步建立所谓"大东亚共荣圈"，与美英争霸亚太地区，并侵略社会主义苏联的一个战略步骤。因此，日本对中国的侵略，必然影响和损害美、英、苏等反法西斯主要大国的利益，而中国对日本的抗战进程则紧密关系到美、英、苏等国的安全。同时，日本为了扩大侵略战争，必然要同正在欧洲和非洲点燃战火的德意法西斯相互勾结，形成战略上的遥相呼应；德意法西斯要扩大侵略战争，也需要日本在远东相配合。这样，中国抗日战争如何发展，不仅将制约日本的侵略行动，而且势必对上述世界主要大国的战略演变、对国际法西斯和反法西斯两大阵营的形成及其力量对比发生重大影响。

本文拟从中国抗战对世界主要大国战略决策和战略实施的影响的角度，对中国抗战在第二次世界大战中的地位和作用进行新的探讨。

## 一

第二次世界大战的爆发不同于第一次世界大战，它经历了由局部战争到全面战争的发展过程。之所以如此，基本原因之一就在于，作为战争祸首的德、日、意三个法西斯国家，在战前相当长时间内都属于所谓"无"的国家（The "Have-nots"），财政经济力量脆弱，军事力量也不雄厚，自身实力同重新瓜分、争霸世界的野心有很大差距。这就决定，它们都没有能力一开始就独自发动世界性的全面战争，而只能先从以争夺区域性霸权为目标的局部战争开始,掠夺资源,扩充实力,抢占战略要地,摧折英、法、美等“有”的国家(The Haves)的侧翼,以战养战,边打边准备。只有局部战争不断得逞,并在其过程中逐步勾结起来,结成尽可能紧密的侵略集团,将欧、亚、非各个战场连成一片,德、日、意才作为一个整体具备打世界大战的资格。因此,如果世界各国人民能够在侵略者发动局部战争的过程中,尽可能拖住它们的手脚,打乱它们既定的侵略计划,并进而阻止和破坏它们的相互勾结,那么,局部战争就有可能被扑灭或限制在有限的范围内而难于演变为世界大战。

从这个角度观察问题,中国抗战对世界反法西斯战争全局最为突出的贡献之一就在于,中国人民在极其艰难困苦的条件下,主要依靠自己的力量,粉碎了日本帝国主义企图在短期内征服中国、变中国为其进一步争霸亚太地区的战略基地的既定侵略计划,迫使日本侵略者陷于“中国泥淖”,难以在欧战爆发前同德、意结成紧密的军事性侵略同盟。

从日本帝国主义策划和发动侵略战争的一系列文件材料及其侵略行动的实际发展的角度,可以将它对外侵略的总构想概括为“满蒙”—中国—亚太地区霸权。也就是说,第一步,侵占我国东北和内蒙古以及蒙古,将其既作为进一步侵占整个中国的前进基地,又作为“抵御苏俄”的“帝国国防的第一线”。① 第二步,发动全面侵华战争,排除列强在华势力,建立所谓的“日华满政治经济统一体”,“以此作为大陆政策的基准”。② 第三步,以整个中国大陆的战略资源为后盾(可能的话,甚至把苏联远东地区囊括进来),同美、英等国正面交锋,建立日本的“大东亚帝国”,亦即日本在亚太地区的绝对霸权。

在上述战略构想中,侵占中国是关键的环节。这是由“一战”后特定的国际格局、经济状况和日、中两国的国情所决定的。日本是个先天资源不足的小国,“一战”后又受到华盛顿体系的约束。日本法西斯知道,“要建立大日本的超级大国,显然有必要取得相应的领土或具有同等价值的东西”。③ 只有夺取“满蒙”乃至整个中国的丰富的战略资源,才能弥补日本侵略实力的相对不足,在争霸亚太地区的斗争中“稳操胜券”。当时的中国则是弱国。在日本帝

---

① “九一八事变”前,日本关东军司令官菱刈隆在一次会议上说:“对满蒙问题作根本性的解决,实乃完成帝国崇高使命之第一步。”(日)《现代史资料7·满洲事变》,第145页。

② 日本五相会议通过的《基本国策纲要》,1936年8月7日。

③ 《现代史资料7·满洲事变》,第134~135页。

国主义眼里，中国不仅是块肥肉，也是任其宰割的羔羊。1936 年 8 月，日本陆军制订了 1937 年度对华作战计划，准备以 14 个师团的兵力占领华北、华中、华南地区。[①] “七七事变”后，日本陆军大臣杉山元甚至向天皇保证，“中国事变一个月左右便可结束”。[②]

可是，历史的实际发展完全走到了日本侵略者愿望的反面。“九一八事变”后，日本侵略者虽然利用国民党政府的不抵抗政策，迅速占领我国东三省，但东北人民，尤其是中国共产党领导的东北抗日联军的英勇抗战，使日军“东奔西走，真是席不暇暖”。“七七事变”后，中国人民展开了全面抗战。日本侵略者为了达到“速战速决”的目的，陆续将其全部 27 个师团中的 21 个派到中国，仍不能解决问题。自 1938 年年初起，中日战争已呈现出长期化的趋势。1 月 22 日，首相近卫文麿在一次讲话中承认“离（中日）冲突结束还远得很”[③]，陆军大臣杉山元也发表了一个《长期作战声明》，要求日军官兵“有长期持久作战的决心和准备”[④]。1938 年 10 月，日军先后占领了广州和武汉，然而中国抗战并未崩溃，中国共产党领导的敌后游击战争更是势头很好。11 月 18 日，日本陆军省和参谋本部在《昭和十三年秋季以后指导战的一般方针》中不得不确认“期望（中日战争）早日达到解决的希望是不大的”，并被迫决定采取“长期持久的态势”[⑤]。

中国人民的英勇抗战打乱了日本帝国主义的侵略部署，极大地限制了它进一步扩大侵略战争的行动自由，使它既不能集中兵力“北进”，发动侵苏战争；也不敢贸然南下，与美、英正面对抗。1938 年和 1939 年，日本侵略者先后挑起了张鼓峰事件和诺门坎事件，这实际上是“北进”的试探，都以失败而告终，其原因除苏联红军具有强大的战斗力外，是中国抗战牵制了日军主力，消耗了日方大量军需物资，使其无力开辟新战场。关东军副参谋长石原莞尔曾直言不讳地承认：“此次张鼓峰事件，日本忍辱屈服于苏联，亦是由于日本对华用兵。”[⑥]关东军

---

① 日本防卫厅防卫研究所战史室：《战史丛书 86 · 中国事变陆军作战史 1》，朝日新闻社 1975 年版，第 103 页。

② 秦郁彦：《日中战争史》，原书房 1979 年版，第 246 页。

③ 《美国对外关系文件集》日本部分，《1931—1941 年》第 1 卷，第 440 页。

④ 户川猪佐武：《昭和外交史》，东京雪华社 1962 年版，第 170 页。

⑤ 《现代史资料 9 · 日中战争 2》，东京三铃书房 1964 年版，第 549 页。

⑥ 转引自《世界历史》，1980 年第 4 期第 11 页。

参谋长东条英机说得更为明确,要发动对苏战争必须先亡中国,“去除我方背后的威胁”。[1]

与此同时,日本统治集团在战略指导思想上产生了严重的混乱。这种混乱不仅表现在人们常常谈到的“扩大派”与“不扩大派”、“大陆政策”与“海洋政策”等的争论中,更突出地表现在欧战爆发前日本与德国缔结军事同盟的谈判上。鉴于这一问题关系到二次大战发生、发展的全局,我国史学界又历来涉及不多,本文准备就此着重论述。

早在 1936 年 11 月,当日本还在策划发动全面的侵华战争时,便与德国签订了《反共产国际协定》(意大利于 1937 年加入)。这是日本为实现其侵略中国、争霸亚太地区既定侵略计划的一种外交准备。[2] 同时,从内容来看,这一协定只是规定各方要互相支援及交换情报等,并不表明三个法西斯国家已在政治、经济、军事上全面勾结。这主要是因为,当时德日两国的侵略活动暂时还限制在较小的局部范围内,一时还没有必要在军事上结盟;它们也极不愿意因结成军事同盟而过早地引起美英等西方国家的警惕;德日两国在华利益的冲突也是两国全面勾结的障碍。[3]

1937 年以后,情况有了变化。当日本发动全面侵华战争之时,希特勒也基本完成了“毁约扩军”的步骤,准备采取行动,抢占中东欧战略要地。随着侵略的扩大和升级,德日双方都感到有必要进一步加强勾结。

从德国方面来看,最能说明其意向的是 1938 年 1 月 2 日的《里宾特洛甫备忘录》。这个备忘录提出,德国要以武力改变中、东欧现状,与英法等西方大国对抗,仅依靠自身的力量是不够的。它还必须利用意大利和日本把英国的力量牵制在地中海和远东,使英国无力从军事上援助法国,因此,必须缔结德、日、意军事同盟。[4] 这一见解得到了希特勒的完全赞同。1938 年 2 月 4

---

① 《远东国际军事法庭判决书》(中译本),第 367 页。

② 1936 年 8 月 8 日,日本四相会议通过的《帝国外交方针》决定,为牵制苏联,准备“南进”,必须“实现日德合作”。日本外务省编:《日本外交年表及主要文书》下卷,原书房 1969 年版,第 345 页。《反共产国际协定》签订后,日本驻英大使吉田茂说,这一协定“骨子里是和德意联合起来,和英法及美国对抗的”。见吉田茂:《十年回忆》第 1 卷,新潮社 1958 年版,第 42 页。

③ 参见 G·温伯格:《希特勒德国的外交政策,发动二次大战,1937—1939 年》,芝加哥大学出版社 1980 年版,第 11~12 页。

④ 《德国外交文件集》D 辑第 1 卷,第 162~168 页。

日，里宾特洛甫取代对德日结盟问题持谨慎态度的牛赖特出任外长。此后，德国从发动世界大战的战略需要出发，调整对华政策（包括停止对华出售武器，撤回军事顾问，承认伪满），并主动向日本提出，缔结既针对苏联又针对西方国家的军事同盟条约。①

从日本方面来看，发动全面侵华战争后，既遭到中国人民的英勇抵抗，又导致了日本与美、英、苏等国关系的进一步紧张，在国际上处境孤立。因此，日本统治集团内相当一部分人，尤其是直接从事侵华战争的陆军认为，必须通过加强日德联系，“使英国抛弃亲蒋援华政策”，使美国至少保持“中立态度”，并阻止苏联介入。② 1937 年 10 月 1 日，日本关东军司令部在《处理中国事变的具体方策纲要》中提出，为了解决“中国事变”，建设“八纮一宇”的“道义世界”，必须“日益加强同德国的合作，不但要巩固防共战线，而且要通过加强经济合作和航空联络来牵制欧洲，特别是苏联和英国”，“也争取尽早同意大利签订满-意和日-意防共协定，以牵制英法”。③

于是，从 1938 年年初起，德日双方开始围绕缔结军事同盟问题进行谈判，但进展极不顺利。德方的基本立场是，应该马上缔结一个不仅针对苏联，而且广泛针对第三国（实际上是指英、法、美）的紧密的军事同盟，并应明确规定，如果缔约国之一遭到非缔约国的威胁、攻击，缔约各方有义务立即给予政治、外交和军事支援。④ 日方的基本立场则与德方有两点明显的差异：第一，同盟的针对方应限定为苏联，而不包括美英；第二，缔约国不承担“自动参战”的义务，参战与否要经过“协商决定”⑤，在 1938—1939 年整个谈判期间，上述两点分歧使德日双方始终难以达成协议。

为什么日本方面对于同德国缔结一个广泛而紧密的军事同盟条约态度暧昧？原因固然很多，但问题的关键在于，中国抗战牵制了日本侵略军的主要力量，打乱了其既定的侵略计划，使它陷入了进退维谷的侵略窘境。一方面，日本法西斯要独占中国，并进而凭借武力称霸亚太地区，就不能不加强与

① 参见詹姆斯·莫利编：《威慑外交，日本、德国和苏联，1935—1940》，纽约 1976 年版，第 50 页。
② 日本国际政治学会编：《走向太平洋战争的道路》，第 5 卷，第 63 页。
③ 《现代史资料 9 · 日中战争 2》，第 44~48 页。
④ 《威慑战略》，第 51 页。
⑤ 《现代史资料 10 · 日中战争 3》，第 179 页。

德意的合作,依靠德意牵制英、美、苏等国的力量。因此,日本统治集团内一部分人(主要是直接从事对华战争的陆军和外务省内的"革新派"),从上述考虑出发,积极主张缔结三国军事同盟,以"借助外力的策略解决中国事变"。[①] 另一方面,面对日本侵略军主力深陷于"中国泥淖"的现实,日本统治集团内大部分人(主要是外务省、政府其他相关文职部门和海军)认为,如果缔结如德方所要求的军事同盟条约的话,势必加剧日本与西方国家的矛盾,树敌过多。早在德日谈判初期,日本驻德大使东乡茂德就提出,三国军事同盟不仅对解决日中战争不起作用,相反能会使日本受到欧洲战争的连累。[②] 1938年8月下旬,日本五相会议在讨论与德国谈判原则时,经过再三权衡后决定,日本的目标是"解决对华战争","加强日本的国际地位",并在"中日战争结束后""促进东亚新秩序的建立"。因此,在三国同盟条约谈判中,不应把苏联以外的国家明确列为自己的主要目标。[③]

随着国际局势的演变和中国抗战的发展,日本统治集团内部战略指导思想的混乱有增无减。1939年5月,德国为了在发动欧战时造成有利于己的战略态势,亟欲打破德日谈判的僵局,因而做出很大让步,提出了"高斯妥协案"[④]。但日本统治集团内部又围绕着缔约对解决"中国事变"的利弊问题展开了更为激烈的争论。陆军方面强调,缔结三国军事同盟将牵制美英对中国的援助,并"削弱中国内部的反日和亲共主张"。外务省、海军方面则认为,恰恰相反,缔结三国军事同盟只会使西方国家加强对国民党政府的援助,并可能造成"俄国的卷入",从而拖延"中国事变的解决"。[⑤] 争论的结果是,后一种意见再次占据上风。[⑥] 直至欧战爆发,日本也未就结盟问题同德国达成协议。[⑦]

---

① 信夫清三郎:《日本外交史》(中译本)下册,第635页。

② 信夫清三郎:《日本外交史》(中译本)下册,第635页。

③ 《威慑战略》,第63页。

④ 这一妥协案是由德国外交部条约局局长高斯向日本方面提出的。其中包括两套供选择的方案:第一套以日方意见为基础,加入了德方的一些要求;第二套以德方意见为基础,加入了日方的一些要求。

⑤ 《威慑战略》,第95页。

⑥ 日本首相平沼骐一郎在致德方的一封信中指出:"日本虽然打算考虑给予德意以军事援助;但是日本鉴于本身的目前状况,无论在目前或在将来都不能给予两国在实际上有任何效果的军事援助。"见《远东国际军事法庭判决书》,第198页。

⑦ 1939年8月《苏德互不侵犯条约》签订后,德日谈判即告中断。

纵观1938—1939年德日谈判的全过程,"中国问题"一直噩梦般萦绕在日本决策者脑际,使其不敢贸然与德国结盟。我们完全可以说,德日谈判搁浅的症结在于日本的暧昧态度;日本态度暧昧的症结又在于其手脚为中国抗战所束缚,无法在世界全局的范围内同德、意法西斯保持战略上的一致。

在探讨第二次世界大战的起源时,人们一再提出,这场人类历史上空前的浩劫,是否有可能推迟或避免?上述探讨从一个侧面启示我们,法西斯国家要发动世界大战并不是随心所欲、轻而易举的,不是要什么时候打,就能什么时候打;要在什么地方打,就能在什么地方打;要打多大规模,就能打多大规模。它们的侵略扩张不仅受制于它们自身的行动能力,也受制于被侵略一方的反抗与斗争。如果说,中国作为一个弱国,主要依靠自己的力量,打乱了日本侵略者既定的侵略计划,延缓了法西斯国家结成侵略性军事同盟的进程;那么,我们完全有理由设想,世界上所有受到法西斯侵略扩张威胁的国家及时团结起来,制定正确的政治路线和军事战略,从各个局部拖住侵略者的手脚,那就完全有时间、有力量、有机会来推迟乃至制止世界大战的爆发。

## 二

绥靖主义泛滥是20世纪30年代国际关系的重要历史现象,是促使二次大战迅速爆发的催化剂。它助长了法西斯的侵略气焰,瓦解和破坏了被侵略国家的抵抗运动,加速了局部战争向全面战争的转化过程。30年代绥靖主义的顶峰固然是欧洲的慕尼黑阴谋,但它的发端在法西斯侵略祸水首先漫延开来的远东。中国人民以坚忍不拔的抗战和有理有节的外交斗争,打破了美英等西方国家牺牲中国利益、绥靖日本侵略者的"远东慕尼黑阴谋",从而使远东的战火在相当长时期内局限在一定范围,这是中国抗战对世界反法西斯战争的又一积极贡献。

日本发动并不断扩大侵华战争,猛烈冲击了华盛顿会议所确立的有利于美英的"远东秩序",损害了美英在中国的"权益"。面对日本法西斯的挑战,美英等西方国家不敢正面对抗,而是企图以中国的利益为代价,同日本侵略者做交易,以维护其重大利益。"九一八事变"后,美英的远东政策就带有绥靖色彩。它们除发出要求日本遵守国际公约的呼吁,表示"不承认"日本侵华的既成事实外,并未采取任何制裁措施。在日本不断扩大侵略的情况下,美国的对日贸易,尤其是对日战略原料的输出仍不断增加①,由英国操纵的"李顿调查团"亦未就制裁日本的侵略提出具体有效的措施。"七七事变"后,美英在华"权益"进一步受到威胁,因而都对日本扩大侵华战争的行径表示了某种谴责。如,美国总统罗斯福发表了著名的"防疫演说",不指名地谴责日本的侵略行动;英国政府也曾发表声明,抗议日本建立"东亚新秩序"的企图。但总的来说,妥协、绥靖仍是它们远东政策的主要方面。美国政府关于远东局势的多次声明的基调是,日本的行动"对于美国在华权益亦有影响",表示"美国关心的是保全在华美国人的生命财产"。② 布鲁塞尔会议前,罗斯福总统曾指示美国代表团不要带头表示反对日本。会上,美英两国均不赞同对日本实行集体制裁的建议。结果,会议只是呼吁各国维护条约的"神圣原则",而无任何实际的制裁行动。不仅如此,美英还继续对日本实行经济绥靖政策。1937年美国出口日本的物资共28855.8万美元,其中战争物资占58%;1938年出口日本的物资共23957.5万美元,其中战争物资占67%;1939年,日本进口石油的90%来自美国。③ 英国则是日本的第二个战略物资供应者,1938年,它在日本战略物资进口额中占20%。日本是个资源匮乏的国家,如果没有美英等国经济上的输血,它是很难发动并维持大规模侵略战争的。

英美等国为了谋求同日本的妥协,"尽一切努力不使自己的利益在(中日)冲突中蒙受损失"(英国首相张伯伦语),还积极策划并进行了一系列幕后外交活动。1938年6月,英国驻日大使克莱琪同日本外相宇垣一成会谈时提出,如果日中双方愿意,英国可以出面对日中冲突进行"调停"。以后,英日双方又进一步接触。④ 1938年年底,英国驻华大使卡尔频繁奔波于上海与重庆

① 参见多罗西·博格、冈本:《作为历史的珍珠港事件,1931—1941年的日美关系》,纽约1973年版,第372页。

② 美国国务院编:《和平与战争,1931—1941年美国的对外政策》,华盛顿1943年版,第86、87、89号文件。

③ T·A·比森:《1931—1941年美国的远东政策》,纽约1941年版,第85页;多罗西·博格、冈本《作为历史的珍珠港事件,1931—1941年的日美关系》,第371~372页;安德森:《美孚真空石油公司与美国的东亚政策,1933—1941年》,普林斯顿大学出版社1975年版,第224页。

④ 维戈兹基等编:《外交史》第3卷,三联书店1979年版,第905~906页。

之间,多次同蒋介石密谈,劝说国民党政府同日本进行“和谈”。而英美舆论界则出现了鼓吹召开太平洋国际会议,以“和平解决远东冲突”的论调。1939年7月,英国同日本达成“有田-克莱琪协定”,表示承认“中国目前之实际局势”。1940—1941年间,美日两国在各种级别上进行了一系列谈判,美国方面亦曾考虑以中国的某些利益为代价(如承认“满洲国”),同日本达成妥协。所有这一切,表明当时确实存在着“远东慕尼黑”的危险。

为什么美英等国的远东政策带有绥靖色彩?原因是多方面的。其中有经济上的考虑:担心对日经济制裁会影响同日本的贸易,损害本国垄断资本的利益,并可能使自己卷入战争。[①] 有政治上的原因:对日本政府内部的“温和派”存在幻想,希望日本的侵略行动能“自行限制在一定范围内”[②];同时,又为日本的“北进”叫嚣所迷惑,希望日本能在远东成为“阻止布尔什维主义蔓延”的“起稳定作用的国家”[③]。有战略上的因素:在主要注意力集中于对付纳粹德国的情况下,不能不在远东更多地取守势(这一因素在1940年法国沦陷后更为突出)。还有国内政治情势的限制,如美国的孤立主义势力对政府的外交决策就有重大掣肘作用。除上述人们已较多论及的原因外,还需特别指出,美英在远东推行绥靖政策,还有一个极为重要的原因,即当时的中国是一个弱国,在美英统治集团的整个外交战略中,地位甚低。如果说,在日本侵略者的眼里,中国是可以任其宰割的羔羊,那么,在美英统治集团看来,当时的中国与其说是可以依靠和信赖的同盟者,毋宁说更适于充当争霸斗争中讨价还价的筹码。美国史学家迈克尔·沙勒指出,当日本发动全面侵华战争时,“在大多数美国人的心目中,中国仍旧是个抽象的概念,是个基本上乱糟糟的、并不重要的外国”。[④] 美国统治集团对中国抗战发展趋势的基本看法是:“也许一年之内,国民党政府就会被一个日本的傀儡政权所取代,那时全中国

① 美国舆论界当时普遍认为:“美国对中国一年的贸易额,还抵不上美国与日本打一星期仗的费用。”(《作为历史的珍珠港事件,1931—1941年的日美关系》,第41页)美国决策当局“均认为(对日)实施禁运政策,将有报复行动的危险,其性质可能使美国卷入战争”(《和平与战争》,第129~130页)。英国首相张伯伦也担心,对日制裁会导致日本对东印度、香港、菲律宾实施“某种报复性打击”。见路易斯:《1937—1939年英国远东战略》,牛津1971年版第244页。

② 参见多罗西·博格:《美国与1933—1938年远东危机》,哈佛大学出版社版,第451~452页。

③ 例如,美国驻日大使格鲁就曾表示担心,日本若因完全陷入中国“而受到削弱”,将给苏联提供行动的机会。见格鲁:《使日十年》,纽约1944年版,第221页。

④ 迈克尔·沙勒:《美国十字军在中国,1938—1945年》,商务印书馆1982年版,第17页。

就会变成一个大满洲国了。"[①]美国驻日和驻华大使也都认为,美国对于中日战争的发展无能为力,"这出戏不可避免地要在中国演完,应该告诉中国官员,不要指望美国会有重大的经济、政治或军事援助"。[②] 英国决策者对中国抗战的前途也持怀疑态度。1937 年 10 月,张伯伦在内阁会议上表示,在他看来,中国抗战"已经濒于崩溃"。[③] 总之,在美、英决策者的眼中,当时中国的地位本质上是与捷克斯洛伐克等欧洲弱小国家是类似的。

然而,"远东慕尼黑"的危险最终并未成为现实,中国最终并未成为亚洲的捷克斯洛伐克。究其原因,固然是由于美英与日本之间存在根本的利害冲突,日本侵略者企图独占整个中国,以此作为与美英争霸亚太地区的战略基地,这是美英统治集团绝对不能同意的,因而双方难以达成全面的妥协。但更重要的是,中国人民的英勇抗战和中国共产党对"远东慕尼黑"阴谋的及时揭露和坚决斗争,使得中国不仅不可能被出卖,并促使美英决策者对中国本身战略价值的基本估计也逐步发生了变化。

首先,中国共产党对"远东慕尼黑"危险所作的坚决揭露和斗争,是使得"远东慕尼黑"阴谋不能得逞的重要因素。中国共产党在领导人民坚持抗战的同时,对于国内外的绥靖倾向与投降逆流始终保持高度的警惕。1939 年初,当英美舆论一再宣扬召开"太平洋国际会议"以"调解"中日战争之时,国民党政府对此极感兴趣。孔祥熙和国民党政府外长王宠惠曾公开发表讲话,表示欢迎由美国出面调停,"解决中日之纠纷"。接着,英日谈判又发展到了十分危险的阶段。这时,中国共产党洞察局势,决定对"远东慕尼黑"的危险性予以主动揭露。1939 年 6 月,毛泽东同志发表了《反对投降活动》一文,揭露道"所谓太平洋会议,就是东方慕尼黑,就是准备把中国变成捷克",并明确宣布"我们始终站在主战派方面的,我们坚决反对那些主和派"。[④] 中共中央也于 1939 年 7 月 29 日发出《关于反对东方慕尼黑的指示》,号召全党"必须用最大的力量,推动各方共同行动起来","反对任何形式的东方慕尼黑"。[⑤]

① 迈克尔·沙勒:《美国十字军在中国,1938—1945 年》,商务印书馆 1982 年版,第 19 页。
② 迈克尔·沙勒:《美国十字军在中国,1938—1945 年》,商务印书馆 1982 年版,第 22 页。
③ 《1937—1939 年英国的远东战略》,第 244 页。
④ 《毛泽东选集》第 2 卷,第 536 页。
⑤ 《六大以后》,第 1055 页。

1941 年，当美国企图在美日谈判中牺牲中国的部分利益以谋求与日本的妥协时，毛泽东同志又于 5 月 25 日向全党发出《揭露“远东慕尼黑”的阴谋》的指示，《解放日报》也接连发表社论，指出“远东慕尼黑”的危险性。历史表明，中国共产党对于“远东慕尼黑”阴谋的揭露与批判是有分量的，也是及时的。因为它是以中国人民的坚持抗战为强大后盾，又在形势可能发生逆转的关键时刻把种种原打算在幕后进行的交易暴露在了光天化日之下。这两者的结合，使中国这个弱国成为强者和智者，“慕尼黑阴谋”是难以施于这样的中国的。

其次，中国人民坚持抗战，显示了中华民族强大的生命力和伟大的战斗力量。这不仅大大出乎日本侵略者之所料，也多少出乎美英统治集团意料。抗战进入相持阶段后，他们从自身利益出发，对中国抗战的认识开始发生微妙的变化。从 1938 年年中起，美国财政部部长小摩根索、亚洲舰队司令亚内尔海军上将、驻华情报官员卡尔森以及国务院亚洲问题专家项白克等人，先后在不同场合，通过不同途径提出，援助中国抗战对于制止日本扩大侵略战争、维护美国利益有重要意义。亚内尔在一份报告中提出，如果允许日本征服中国，那就等于放弃对亚洲大陆及太平洋的控制权，而挫败这种图谋的唯一办法是援助中国。他还在另一份报告中指出，因为中国抗战挡住了日本军团，日军才没有向加利福尼亚进军。① 项白克也认为，援助中国是对日本的当头一棒。如果日本在中国的侵略不被制止，美国将面临日军向美国本土逼近的局面。② 小摩根索则积极主张对中国提供财政援助，他甚至这样提出：“难道还能有比出现一个统一的中国更大的争取和平的力量吗？”③这些意见得到了罗斯福总统的重视，并在美国对华态度中表现出来。④ 尽管上述认识当时还不可能彻底改变美国远东政策的绥靖色彩，但它毕竟表明，由于中国人民的坚持抗战，在美国统治集团内部，支援中国、利用中国抗战以牵制日本的倾向正逐步明显。这本身便是对其政策中牺牲中国、同日本妥协的倾向的一种否定。

---

① 迈克尔·沙勒：《美国十字军在中国，1938—1945 年》，商务印书馆 1982 年版，第 23 页。

② 迈克尔·沙勒：《美国十字军在中国，1938—1945 年》，商务印书馆 1982 年版，第 129 页。

③ 《罗斯福与外交事务，1937—1939 年》《影印文件集》，纽约 1979 年版，第 1358 号文件。

④ 罗斯福总统仔细听取了这些报告，并出于政治考虑，对中国提供了“桐油贷款”等财政支援。1939 年 7 月，美国政府又宣布废止《美日商约》。

第二次世界大战前夕的历史告诉我们,绥靖政策的泛滥与得逞,必定意味着侵略的泛滥与得逞。中国人民的斗争不断打破"远东慕尼黑"阴谋,也就不断抑制了侵略的扩大。如果让"远东慕尼黑"成为现实,日本侵略者势必挟持中国巨大的战略资源,更疯狂地将战火燃遍亚太地区。那么,世界法西斯国家同反法西斯国家的力量对比,就会向着有利于前者的方向大大逆转。世界人民要最终战胜法西斯侵略者,必定要经历更为艰巨的斗争,付出更为沉重的代价。而"远东慕尼黑"的破产,则从积极方面影响了世界反法西斯战争的全局。事实上,随着第二次世界大战全面爆发,尤其是 1940 年法国沦陷后,反法西斯各大国对中国抗战的依靠与利用的一面不断增加,美苏等国更进一步把中国抗战当作其"先欧后亚"总战略的重要支撑点。

## 三

1940 年 6 月法国败降,是第二次世界大战中影响全局的重大事件,整个国际局势因而发生了急剧变化。德国法西斯席卷欧洲大陆,称霸世界的气焰骤然嚣张;日本法西斯摩拳擦掌,叫嚷"不要误了公共汽车";德日意三国于 1940 年 9 月缔结《军事同盟条约》。这就使得美国和苏联的战略地位严重恶化。在此以前,英法与德国直接对抗,美苏处于相对安全的第二线。而法国败降后,英国亦受到重创,孤悬海外,美苏两国将不可避免地被推上与德日法西斯直接对抗的第一线,并可能在尚未作好战争准备的情况下就陷入两面受敌的极为不利的处境。

在新形势下,美苏两国从世界全局和自身安全需要出发,确定了以法西斯德国为主要敌人,集中力量首先对付德国的"先欧后亚"的总战略。鉴于希特勒德国是三个法西斯国家中最富有侵略性和冒险性的国家,对人类危害最烈、威胁最大,美苏的这个总战略是符合世界人民的共同利益,有利于争取反法西斯战争的胜利的。毛泽东同志曾指出:"世界反法西斯战争的枢纽在欧洲,欧洲问题解决,就决定了世界法西斯和反法西斯两大阵线的命运。"[①]而中

① 《毛泽东选集》合订本,第 869 页。

国抗战在第二次世界大战中的地位与作用又表现为，通过牵制日本侵略军的主要力量，使美苏等国得以集中力量打击法西斯德国，保证了其“先欧后亚”战略的实施。

我们先来看看美国先欧后亚战略的制订、实施及其与中国抗战的关系。1940年9月28日，即德、日、意缔结军事同盟条约的第二天，罗斯福总统在白宫召开了由国务卿和三国首脑参加的高级决策会议。会上确定了以“大西洋第一，欧洲第一”这一“全球性大范围”的基本战略。[①] 接着，美国军方又在一系列战略文件中根据上述基本战略提出“美国必须放弃其近期目标不是摧毁德国的计划”，强调“在大西洋采取强大的攻势，在太平洋保持守势”。[②]

根据这一总战略的需要，罗斯福政府确定了既要遏制日本在远东进一步扩张，又尽力避免与之正面冲突的远东战略。在9月28日的决策会议上，罗斯福曾明确表示：“我们不会屈从于日本在太平洋上的威胁。我们也不会放弃我们的原则或放弃中国人”，“我们将抓住大西洋战线，我们也将同样抓住太平洋战线。但是由于首要的任务是紧迫的，太平洋上的行动将推迟下去”。[③] 根据罗斯福发言的精神，会议确定了美国在远东的四项行动原则：“1.避免和日本发生冲突；2.改变以前不与日本对话的态度；3.保留使用经济压力的权力，以便使日本恢复理智；4.敞开谈判的大门，于美国在远东历史地位的格局内力求达成日美妥协。”[④]罗斯福还与国务卿赫尔在多次磋商后决定，在与日本谈判的同时，“对日本要维持我们的一切权利和原则，继续对日施加我们的经济压力，援助中国，但不把日本推到它的军方要求战争的地步”。[⑤] 于是，太平洋战争爆发前一年，美国在亚太地区采取了三项重要的行动：加紧援助中国抗战；加强对日经济制裁；与日本谈判。上述第一、二项行动显然是为了对日本施加压力，阻止日本进一步侵略扩张；第三项行动则是为了稳住

① F·戴维斯和E·K·林德费：《战争是怎样到来的，从法国沦陷到珍珠港，美国白皮书》，纽约1942年版，第157页。

② 《作为历史的珍珠港事件，1931—1941年的日美关系》，第220~221页；累顿和寇克利：《全球的后勤防务与战略，1940—1943年》，华盛顿1955年版，第33页。

③ F·戴维斯和E·K·林德费：《战争是怎样到来的，从法国沦陷到珍珠港，美国白皮书》，纽约1942年版，第157页。

④ F·戴维斯和E·K·林德费：《战争是怎样到来的，从法国沦陷到珍珠港，美国白皮书》纽约1942年版，第157页。

⑤ 赫尔：《赫尔回忆录》第1卷，纽约1948年版，第911~912页。

日本,避免过早与日本摊牌。这样的“软、硬两手”,构成了当时美国远东战略的实际内容。

必须指出,中国抗战在上述远东战略中占有举足轻重的地位。罗斯福熟谙强权政治,他当然懂得,任何谈判都要以实力为后盾。然而,当时美国虽已在经济和军事上开始动员,但远未为参战做好准备,“大西洋和欧洲第一”的战略原则,又使美国不能不把主要注意力集中于对付德国,可用于遏制日本的手段就显得十分有限。经济制裁是美国手里的一张王牌。可是,由于长期经济绥靖的恶果,时至此时再亮出这张牌,未免为时过晚,搞得不好,反而会促使日本法西斯“狗急跳墙”,提前发动战争。美国内政部部长伊克斯当时主张对日本实行全面的石油禁运,罗斯福却顾虑重重:“正如你所知道的,协助保持太平洋的和平对控制大西洋是绝顶重要的。……请告诉我,如果这件事(指石油禁运)打破微妙的平衡,并促使日本或者打俄国,或者打英属东印度,还作这种判断吗?”[①]

在这种情况下,美国决策者对于中国抗战越来越重视。1940 年 11 月 29 日,美国对外关系委员会经济和金融小组专门讨论了“给中国以援助使之缠住日本的军事机器”的问题。12 月 14 日,在美国政府代表与对外关系委员会的战争与和平小组的特别会议上,远东问题专家拉铁摩尔提出,应该把“(对日)贸易禁运和援助中国联系起来”。他认为“日本在中国消耗的未加工的和加工的战争原料越多,限制日本的总供应量也就越容易。如果中国人能采取攻势,日本就不能抽出军队去东南亚行动”。因此,“援助中国和逐步对日实行禁运”,是美国可以使用的“优越的手段”。这次会议通过的题为《美国的远东政策》的备忘录提出,阻止日本南进的首要手段就是“给予中国一切可能的援助,特别是战争物资,使日本军队陷在中国不能动弹”。[②] 与此同时,美国的一些驻外使节也竭力强调援助中国的重要性。如驻日大使格鲁认为,支援中国抗敌是美的最有利的自卫方略。[③] 驻华代理武官巴雷特上校则表示:“我们诚心诚意地希望中国人真正抗日。如果日本人在中国感到吃紧,他们就会节

---

① J·P·拉布:《罗斯福与丘吉尔》,纽约 1976 年版,第 339 页。

② 劳伦斯·肖普和威廉·明特:《帝国智囊团,对外关系委员会和美国外交政策》(中译本),第 123、125~126 页。

③ 《中美关系资料汇编》第 1 辑,第 99 页。

制自己向南方和北方扩张的野心。"①上述意见为罗斯福政府所接受。罗斯福本人曾明确表示:"保卫中国即是保卫美国的关键。"②1941 年 9 月,美国单方拟订的《对世界战争和综合基本战略的估计》中,也明确地把推动中国"对日本占领发起进攻",当作对付日本的重要战略手段。③ 正是根据以上战略考虑,从 1940 年下半年起,美国在财政上和军事上的对华援助不断加强,陆续向中国提供了一些贷款,派军事代表团来华研究对华军事援助问题,并准许美国航空人员参加中国空军,设立了由陈纳德指挥的 P-40 飞行小组。不仅如此,罗斯福政府为加强中国抗战的力量,还对国共合作、联合抗日采取了积极促进的态度。皖南事变后,美国明确反对蒋介石挑起内战。罗斯福的私人代理居里来华访问时,向周恩来同志表示,美国赞助中国统一,反对日本,又向蒋介石声明:"美国在国共纠纷未解决前,无法大量援华。"④

当然,当时美国的远东战略中仍包含有绥靖的因素。特别是在美日谈判中,美国方面亦曾有过牺牲中国的部分利益,以谋求同日本的妥协的企图。但总的看来,美国远东战略中的这种绥靖因素,毕竟不同于慕尼黑时期张伯伦的对德妥协绥靖,甚至也不同于美国本身在法国败亡前的对日妥协绥靖,它主要是产生于"先欧后亚"战略原则下的策略,且已不在美国远东战略中占据主导地位了。正因为如此,中国共产党在揭露新的"远东慕尼黑"危险的同时,仍坚定地实行建立包括美英在内的国际反法西斯联盟,争取美英最大限度地支持中国抗战的方针,以便为中国抗战的顺利发展创造有利的国际环境。

太平洋战争爆发后,罗斯福曾对中国抗战做过这样的评价:"假如没有中国,假如中国被打垮了,你想一想有多少师团的日本兵可以因此调到其他方面来作战? 他们可以马上打下澳洲,打下印度——他们可以毫不费力气地把这些地方打下来。他们并且可以一直冲向中东……和德国配合起来,举行一次大规模的夹攻,在近东会师,把俄国完全隔离开来,吞并埃及,切断通过地中海的一切交通线。"⑤关于中国战场对亚洲太平洋战局乃至世界战局作用的

① 崔可夫:《在华使命》(中译本),第 81 页。
② 《中美关系资料汇编》第 1 辑,第 99 页。
③ 舍伍德:《罗斯福与霍普金斯》(中译本),第 542 页。
④ 转引自《党史研究》1982 年第 1 期。
⑤ 伊里奥·罗斯福:《罗斯福见闻秘录》。

这种认识,无疑是符合实际的。

我们再来看一下苏联的远东战略及其与中国抗战的关系。

20世纪30年代德日法西斯崛起后,苏联一直面临着有可能在西方和东方与德日两线作战的危险性。法国败亡后,希特勒挥戈东进,发动侵苏战争的危险性日益严重。此时,苏联领导人的战略构想中,不能不把"由于自身军事成就的结果而大大加强"的德国,当作对苏联的主要威胁,并以此为中心调整苏联整个对外政策的格局。① 苏联由此决定,总的战略原则也是"先欧后亚":密切关注德国的动向,一面加紧建立对付德国的"东方战线",一面尽一切努力促使德国信守《苏德互不侵犯条约》,避免苏德关系过早破裂。同时,苏联还希望尽可能"避免来自日本的攻击",确保自己一旦与德国开战,不致陷入同德日两线作战。这成为苏联远东战略的核心。

怎样才能保证"避免来自日本的攻击"呢?苏联可以采取两方面的措施:一是积极对日本开展外交活动,利用日本统治集团急于"南进",也希望同苏联缔约以避免两线作战的心理,争取同日本缔结中立条约;二是大力支援中国抗战,依靠中国抗战尽可能拖住日本的手脚,使其即便想"北进"也办不到。

上述两方面的措施并不对立,而是相辅相成的。1941年4月,苏日签订了中立条约。这是苏联一项重大的外交策略行动。它对于保证苏联东部边界的安全,使苏联在苏德战争爆发后避免两线作战是起了一定作用的。然而,条约首先是远东各种力量对比状况的产物。苏联领导人对于帝国主义的本性有着深刻了解,完全知道仅凭一纸条约是不可能束缚日本侵略者手脚的,要日本侵略者切实地遵守条约,就必须使其丧失破坏条约的力量。正因为如此,苏联远东战略的核心只能是援助并依靠中国抗战。1940年秋,斯大林派遣崔可夫中将来华时,分析了欧洲和世界局势,认为美英加强了对华援助,再加上苏联的援助,中国即使不能打败日本的侵略,也能长期拖住它。斯大林明确指示崔可夫:"您的任务,我们驻华全体人员的任务,就是要紧紧束缚住日本侵略者的手脚。只有当日本侵略者的手脚被捆住的时候,我们才能在德国侵略者一旦进攻我国的时候,避免两线作战。"②

---

① 1940年8月1日莫洛托夫的对外政策报告,《真理报》1940年8月2日。

② 崔可夫:《在华使命》(中译本),第36页。

正是考虑到中国抗战对于保卫苏联的重要意义,苏联才加紧向中国提供了大量军火和战争物资,并向中国派遣飞行员、技术人员和军事教官。仅仅1940年年底,苏联就一次性向国民党政府提供了150架战斗机、100架快速轰炸机,将近300门大炮、500辆吉斯-5型卡车及其他一批相应的装备及备件。这是社会主义苏联对中国抗战的宝贵支援,而反过来,中国抗战对苏联的支援也是巨大的。1941年6月,法西斯德国入侵苏联后,不断要求日本配合行动。但日本法西斯不敢动手,日本参谋总长杉山元指出,原因之一即在于日本"在中国使用兵力很大,(进攻苏联)实际上是办不到的"。①

世界各国的反法西斯斗争是一个整体。在美苏确定了"先欧后亚"总战略的情况下,如果不是中国人民坚持抗战束缚住日本侵略者的手脚的话,那么,美苏要集中力量对付纳粹德国的战略意图就难以实现,其"先欧后亚"战略也就失去了付诸实施的现实基础。美苏在法国败亡后都对中国抗战给予特别的重视,这首先是由中国抗战本身的重要地位所决定的。

从"九一八事变"到太平洋战争爆发的十年,正是法西斯国家逐步将局部战争扩大为全球战争的十年。中国是最早遭到法西斯侵略的国家,也是首先奋起反抗的国家。限于当时的内外条件,中国还不可能仅仅以自身的力量扑灭法西斯燃起的战火。但中国人民的英勇抗战挫败了日本法西斯既定的侵略计划,延缓了法西斯国家的结盟进程,粉碎了"远东慕尼黑"阴谋,支持和配合了美苏等反法西斯国家"先欧后亚"战略的实施,从而对世界反法西斯战争的全局产生了深刻的影响,为世界反法西斯战争的最后胜利提供了重要的保证。正如毛泽东同志所说:"伟大的中国抗战,不但是中国的事、东方的事,也是世界的事。其伟大业绩将永远彪炳史册。"②

本文原载《社会科学战线》1985年第3期

① 服部卓四郎:《大东亚战争全史》第1卷,第67~68页。

② 《毛泽东军事文选》,战士出版社1981年版,第204页。

# 从世界反法西斯战争的全局探讨中国抗战的地位和作用

抗日战争是第二次世界大战的重要组成部分，它在这场有关人类命运的大搏斗中发挥了独特作用，做出了重要的贡献。要科学地全面地论述中国抗战的地位和作用，就必须打破单纯从中日两国关系进行研究的狭隘框框，从世界大战战略全局的高度把它和其他战场以及二战的全过程联系起来研究，并分阶段、多侧面地进行具体分析。现从下述四个方面进行探讨。

第一，中人民首先举起反法西斯战争的义旗，以艰苦卓绝的英勇斗争，挫败了日本法西斯灭亡中国独占亚洲的侵略计划，在相当长的时期中阻止了亚洲局部战争的扩大，推迟了世界大战的爆发。1931 年，日本侵略我国东北，发动了第一个局部战争，揭开了二次大战的序幕。日本的侵略计划是侵占东北、内蒙古，灭亡中国，独占亚太地区，而侵占中国是关键的一步。但中国人民的英勇抗战粉碎了日本在短期内“结束中国事变”的迷梦，并把它的大量兵力拖在中国战场上，使它既不能集中兵力“北进”，发动侵苏战争，也不敢贸然南下，与英国正面对抗。如 1938 年和 1939 年，日本先后挑起反苏的张鼓峰事件和诺门坎事件，均遭惨败，其重要原因之一是中国抗战牵制了日军的主力。关东军副参谋长石原莞尔曾直言不讳地承认：“此次张鼓峰事件，日本忍辱屈服于苏联，亦是由于日本对华用兵故。”关东军参谋长东条英机认为要发动对苏战争，必须先灭亡中国，“去除我方后的威胁”。日本高级将领对德国驻日大使奥特私下透露，日本现在并不想同俄国发生麻烦，因为中国的事情够他们忙了，所以他们不会让事态扩大。中国的抗战也推迟了日本南下的步伐。1939 年欧战爆发后，德国极力怂恿日本南进，配合行动。但日本表示“中日战争不结束，南进是办不到的”，坚持日本的战略方针还是“以处理‘中国事变’为政策的重心”。总之，中国抗战，挫败了日本“中间突破，两头开花”的战略部署，使侵华战争较长地限制在局部的范围，延缓了由局部战争向全面战争转变的过程。

第二，中国抗战阻挠了日本与德、意法西斯的勾结，破坏了三国的战略合作。30 年代初，德、意、日的军事、经济力量同它们争霸的野心之间有很大的距离。它们都没有力量单独发动世界大战，只有在侵略扩大过程中逐步勾结，结成紧密的侵略集团，才能较快地发动世界大战并取得暂时的胜利。法西斯国家相互勾结的状况直接关系到世界大战的爆发和结局。1936 年 1 月，日本和德国签订《反共产国际协定》，但这主要是为了摆脱外交上的孤立处境，并未结成真正的法西斯同盟。1937 年日本发动全面侵华战争，1938 年德国侵占奥地利。随着侵略的扩大和升级，德国、日本要求进一步勾结。德国在谈判中提出缔结一个既针对苏联又广泛针对西方国家的军事同盟条约，但是日本统治集团对此犹豫不决。1938 年 8 月下旬，日本五相会议决定与德国谈判的目标为加强日本的国际地位，促进解决对华战争。德、日缔结同盟条约的谈判持续了近两年，到了 1939 年仍以失败而告终。德、日同盟之所以告吹，原因主要在于日本的动摇态度，而日本的动摇又在于中国抗战束缚了它的手脚。德、意、日三国同盟直到 1940 年 9 月才正式建立，但即使同盟条约签订后，由于中国抗战使日本失去了行动自由，日本始终没有给予德国实际的军事援助。日本的亲德派也不得不承认，“日本在解决中日战争和国内分歧以前是不可能参与欧洲战争的”。

第三，中国的抗战，粉碎了“远东慕尼黑”阴谋。1938 年到 1941 年，英、法、美在远东曾多次策划“远东慕尼黑”阴谋，但均遭失败。其原因，一方面固然是因为中国地位重要，英美不肯轻易放弃，争夺比较激烈，不易达成妥协。但更重要的是中国人民坚持抗战，粉碎了日本灭亡中国的迷梦，并同国内外的绥靖投降逆流进行坚决斗争，使慕尼黑的悲剧没在亚洲重演。可以设想，如果“远东慕尼黑”阴谋得逞，日本将和德、意法西斯合流，反法西斯斗争必将经历更加艰苦曲折的道路。

第四，中国人民的抗战支援了反法西斯同盟，促进“先欧后亚”战略的实施。1940 年 6 月，法国败降，整个国际形势发生急遽变化，9 月，德、日正式缔结军事同盟条约，摆开了全球进攻的态势。这时苏、美两国从战略第二线到了与法西斯直接武装对抗的第一线，都有可能陷于两面受敌的危险境地。在当时的战略形势下，苏、美面临的主要任务是束缚住日本的手脚，集中力量打败主要敌人德国。要实现这个任务,关键在于依靠中国人民的抗日战争。美国总统罗斯福指出:“如果没有中国,假如中国被打跨了,你想一想有多少师团的日本兵可以因此而调到其他方面来作战?他们可以马上打下澳洲,打下印度——他们可以不费力地把这些地方打下来,举行一次大规模夹攻,在近东会师。”美国决策团一再强调“保卫中国是保卫美国的关键”,“维持中国的抗日具有美国国防第一线的作用”,是“美国最有利的自卫方略”。苏联也把支援中国抗战看作它远东战略的核心。斯大林指出,苏联远东战略的主要任务“就是要紧紧束缚日本侵略者的手脚,只有当日本侵略者的手脚被捆住的时候,我们才能在德国侵略者一旦进攻我国的时候,避免两线作战。”苏、美制订“先欧后亚”战略,反映了争取反法西斯战争胜利的客观规律,符合世界人民的共同利益。中国人民用实际行动支持和配合了苏、英“先欧后亚”战略的实施。中国人民的浴血战斗使日军主力受制于中国战场,使有限的物资消耗于中国战场。在这种情况下,日本无力分兵北上进攻苏联,“武力解决北方问题”再次搁置,终成泡影。1941 年 6 月德国入侵苏联,取得暂时胜利,希特勒一再催促日本配合德国进攻苏联。日本外相松冈洋右也主张趁火打劫。但日本苦于兵力陷于中国战场,不敢轻举妄动。直到德军兵临莫斯科近郊,日本也不敢进攻苏联。中国抗战也使日本在背着中国战场的沉重包袱的情况下,冒险南进,埋下了必然失败的根子。太平洋战争爆发后,日军的主力仍然被束缚在中国战场上,当时日本总兵力共 51 个师,其中 35 个师被牵制在中国,只有 11 个师调到西南太平洋协同海军作战。1942 年夏,德国法西斯在苏联战场出动 150 万兵力发动大规模的夏季进攻,企图攻占斯大林格勒,突入高加索,夺取中近东。这时,日本极想与其遥相呼应,乘机进攻印度,把英、美势力逐出东南亚,并冲向中东与德军会师,但由于日本陆军主力陷于中国战场,没有兵力西移而作罢。上述事实证明,中国抗战有力地支援了苏、美“先欧后亚”战略的实施,使盟国有可能对法西斯国家进行各个击破,集中力量首先打败德国法西斯,然后再集中力量打败日本法西斯,对反法西斯战争的胜利起了重要作用。

本文原载《社会科学》(上海)1985 年第 9 期

# 关于“雅尔塔体制”的若干问题

第一次世界大战后期和战后初期，主要由美苏两国谋划和建立起来的“雅尔塔体制”，奠定了战后国际关系的基本格局，在相当长时期内支配了世界形势的发展。随着国际斗争的起伏和国际政治力量对比的变化，“雅尔塔体制”不断受到冲击与削弱，开始走向衰弱、瓦解，但至今仍然对国际关系有着不可忽视的影响。在国际战略格局面临重大变动的世纪之交，对“雅尔塔体制”的性质与特征、产生的历史背景、发挥的历史作用以及未来的历史命运进行一番探讨，无疑是必要而有益的，本文拟从战争与和平的视角对“雅尔塔体制”做一点历史剖析和哲学思考。

## 一、“雅尔塔体制”的性质与特征

“雅尔塔体制”形成于20世纪40年代中后期，以雅尔塔会议为中心，通过多次会议逐步形成。“雅尔塔体制”是历史的产物，是反法西斯战争胜利的产物，某种意义上说，也是反法西斯战争的胜利成果。

当初，雅尔塔会议主要解决两个问题：一是打败法西斯侵略者；二是对战后世界作出安排。一般所称的“雅尔塔体制”主要是指战后安排而言，也即指建立战后国际新秩序。

为解决以上两个问题，当时主要需要处理两对矛盾：一是战胜国与战败国的矛盾，防止战败国东山再起，重新发动战争；二是战胜国之间的矛盾，也即调整同盟国之间的关系、协调行动、维护战后世界和平、防止新的世界大战。从战后多年的实践来看，通过维持盟国主要是美苏战时合作关系、维护战后国际秩序的稳定，以此预防新的世界大战发生是“雅尔塔体制”的一个长远目标，就此而言，理应认为，“雅尔塔体制”具有维护和平的结构功能。

“雅尔塔体制”有以下三个特征：

第一，“雅尔塔体制”建立于强权政治的基础之上。

任何国际关系体系、体制都是建立在力量对比的基础之上，而这种力量对比又以几个主要大国为代表。无论是维也纳体系，还是凡尔赛-华盛顿体系都是这样。

在帝国主义时代，任何和平结构都不可能真正建立在正义、公正、民主的基础上，都带有帝国主义大国政治的特征。真正完整意义上的正义、公正的和平，只有当帝国主义制度在地球上彻底消灭、世界大同以后才会实现。

当然，第二次世界大战与第一次世界大战不同，历史进步了、时代前进了，虽然帝国主义仍占优势，但战后社会主义苏联的地位、影响增强了，世界人民力量的影响也扩大了。帝国主义已经不能再像第一次世界大战之后那样主宰世界，支配一切，战后国际秩序中一定意义上反映了社会主义苏联的利益，在较小的程度上也使人民的力量得以彰显。

但是“雅尔塔体制”也不是真正按世界人民的民主、公正要求而建立的，葛罗米柯的《外交史》曾把《雅尔塔协议》提到“以民主方式安排战后世界的纲领”的高度，但事实上，《雅尔塔协议》主要是按美苏两家的意志与利益建立起来的，反映了美苏力量的对比，表现出美苏主宰世界、大国安排国际事务，特别是由美苏按实力划分势力范围的强权政治的特点。

第二，“雅尔塔体制”具有强烈的意识形态影响的色彩。

“雅尔塔体制”的主轴两极是美国和苏联。相当长时间内，它们曾被看作资本主义与社会主义制度的代表与带头人，在“雅尔塔体制”内部代表了两个阶级、两种制度的对立和斗争。这种对立与斗争随着反法西斯战争的胜利不断激化，到20世纪40年代末发展为两大阵营对立。这种强烈的意识形态的对立、斗争是以往国际关系体系所没有，而是“雅尔塔体制”独具的。

第三，“雅尔塔体制”的主要基地或者说心脏地区是在欧洲。

“雅尔塔体制”具有全球性的特点，但主要立足于欧亚两洲。在亚洲最典型的是中国、朝鲜，两度成为划分势力范围的对象，但体系的基石在欧洲。欧洲的命运决定雅尔塔的命运，如果欧洲的雅尔塔结构瓦解了，那么“雅尔塔体制”随之消失。欧洲格局如若不动,亚洲变化再大也不影响全局。20世纪40年代末中国局势的发展证明了这一点。

在“雅尔塔体制”中,中国也是重要的一环。苏美达成了关于中国的雅尔塔秘密协定。苏联取得中长铁路经营权、旅顺海军基地,保证不积极支持中共领导革命,维护国民党政府的统治,争取中国成为中立、友好邻国而不构成威胁。美国则基本上控制了中国,使中国成为遏止苏联在亚太地区扩张的基地。

1949年中国革命胜利,无疑对“雅尔塔体制”是一重大打击,冲击了强权政治、大国划分势力范围的图谋,对美国的打击更大,使之丧失了一个重要阵地。

但40年代末远东局势的变化并未从根本上动摇全球均势结构与力量对比,也未因此而引起苏美两家的直接冲突,动摇“雅尔塔体制”。

强权政治、意识形态的对立以及以欧洲为重点这三个特征在战后40多年的国际关系中表现得十分明显,战后国际关系中的许多问题都与此相关。以美苏为首的两大阵营的出现,欧洲两大军事政治集团的对峙,美苏互相争霸但又经常协调以共同维护“雅尔塔体制”的趋势,以及第三世界的反对两霸斗争很大程度上都通过上述三个特征得以体现。

## 二、“雅尔塔体制”的历史作用

“雅尔塔体制”的历史作用具有两重性。

雅尔塔体制是为了稳定战后新秩序、维护战后和平而建立起来的,它负有维护世界和平、避免世界大战的历史使命,从战后历史发展情况来看基本履行了它的历史使命,没有爆发世界大战,维护了世界和平。

但另一方面,由于“雅尔塔体制”建立在强权政治基础之上,并伴有强烈的意识形态对立,故“雅尔塔体制”孕育着危机,充满矛盾、斗争、对抗乃至局部战争的震荡。

当然,战后40多年和平局面得以维持,原因是多方面的,并不能都归因于“雅尔塔体制”。国际格局的形成历来由两方面因素所组成,一个基本因素是由力量对比关系所形成的国际政治结构,而另一个基本因素是各个国家的具体对外战略与对外政策。前者由后者综合而形成,后者又必须在前者的特定构架之内进行运作。所以,除了"雅尔塔体制"这一结构性因素之外,美苏以外包括广大发展中国家在内的各具体国家的对外战略与政策,包括世界人民反战反霸、推动民主与发展的强劲潮流,也是战后和平格局得以维持的基本原因。除此而外,从经济上说,世界经济一体化、各国经济利益的沟通互补、相互依赖,在一定条件下是战争的防爆器;军事方面,核武器的发展,使核战争本身已难以成为实现政治、经济目的的继续的手段;科技的高度发达使各国竞争手段发生重大变化,由军事、政治为主的竞争逐渐转向经济领域的综合国力竞赛,依靠科技优势,通过和平手段夺取市场和高额利润有了现实可能。

然而,不可否认的基本方面是,作为国际关系结构与机制的"雅尔塔体制"对战后国际关系的稳定,对均势格局的维持也起了相当重要的作用。具体表现在两方面:

第一,比较合理地解决了战败国问题。其处理战败国的总方针是政治、军事从严,经济从宽。政治上、军事上强调对法西斯主义、军国主义的侵略势力进行必要的斗争,依法惩办战争罪犯,实行民主改革,因而比较彻底地铲除了军国主义复活的物质基础。另一方面,经济上处置从宽,美国参与帮助战败国恢复经济。战败国则利用无军备负担的条件,经济迅速发展,从某种意义上说,战败国也是"雅尔塔体制"的受益者。它们出于对经济利益的考虑,要求保持和平的国际环境,一定程度上也不欲使自己成为战争始发因素。所以,与第一次世界大战后,战败国很快东山再起,发动了新的世界大战不同,第二次世界大战后相当长时间中,战败国与战胜国的矛盾大体未激化,未构成新的战争威胁。20 世纪五六十年代,苏联十分强调反对西德和日本军国主义复活,但事实上两国军国主义化的复活并不严重。

第二,"雅尔塔体制"比较客观地反映了战后大国间的力量对比,主要是美苏力量对比,建立了相对稳定的力量均衡结构。

"雅尔塔体制"是由美苏谋划构造的,体现美苏的利益与要求,也使美苏处于主导地位。苏美是既得利益者,势必要对"雅尔塔体制"加以维护。

过去,苏联揭露美国要称霸世界,要消灭社会主义阵营,要发动世界大战,确立世界霸权,也即要毁灭"雅尔塔体制";美国也指责苏联搞共产主义扩张,要推进世界革命、消灭资本主义,也是要破坏"雅尔塔体制"。当然,从本质上说,美苏两家都有势不两立、互相要吃掉对方的这一面,都不满足于"雅尔塔体制"所确立的势力范围。但这种情况并非在任何时期在任何决策者那里都占统治地位。以上互相指责多少带有意识形态渲染的成分。有时只表现为一种简单化的逻辑推理,有时也是一种策略。美苏都曾图谋在大肆渲染第三次世界大战威胁的烟幕之下加强对各自势力范围的控制,并向中间地带扩张。第二次世界大战后,有资格打新世界大战的国家只有美苏两家。但事实表明,恰恰是作为"雅尔塔体制"既得利益者的美苏两家,尽管剑拔弩张、相互恫吓,但真正冲突发生时,两家都甘愿保持在"雅尔塔体制"的范围之内,以不破坏既定格局为前提,以不越出这一界限为准绳。

所以相当长的时间中,美苏两家是既合作又冲突,但合作为主,基本上只是局部冲突、局部调整,未曾超越"冷战"的藩篱。这与第一次世界大战以后不同,凡尔赛体系为什么维持不久?重要原因就在于它的构造者英法美,特别是英国开始不愿对凡尔赛体系积极地加以维护,后来又没有力量进行保护。

当然,美苏之所以互不吃掉对方,并非是他们两家不想一霸天下,也不是心地善良,而是由力量对比所决定的:一方既然不能吃掉对方,那就只能保持势力均衡。欧洲两大军事集团的形成,从某种意义上说都不是为了主动破坏"雅尔塔体制",而是为了防止对"雅尔塔体制"的破坏。从50年代前期美国在亚太地区一系列军事防务条约的签订到朝鲜战争与越南战争;从几次柏林危机到古巴导弹危机,大体上冲突与争议都控制在"雅尔塔体制"内进行,一旦冲突有可能超出界限,双方都会克制,通过各种渠道谈判、妥协,相互做出让步。

总之,苏美是雅尔塔格局的既得利益者,又有能力控制局势,这是战后"雅尔塔体制"得以维持与发挥作用的重要原因。

## 三、关于"雅尔塔体制"是否瓦解的问题

任何一个国际关系体系都不是永恒的,都随着一定力量对比关系的变化

消长而新旧更替。判定"雅尔塔体制"是否瓦解也应以这一立场出发而以若干标志为依据：

第一个标志：两极对峙，美苏主宰世界的格局是否被打破、世界是否趋于多极化，改由多个大国或若干大国集团来支配世界新秩序。由于两极变为多极尚处于过渡之中，故"雅尔塔体制"的瓦解不能说已经完成，而是尚处瓦解过程之中。美苏两家目前无论在军事上、政治上还是一定意义上在经济上所占据的地位是其他任何国家都无法取代的。

第二个标志：苏美用划分势力范围的办法来维持"雅尔塔体制"的原则已经过时，原来的势力范围已趋于瓦解。但势力范围的瓦解目前也尚未完成。两德统一虽已日益临近从政治上加以确认，但是整个东欧地区甚至两德本身在东西方关系中的地位仍有不少模糊之处而未被最终确立；朝鲜半岛的统一虽呼声日见紧迫，但鸿沟仍存；华约与北约也依然尚在。

第三个标志：意识形态的分歧与对峙已趋于淡化，国际关系中的经济利益、民族利益日益居于主导地位。两德的统一、朝鲜半岛统一前景的出现、中国的一国两制都说明意识形态已不是处理国际关系的唯一、最高标准。但是，意识形态分歧与对峙的惯性仍然在当前的结构转换中表现出有力的影响。

根据上述三个方面的表现，结论应是"雅尔塔体制"正在瓦解中，新的国际关系体制正在形成中，当前是一个新旧交替的时期。

## 四、"雅尔塔体制"的瓦解与新国际关系体系的形成

历史表明，一个国际关系体系瓦解，由新的国际关系体系所取代，都伴随着国际关系与整个国际社会的大变动，及各种力量的分化改组，充满矛盾、摩擦、冲突乃至大规模武装冲突，也即世界大战。凡尔赛体系、"雅尔塔体制"都是通过世界大战而形成的。

"雅尔塔体制"走向瓦解，与被新体制所取代的过程则不一样，它有以下三个特点：

第一，新旧体制交替不是由苏美对抗，"你吃我、我吃你"、实现一家主宰世界的途径来完成的，也不是被逆历史潮流而动的反动力量（如第二次世界

大战前的法西斯主义）所打破的，而是由世界力量格局变化、多种力量兴起，两极为多极所代替来实现的。而在这一过程中，越来越体现出一点，即世界人民力量对国际关系日益产生重大影响。从某种意义上说，“雅尔塔体制”的瓦解是世界历史走向进步，国际社会逐渐民主化的一个结果。世界历史与国际社会不断走向进步与民主的趋势包含两个层次：其一，除了少数大国、强国外，越来越多的国家与地区参与国际政治结构机制的构造，成为日益不可忽视的重要力量；其二，是世界人民在不同程度上提高了对外交决策的参与程度。

其具体表现是，东西方关系的缓和、两极结构的弛缓和走向瓦解，在很大程度上是包括发展中国家在内的多数国家长期斗争的一个结果；德、日等强国内部的军国主义势力在相当长的时期中未能发展到占据主导地位的地步，这也是主张和平、进步的现实力量坚实、壮大的反映。

世界进步力量在新体制形成过程中所起的作用愈大，打上的烙印愈深，所表现的民主、公正、平等因素愈多，新体制就愈是能够符合和平、发展与民主的世界潮流。当然任何一种新的国际体制都不可能是传统国际体制的彻底背离与断然更替，新体制只能是旧体制的一种“扬弃”。在世界民主进步力量不断壮大的同时，作为力量对比产物的强权政治依然会给新体制打上深深的烙印，公正、平等与民主只能是不完全的；形式与内容依然可能是背离的。但是，即使如此，民主进步潮流的发展、推进至少使得未来可能出现的大国强权已不再是简单地重复历史，完全用老一套方法来称霸世界，而很可能迫使某些大国强权在谋求自身利益的同时，不得不更多地注意妥协、协调与力量的均衡。

第二，新旧体制交替的过程相对来说较为平和，不一定通过战争，而是通过和平途径实现的。基辛格说过，近若干年中“世界上这么多地方同时发生这么多变化，是前所未有的。过去，只要出现一个新的力量中心，就会导致几十年的动乱”，而现在，这么多新的力量中心，这么多地区发生力量结构转换，却主要是通过和平途径形成的。所以发展的总趋势有可能是和平，体制转换的结果有可能不是导向战争而是一个新的和平体系。

但也不能绝对排斥不会发生大规模的剧烈冲突，各国内部的调整变化，各国领导人的更替，特别是德国、日本崛起后的发展趋向都是难以预测的。

所以,体制转换有可能在没有“硝烟的战争”中进行,但火药味不会完全消失。

第三,新旧体制的替代不是通过突变,而是通过渐变实现的,是个量变的积累过程。造成这种特点的重要原因之一,是科技革命推动下的当代经济发展促使了经济一体化和各国经济相互依赖,这使得一国国力的迅速发展不可能在一个封闭体系内、在不为人知的条件下悄悄地进行;大众传媒、民众参与,包括现代化侦察手段的大量应用,也使得综合国力竞争在一个相对开放的环境中进行,这就大大减少了国际力量对比发生突变的可能性。

由于力量对比及新旧交替是一个平和的渐变过程,故需要经历一个较长的历史阶段,变化的难以察觉、发展阶段的模糊性都导致判断上的困难。所以,目前人们对“雅尔塔体制”是否瓦解发生分歧不足为怪,对此,我们需要冷静观察、科学分析,不轻易下结论。

本文原载于和平发展研究所(上海)《和平与发展》1990 年第 2 期

# 不能再度陷入血与火的灾难深渊

在世界反法西斯战争胜利50周年之时,世界各国正以空前的规模开展多种多样的纪念活动。值得注意的是,人们在纪念中并没有停留在表层的感情抒发和心灵呼唤上,而是同时在理性的深层上进行了历史的沉思和现实的思考:从反法西斯战争胜利的历史中人们应该吸取些什么教训与经验?

思考之一,由德、意、日法西斯国家挑起的第二次世界大战,为什么距上一次世界大战这么短暂?从某种意义上说,二次大战是最有可能避免的一场战争。在20世纪二三十年代相当长的时间内,侵略者在力量对比上处于明显劣势,不可能一下子就发动世界大战,而只能先在局部地区进行试探性的侵略行动,边打边准备。它们只有局部战争不断得逞,并在发动局部战争过程中逐步勾结起来,结成侵略集团,蓄积力量,才能最后发动世界大战。二次大战正是由一连串的局部战争逐步扩大而成的。当初,如果反法西斯各国联合起来,采取有力行动加以制止,那完全有时间、有机会、有力量把战火扑灭在局部范围中,推迟或制止世界大战的爆发。苏联和世界人民曾为此作出不懈努力,但英、法、美等国政府,却采取妥协苟安、嫁祸于人、纵虎为患的绥靖政策,拒绝与苏联合作,致使当时唯一能制止战争爆发的反法西斯联盟没有及时建立起来。希特勒正是利用反法西斯阵营中的矛盾,分化瓦解,各个击破,终于使本来可以避免的人类浩劫比侵略者预谋的日程还要提前到来。今天,世界处于世纪之交国际格局新旧交替的动荡时期,新衍生的矛盾和冲突层出不穷,因领土、民族和宗教等因素引发的国际间的纠纷、对抗有可能增多,核扩散的危险仍在增加,霸权主义在国际舞台上继续逞凶,法西斯的幽灵蠢蠢欲动,极端民族主义和排外主义明显回潮。所有这一切都告诉人们,战争的危险依然存在,天下仍不太平,必须警钟长鸣,保持高度警惕,努力壮大和平力量，遏制和消除一切战争因素。特别是要教育青年一代，不忘历史教训，为维护世界和平不懈努力。

思考之二，反法西斯战争为什么最后以侵略者惨败，世界人民胜利而告终？反法西斯战争是一场正义与邪恶、光明与黑暗、进步与反动的你死我活的生死大搏斗。战争初期，法西斯国家曾嚣张一时，但是曾几何时，侵略者便一个个落得可耻的下场。反法西斯国家之所以转败为胜，除了战争的性质、人心向背和经济实力等因素外，关键的一点是这些国家吸取了战前和战争初期相互猜疑、互不合作而遭到惨败的教训，终于在 1942 年初超越社会制度和意识形态的差别，团结奋战，从而夺取了胜利。历史表明，和平不可分割，联合才能胜利。

思考之三，如何认清反法西斯战争胜利的伟大意义和深远影响，把握时代主题，维护世界和平，促进共同发展？第二次世界大战是 20 世纪划时代的重大历史事件，它推动了世界历史的进程。二次大战后，社会主义运动和民族解放运动高涨，第三次科学技术革命迅猛发展，世界面貌发生了巨大的变化，和平与发展成为时代的主题，成为不可阻挡的历史潮流。和平有赖于发展，发展离不开和平。侵略扩张招致灾难和毁灭，和平、发展才能带来繁荣和进步。以史为鉴，可知兴衰。如果无视历史教训，顽固奉行极端民族主义政策，恣意推行霸权主义和强权政治，那么，不管是谁，都将以损人开始，害己告终。今天，世界成为不可分割的整体。在新的历史条件下，世界面临新的共同挑战，人类在平等互利基础上的国际合作显得日益迫切，任何国家都不能孤立于国际社会之外。生活在新时代的国际社会成员国，必须以新的思维，高瞻远瞩，驾驭时代潮流，发扬二次大战时期联合抗击法西斯侵略的团结合作精神，联合起来，走和平与发展的道路，把维护世界和平、促进共同发展视为神圣责任。唯此，才能有效地捍卫本国利益，并为人类进步事业作出共同的贡献。毋忘历史，胜利来之不易，和平弥足珍贵，决不允许世界再度陷入血与火的灾难深渊。

本文原载《探索与争鸣》1995 年第 7 期

# 以史为鉴·关怀现实·追求和平

今年的9月3日是中国人民抗日战争胜利和世界反法西斯战争胜利65周年纪念日，这是值得中国和世界各国人民永远铭记的纪念日。65年过去了，这场战争的硝烟早已散尽，但当今世界并不太平，局部战争、武装冲突、霸权主义、恐怖主义等仍然威胁着人类的和平发展事业，和平与战争问题仍然是关系人类命运和前途的根本问题。铭记抗日战争和二次大战的集体记忆，应该站在时代的高度，把握时代主题，从全人类的命运和前途出发，密切联系现实世界，在历史与现实的对接中，吸取历史的智慧和启迪，获得应对现实和创造未来的力量。

下面从历史与现实的结合上，就维护和平、反对战争的中心议题，从和平发展、集体安全和国民感情三方面谈一点体会。

历史告诫世人：在现时代，和平发展是任何国家追求繁荣富强的必由之路，战争则是损人害己的罪恶之路。

20世纪的历史一再表明，非正义的侵略战争必败，玩火者必自焚，两次世界大战的历史，有力地证明了这一点。战争不仅把希特勒、墨索里尼、东条英机等战争发动者送进了坟墓，而且使德、意、日三国蒙受了巨大的民族灾难，无数青壮年葬身异国他乡，国家的发展倒退了几十年。二次大战后，虽然时代变了，和平与发展成为时代的潮流，但仍然有人无视历史教训，逆潮流而动，不断制造冲突，挑起战争，结果无不自食恶果。二次大战后，美国仗着急剧膨胀的经济、军事实力，打着维护美国国家利益的旗号，到处称王称霸，干涉别国内政。它在亚洲先后发动侵略朝鲜和越南的战争，为此同样付出了沉重的代价，伤痕累累。21世纪初，美国更是不顾国际社会的反对，撇开联合国，悍然先发制人地发动了伊拉克战争，虽然双方力量悬殊，大规模军事行动的胜负早就定局,但一直拖到今年8月31日才正式开始撤军。七年半的战争造成美军4415人丧生,32000人受伤,军费开支超过7423亿美元。战争不仅给美国的政治、经济、外交等各方面带来了各种“后遗症”,也使美国人民的心灵受到扭曲和创伤。这场战争没有使美国争取到伊拉克及伊斯兰世界的民心,反而使全球恐怖主义的威胁日益严重。困境之下,美国总统奥巴马终于无奈地宣告:结束这场战争的时刻到了,“今天,我们的当务之急是恢复经济,让千百万失业的美国人重返工作岗位”。冷战后期,另一个超级大国苏联在1979年12月也曾蔑视国际法,公然大规模入侵阿富汗,后果也十分可悲:10年战争使内外交困的苏联雪上加霜,危机频发,侵阿战争结束后两年,苏联便宣告解体。“二战”后,不仅强国的某些执政者为所欲为,肆意横行,也有些小国的掌权者为实现地区霸权的美梦,利令智昏,孤注一掷地发动侵略邻国的战争。如伊拉克的萨达姆,结果同样受到了历史的惩罚,本人被送上断头台,命归黄泉,更使整个国家蒙受浩劫,生灵涂炭,经济陷于崩溃。

重提上述众所周知的历史事实,无非是向那些好战的决策者们敲响警钟——不义战争必败,战争罪人必自毙,同时也告诫各国人民:国家要繁荣,文明要进步,战争不能解决问题,战争是一条走不通的死路,唯有和平发展才是光明正道。就以发动二次大战的德国与日本为例,二次大战使他们饱尝了灾难的恶果,但在战后,德日两国抓住新科技革命深入发展的有利时机,埋头发展经济,取得显著成就。短短20年左右,德国出现了世人惊叹的“经济奇迹”,日本在1968年跃居资本主义世界仅次于美国的第二经济大国。德日的实例,雄辩地昭示,在新时代,世界各国必须走和平发展的道路,舍此无他。

**历史启示世人:“集体安全”是制止战争,维护和平的有效途径。**

历史研究表明,第二次世界大战是最有可能避免的世界性战争。20世纪30年代初,战争的发动者德国和日本都还羽翼未丰,实力不足,如果世界各主要国家联合行动,完全有力量、有时间、有机会将法西斯国家发动的局部战争扑灭在初燃阶段,不致演化为一场世界性大战。但当时英法等国为维护自己的既得利益,对法西斯侵略国推行牺牲中小国家和“祸水东引”苏联的绥靖政策,迫使苏联采取“祸水西推”、孤立自保的反制政策,促使广大中小国家或中立,或动摇,或倒向法西斯集团,以致世界反法西斯力量四分五裂,根本无法有力地阻止世界大战的爆发。这个历史教训值得记取。

今天的世界已是不同于20世纪30年代的世界，新的世界大战在相当长的时间内不可能爆发，但局部战争不断发生，战争的主要危险不再来自穷兵黩武的法西斯复活势力，而是来自霸权主义、强权政治、恐怖主义、核扩散、民族、宗教、领土、资源等引起的传统与非传统安全威胁等因素。在经济全球化、世界各国相互依赖的背景下，面对战争因素多元化、复杂化的新形势，维护和平、反对战争的爱好和平的国家和人民比任何时候更需要联合起来，担负自己应负的国际责任，共同行动。要坚决反对只顾本国利益的民族利己主义，反对形形色色破坏联合行动的行为，如在反恐斗争中执行双重标准，削弱反恐力量，纵容恐怖势力。同时，要吸取当年国际联盟面对法西斯的战争威胁，软弱无能，助长战争扩大的教训，充分发挥联合国维护和平的作用，决不让各种邪恶势力兴风作浪，危害世界和平。事实证明，当年世界反法西斯的和平进步力量提出的“世界和平不可分割”，建立“集体安全体系”的呼号，在今天仍有启迪意义。

**历史召唤世人：世界和平要靠世界人民来维护，增进各国人民之间相互了解和信任是维护和平的基础和前提。**

导致战争的因素是多方面的，但相关国家国民的对立感情和极端民族主义非理性情绪，也是不可忽视的重要原因。第一次世界大战由萨拉热窝谋杀事件所引起，第二次世界大战的发生与极端民族主义狂热也有直接关系。当今，因历史恩怨，领土资源的矛盾以及宗教、文化意识形态、社会制度的不同和差异所引起的国家之间民众感情的对立、对抗，往往成为诱发战争的引爆点。中东地区的许多冲突和战争便是明显的例子。

今天，我们强调牢记历史，不是为了牢记仇恨，继续仇恨，更不是为了以牙还牙地借报复旧的仇恨，制造新的仇恨，而是为了以史为鉴，面向未来，告别过去，避免历史悲剧重演。

日本帝国主义曾在短短半个世纪中，先后发动两次侵华战争，对中国人民犯下了滔天罪行。这种国难国耻，中国人民决不能忘记。我们坚决反对日本右翼反动势力歪曲历史，拒不认错，反诬中国对日本的威胁，煽动民族复仇情绪，毒化中日关系的种种行径。

中日两国是一衣带水的邻邦，应该吸取历史教训，世世代代友好下去，这对中日两国的和平发展至关重要，也有助于亚洲和世界的稳定、繁荣。在经济全球化的时代，中日两国应顺应和平发展为主题的时代潮流，高瞻远瞩，共同合作，互利互惠，这是唯一正确的选择。“和则共赢，斗则俱伤”是铁定的规律。我们应该看到由于各种因素的作用，维护和发展两国友好合作的关系，必然会遇到各种干扰和障碍。

为了实现中日两国永远友好的目标，两国政府不仅要执行富有远见的明智立场和政策，更重要的是要反对极端民族主义对双方民众的影响，大力培育和增强两国国民之间相互尊重、友爱合作的感情，沟通双方的民心民意，并进一步以民间友好推动官方关系的发展，这是建构两国友好关系的最根本的基础。毋庸置疑，日本侵略战争所造成的灾难和屈辱，让中国人刻骨铭心，留下了一道深深的历史鸿沟；日本右翼的反华行径和政客不负责任的行动，使中国人不能不产生一种忧患意识和不信任感。而中国的迅速发展，让日本人也很难接受，内心产生不适感和排斥感。这种心态很容易被右翼所利用，煽动民族沙文主义。如果不调适和改善两国民众的心态，加强交流沟通，克服互不信任、相互猜疑的心理，中日友好大厦就不可能奠定在坚实的基础上。当然，历史是面多棱镜，中日之间不只有悲痛与怨恨，更有友好与光明。纵观中日关系的历史，“2000 年友好，50 年对立”，友好是主流，即使在战争年代，中国人民也不记仇恨，以人道主义的博大胸怀，收养了 2800 多名日本遗孤。战后，中国人民不纠缠历史问题，抛开历史恩怨的包袱，积极推进中日关系向前发展。

同样，在战争年代，有些日本士兵参加八路军，掉转枪口参加抗日战斗。在中国改革开放的新时期，日本经济界人士为促进中日经济共同发展做出了积极努力，结出了合作共赢的硕果。2006 年 4 月，70 岁日本老僧岩田隆造到当年重庆大惨案的遗址长跪不起，忏悔泪下。岩田隆造说，他来重庆，既是为日本当年的侵略罪行检讨，向重庆人民谢罪，也是为了向曾经为日本传播了先进中国文化的中国人民谢恩，并说：“我希望更多的日本年轻人了解这段侵华战争的真相，让他们学会忏悔，学会感恩。”这一事例，生动地说明了国民一旦回归理性，只要相互交流沟通，就可能冰释前嫌，消除误解，使两国国民感情得到不断改善。不能因少数政客的反华挑衅和民间的误解猜疑，而影响了两国国民感情的增进和改善。我国政府一再倡导大力增进中日两国的国民感情，夯实民意基础，持之以恒地开展青少年、中青年干部、文化、媒体之间的交流，并为此作了真诚的努力。可以相信，如果各国人民之间普遍建立了相互信任、友善、谅解的良好国民感情，国家间即使发生分歧、矛盾和争执，也会理智、冷静地通过对话、谈判、协商的办法求得和平解决，不至于激化为军事冲突，世界和平可以得到真正的保证。

呼唤人类的良知，关怀人类的命运前途，祈愿和平，告别战争，为创造和平、发展、合作的和谐世界而奋斗，这是今天隆重纪念正义战争胜利所蕴涵的真谛。

本文原载于《探索与争鸣》2010 年第 10 期

# 关于开展转变教育思想、更新教育观念讨论的几点思考

编者按:挑战与机遇共存的华东师范大学向何处去?改革已经成为或正在成为华东师范大学人的共识,那么,我们该以怎样的理念指导改革?以哪些措施再创辉煌?在新一轮教育改革呼之欲出之际,特别需要每个华东师范大学人的"匹夫有责"的使命感,可以说,我们面临的最大挑战莫过于战胜自己!大家常说"华东师范大学人老实",在学校发展的关键时刻,恐怕更需要华东师范大学人的参与精神!

我们刊载王斯德教授的"几点思考",首先是为他的责在心所感动。我们想通过此文引起更多的干部、教师和学生关注转变教育思想、更新教育观念大讨论,也期盼各单位、各院系领导多做些组织、发动工作,把这场讨论推向深入。

## 一、思想观念转变是先导

在迎接新世纪来临之际,华东师范大学应以什么样的姿态和面貌进入新世纪?这是每个华东师范大学人共同关心和必须应对的历史性命题。在新一轮教育改革呼之欲出的关键时刻,我校展开了关于教育思想和教育观念转变的大讨论,非常及时,也非常必要。

近年来,华东师范大学的整体面貌有了很大变化,成绩明显,这是有目共睹的,但是也仍存在许多问题,上下都有一种沉重的危机感。有三个问题比较突出:①经费投入严重不足;②学科建设严重滞后;③师资队伍严重弱化。

造成这三个"严重"的原因是多方面的,解决这些问题的办法、途径也得

多方面着手,需要综合治理。但这些问题的背后,都存在着思想观念上的问题。比如,师资队伍建设,目前最突出的问题是迫切需要培养学术造诣高、在国内外有影响的学科带头人。一个学科、一个院系乃至整个学校的社会地位和学术影响,很大程度上取决于是否拥有杰出的学科带头人。大家感到我校严重的问题是缺乏杰出的学科带头人,比如迄今还没有一位院士级别的学科带头人。怎么办?引进人才不失为立竿见影的捷径,应该抓紧办,但不是治本的办法。因为,即使引进了几位院士,华东师范大学也不会就此立即改变面貌。更值得深思的是:华东师范大学为什么出不了院士?冒尖的年轻学科带头人为何难以成长?华东师范大学在思想观念上、体制机制上存在什么问题?如果这些问题不解决,引进的院士可能也发挥不了应有作用,更重要的是年轻的杰出学科带头人仍然出不来,队伍建设整体上还是上不去。

首先,重要的还是要以思想观念转变为先导,营造一个有利于人才成长的环境和氛围。例如选才的标准,目前存在重量不重质的偏向。在考核科研成果时,偏向于数量的比较,而忽视质量(学术上的原创性贡献)的鉴定。这种偏向客观上助长了急功近利的浮躁心理,相关人员急于出成绩,不愿下苦功攻难关。一篇或一本精品力作的问世往往标志着一个优秀人才的诞生。事实上一篇在学术上真正有创见、对社会有贡献的论文远胜几本、几十本平庸的书;一本有重大突破性的著作远胜于几百、几千本一般性著作。历史上有多少著名学者因一篇杰出的论文或一本名著一举登上诺贝尔奖台,而这一篇论文和一本书岂止一年甚至几年所能完成?可见片面的数量观不利于出精品力作,不利于创造性人才的涌现。其次,在人才的评判上存在着求全责备的旧观念,容不得不同的个性和缺点。学术上有成就或有发展前途的人往往有较强的个性(甚至有古怪的脾气、性格),存在某些缺点(如高傲等)。如果求全苛求、以偏概全,往往会压制、摧折优秀人才的成长。如果树立科学的人才观,采取宽容、宽厚、宽松的态度,无疑有助于优秀人才的脱颖而出。再次,工作生活条件(包括科研经费、科研项目、配备助手、参加国内外学术活动、成果奖励等)存在某种平均主义,对优秀人才重点扶植的力度不够,严重影响了人才的成长。

教育思想和观念的内涵甚为丰富,一次讨论不可能面面俱到,全面开花。我们应该从华东师范大学的实际出发,突出重点,抓住要害,议深议透,推动实际工作。以下,我想从“生产关系”和“生产力”两方面提出一些看法以供讨论。

## 二、办学观:面向社会主义市场

从管理体制运作机制的角度看,关键问题的是要确立以社会主义市场经济为导向的办学观,摒弃计划经济为导向的办学观。

首先要确立“面向社会,自主办学”的思想。面向社会,意味着高校要牢固树立服务社会的观念,为经济发展、社会进步服务,为建设中国特色社会主义服务。21 世纪高校与社会的互动关系日益强化,高校为社会服务的功能大大拓展,高校的生存发展的境况更取决于高校为社会服务的态度、质量、成效。只有服务好,才能获得社会的欢迎、支持和称誉。

高校服务社会首要和根本的内容是培育人才,奉献成果(主要是科研成果),而培育人才是根本的根本。高等学校主要是通过培养更多、更好的人才来为社会服务的。就华东师范大学来讲,学校要注重为基础教育服务;就地区来讲,学校重点为上海市甚至华东地区服务。

市场观念要求高校一定程度上按经济规律运作。从某种意义上讲,教育本身日趋产业化。当然教育有其特殊性,但是某些方面应该而且能够按经济规律办事。如知识和科学研成果转化为生产力,走产、学、研结合的道路,(文科也可把知识和科学研究成果转化为生产力,也可以转化为软产品)这是今后高校为社会服务的重要途径,也是学科改造、为学校自身发展筹谋资金的重要渠道。此外,毕业生的分配按有偿原则进行等也可体现市场经济规律。

市场经济是一种讲质量、求效益的经济。高校也要树立质量观念,作为重点大学不能满足于合格水准,要高质量、高品位,要有自己特色、创名牌。我们不妨提出“精英战略”,注重“育英才,出精品”,强化精品意识。同时要注意形成自己的特色,我校曾提出体现“时代特征中国特色、上海特点、师范特征”作为办学准则,恐怕还得加上体现华东师范大学的特长(优于同类师范大学的特色)。一个没有特色的大学是与其重点大学的地位不符的。求效益,不仅是指规模效益,而且要在提高质量上求效益。如果我校能培养出杰出的顶尖人才,推出在国内外有震撼力的科研成果,那么,办学的效益就大得多。毫无疑问,培养出一个院士,比培养出一般普通、合格的人才价值高得多,效益大得多。剑桥、哈佛、巴黎高师等之所以成为世界著名大学,饮誉全球,就在于不断培育出学界、政界、商界的杰出英才和领袖式人物。

市场经济是一种竞争经济。要树立竞争观念,适者生存,优胜劣汰。对外要开拓活动领域,争夺制高点,对内要形成激励约束机制,奖勤罚懒,奖优汰劣,调动广大师生的积极性、创造性,创造一种蓬勃向上、充满竞争活力的生态,铲除死气沉沉、浑浑噩噩的病态。

市场竞争是优胜劣败,因此要有点危机感、忧患意识,要见微知著,未雨绸缪。市场变幻莫测,充满风险,在市场大海中航行要有点风险精神,敢于探索,敢于打破常规,走新路。不敢冒险也有一定风险,畏缩不前,不可能是竞争的强者,不可能有大成就。市场竞争有胜有败,不会有永不失败的成功者,因此要允许失败,无论个人和组织都应理性地对待失败,这是弘扬改革精神,保护改革者的重要精神保证。

要在竞争中取胜,还必须发扬团队合作的精神。在市场竞争不断加剧的大背景下,要增强竞争实力,需要团队合作,提倡团队精神,集体拼搏,联合攻关,一个人离群索居、孤军奋战已不适应新形势了。

## 三、教学观:发展“个性教育”

对高校来说,如果说管理体制运作机制属于“生产关系”范畴,那么,培养出优秀的人才则属于“生产力”范畴。发展“生产力”是学校的中心任务,好似国家一切工作以经济建设为中心一样,应全力以赴、全神贯注地紧抓不放。

人才就是生产力。高等教育改革中教学改革是核心。提高教育质量的核心是提高教学质量,这涉及人才培养目标、培养模式、专业设置、教学内容、课程体系、教学方法和教学手段等各环节。归根结底,问题的实质还在培养什么人、怎样培养人。从思想观念上讲,涉及人才观和教学观问题。从我校实际出发,我认为应注重两个观念的转变:

(1)树立知识、能力、素质辩证统一的教学观,破除重知识,轻能力、素质的教学观。

目前,教学方面存在四个突出问题:专业设置过狭,培养模式过于单一,教学内容偏旧、教学方法偏死。特别值得重视的是,普遍重视知识传授,忽视能力、素质的培养,这样培养出的人才难以适应时代发展和社会主义现代化建设的需要。为此,一定要破除狭隘的"专业对口观念",扩大知识面,优化课程体系和教学内容,强化能力的培养,注重素质教育,坚持知识、能力、素质的共同发展。唯此才能培养出德、智、体全面发展,知识面宽,基础扎实,能力强、素质高的适应时代要求的新型人才。应强调重视素质教育,其中文化素质是基础性素质,对其他素质的形成和发展有重大影响力,对人的人生观、价值观形成具有基础性的决定作用。所以我们应该通过课内外各种形式的活动大力加强对学生的文化素质教育,特别要对学生进行人文社会科学有关理论和知识的教育。

最近,国家教委高教司和师范司都在实施《面向21世纪教学内容和课程体系改革计划》,我校各系也承担了项目,我们应在提高认识、改变观念的基础上,以此为"突破口",推动教学改革向纵深发展。

(2)树立发展"个性"、突出创造性思维的教育思想观念。改革开放前的传统体制一个最大的弊端是压制人的个性发展,这种情况在教育中也严重存在,中国难以出世界级杰出人才,恐怕与此不无关系。杨振宁在对比中国和美国教育的优缺点时说,中国学生的缺点有二:一是知识面不够宽,二是创造性较差。我认为这两方面也是相互关联的。学术的生命源于不断的新陈代谢,推陈而出新,这就是创造性的真实涵义。所谓"站在巨人肩膀上"攀高,说的就是一个优秀人才的脱颖而出,并不完全靠天赋(但也不能否认天赋的作用)。其中一个不可或缺的条件,就是既善于消化、融通前人的优秀成果,又敢于向权威挑战,敢于大胆怀疑,闯进前人所未涉或还没有成功解决的领域,勇于提出自己的见解。我说的"个性",正是指这种不满足于重复前人的结论,不甘心做知识的奴隶,具有创造性思维,敢于独立思考的品格。

加强"个性教育"是符合人的认识规律和教育规律的。世界上任何重大科技创造都是以个体创造为基础的,而且是由个体的代表人物形成和提出的。发展个性教育,因材施教,这是教育、教学改革中应该重视的问题。发展个性,本质上是让学生的聪明才智得到充分发展、充分发掘人的创造才能。

要从环境氛围、规章制度、教学内容和方式(启发式而不是灌注式)等方面创造条件。世界著名大学在科学研究上的成就、地位往往取决于它在学术上的创造性贡献(如理论上突破性创新,学术新思想不断提出,新学派的形成,新学科的开创等)。而这些创造性成就的取得,显然是依托于一批具有创造性思维、敢于突破、勇于发明的优秀人才。

本文载于《华东师范大学校刊》1998 年 4 月 10 日

# 历史学是极富生命力的学科

历史是逝去的昨天，生活在今天、面向明天的人们为何要把目光投射到那些已尘封的岁月里？我们为什么要研究历史？从根本上说，因为人类发展是一个先后承续、不可割裂的过程。昨天、今天、明天，衔尾相随，历史与未来正是在现实中交汇，认识过去是理解现在和未来的钥匙。这决定了历史学具有永恒的生命力。

从广义上说，历史学的研究对象可涵盖一切事物，因为任何事物都是历史的过程，所以马克思、恩格斯说："我们仅仅知道一门唯一的科学，即历史科学。"我们一般所说的历史学，主要是研究人类社会发展的具体过程及其规律的一门学科。不同于许多应用学科，历史学不能直接创造财富。但看似"无用"的历史学却有"大用"，其生命力就蕴含在这"大用"之中。习近平同志深刻地指出："重视历史、研究历史、借鉴历史，可以给人类带来很多了解昨天、把握今天、开创明天的智慧。所以说，历史是人类最好的老师。"

历史是一部社会教科书，是人类认识世界、改造世界的强大武器。一部人类社会的发展史，就是人类在不同历史时期求生存、图发展的奋斗史，就是人类认识世界、改造世界的奋斗史。历史学把人类社会的变迁作为一个动态过程和一个有机整体来考察和剖析。以唯物史观为指导来考察历史，我们就能增强历史洞察力，领悟历史的真谛，正确看待过去、现在和未来，认清历史发展的客观进程和大趋势，确立科学的理想和信念。人类社会在历史上的成败得失和经验教训，对于今天的社会发展来说无一不是宝贵财富，可以使今天的人们少走弯路，避免重蹈覆辙。可见，以史为鉴，可以究天人之际、通古今之变，清楚兴替之道。

历史是一部人生教科书，是人类认识自我、超越自我的强大武器。学历史对于提高人文素养、提升思想境界、形成良善人格、陶冶高尚情操、塑造美好心灵都有潜移默化的作用。翻开人类历史，贯穿着真善美与假恶丑的斗争，记载着人类在改造自然、改造社会的斗争中不断完善自我的艰辛历程。从历史中人们可以体验先辈们在追求理想、改变命运过程中的痛苦与欢乐、挫折和胜利，感悟人生的意义、生命的价值和人的尊严。从对历史事件和历史人物的评价中，人们可以具体生动地体悟到什么是正义、崇高、伟大。所有这些，都有助于人们树立正确的世界观、人生观和价值观。

正是因为看到历史的重要价值，所以中华民族一直高度重视历史学。我国历史学源远流长，有着深厚的底蕴，名家辈出、成果丰硕。数千年来，多少历史学家皓首穷经、孜孜求索，但并没有把所有历史问题都研究无遗，历史真理并未穷尽。这不仅因为在时间的隧道中历史仍在不断延伸，而且因为随着时代的发展，不同时代的人对同一历史问题的认识也在不断深化。历史学家不仅要在不断发掘新史料的基础上力求最真实地"复原"历史，而且要对历史不断作出新的理解和阐释。历史研究者总是站在时代的高度，凭借当代人的知识和经验、理论和方法去认识历史，从而对历史不断有新的体悟。历史学也正是在这一过程中不断展现自己的生命力。

史学界曾在过去一个时期出现过深深的忧虑，深恐市场经济大潮会冲垮历史学生存的基础，酿成"史学危机"。但这些年来的事实证明，社会的巨变不仅不会使历史学衰微消亡，相反，它会促使历史学自我更新，在理论、内容、形式、文风、方法等方面进行全方位变革，从而展现新的生命力。"历史就是我们的一切""天地间无非史而已"。历史研究者应该有崇高的社会责任感和历史使命感，对国家前途和人类命运抱有深切的关怀，力戒浮躁、淡泊名利，耐得住清贫和寂寞，甘于坐冷板凳，通过历史研究服务于国家发展和社会进步。

原载于《人民日报》2018 年 7 月 9 日

# 序言与书评

# 《大学世界史》前言

《大学世界史》是为普通高等学校非历史专业(含理工科)的本科生进行通识教育而编著的世界通史教科书。

通识教育的理念源于19世纪初,最早在美国的一些大学中以不同形式推行。20世纪90年代中期后,在我国高等教育改革不断深化的形势下,为全面贯彻国家教育方针,克服当时高等教育中过分强调学科专业教育,忽视综合素质教育的偏向,我国高等教育界的有识之士倡导通识教育的理念,并在一些高等学校做了有益的探索。

通识教育作为大学教育的理念,概括起来具有两方面核心内涵。第一,适应当今各类学科知识进一步分化,同时进一步综合交叉的发展趋势,打破传统学科分工太细、领域狭隘的专业局限和学科壁垒,从整体上把握各学科知识的内在联系,相应地建构一套涵盖自然科学和人文科学的课程体系。第二,从培养学生全面发展的目标出发,合为人与为学的教育为一体,把对学生的学科知识、能力的培养和对学生思想品德、人格精神的养成有机地紧密结成整体,使学生在德、智、体、美等诸方面得到和谐健康的成长,成为德才兼备,有理想,有正确世界观、人生观、价值观,可堪大用,能负重任的栋梁之才。概言之,高校的通识教育实质上是以人为本的教育,以提高综合素质为中心,旨在为学生一生的全面、自由的发展奠定坚实的基础。它有别于褊狭的专才教育,也不是简单地等同于所谓的“通才教育”。

关于通识教育的性质和内涵,教育界和学术界素有歧见,近日更有学者认为“通识教育”已经过时,应由“全面教育”替代“通识教育”。是耶,非耶,有待学者们的深入研究和在教育实践中继续探索,不必纠结于某些教育理念思辨性的争论而迷茫止步,更不应以国外某名校的风向变化而盲从易辙。要从中国教育的实践出发，抓住中国大学应培养什么人、怎样培养人这一根本问题，慎思、明辨地踏踏实实走好每一步。如果不拘泥于词义的表达，通识教育的理念也并非完全是舶来品，在中国古已有之，孔子等先贤教育家"博学于文"的教诲便是明证，20 世纪 90 年代就有不少学者和教育家提倡大学教育要贯彻"厚基础，宽口径，高素质"的原则，其内涵就有通识教育的意蕴。因为本书定位于通识教科书，对通识教育理念的理解关系到本书编撰的指导思想、框架体系和内容的取舍，故有必要交代一下我们对通识教育理念的基本认识，以便使本书紧紧锁定自己的理念准则，体现其特色。

历史教育是通识教育的重要组成部分，具有不可替代的意义和价值。历史学是研究人类社会发展的具体过程及其意蕴的一门人文学科。人类历史是一个先后承续，不可割断的发展过程。历史虽是逝去的昨天和前天，但没有"死去"，从某种意义上说，历史仍活在现实之中，现实又活在历史之中。昨天、今天、明天衔尾相随，历史与未来在现实中交汇，历史与现实的统一，过去与未来的联系，赋予历史学强劲不衰的生命力。

历史学不同于一般应用学科，它不能直接创造物质财富，无法提供解救燃眉之急的锦囊妙计，也不是包医百病的灵丹妙药，但看来"无用"却有"大用"，而且是一种超越实用性、专业性之上的"无用之用"。明代著名学者徐光启在论述数学的功用时说，数学具有"不用之用，众用之基"之功，斯言也适用于史学。

历史是一部百科式社会教科书，是人类认识自我、反思自我、调适自我、超越自我的必修之学，其核心是启迪心智，增长智慧。历史将使人多一份理智、多一份清醒、多一份成熟。认识过去是理解现在和思考未来的"钥匙"，了解人类社会从何处来，有助于认识未来社会向何处去。"你是谁"，"你从哪里来"，"如何来"，"认识你自己"自古以来是人类在前进征途中不断思索、反省的永恒主题，历史正为人们架设了一座通向认识自我的桥梁。

以史为鉴，可以究天人之际，通古今之变，知社会兴替之道。历史学把人类社会的变迁作为一个动态过程和一个有机整体来考察和剖析。学习历史可以使我们掌握唯物史观和历史辩证法，增强历史意识和历史洞察力，以历史纵深感和深邃的历史眼光领悟历史的真谛。历史不能重演，但历史常常以惊人的相似现象反复出现，令人深思，给人启示。一部人类历史是人类在不同历史时期求生存、图发展的奋斗史。人类需要应对自然界的挑战，探索处理与自然关系的科学态度和方法；同时要应对人类自身的挑战，正确处理人与人、人与社会、人与国家、主权国家与国际社会之间的关系。世界潮流浩浩荡荡，顺之者昌，逆之者亡。学习世界历史有助于我们培养世界意识和全球眼光，顺应世界潮流，开拓前进。世界历史积淀的成就和弊病，前人治国兴邦的成败得失和经验教训，无一不是宝贵的历史财富，可使人开阔视野，丰富阅历，少走弯路，免蹈覆辙。任何社会的变革和进步都是历史的产物，都是以过往的历史为前提的。马克思曾言，“人们自己创造自己的历史，但是他们并不是随心所欲地创造，并不是在他们自己选定的条件下创造，而是在直接碰到的、既定的、从过去承继下来的条件下创造的”①。明乎此，人们在创造历史的时候，就会尊重历史，敬畏历史，自觉地从现实的历史条件出发，脚踏实地地开拓前进，从深层次上挖除“左倾”的祸根，而不至于超越客观历史条件的许可，沉醉于虚幻的“理想”之中，并在革命的名义下，将“空想”当作真理，强使党和人民接受，以致误入歧途，饱尝苦果。史学是资治之学，是治国安邦的宝鉴。在现代民主社会中，“治国”已不是少数国家领导人和社会精英们的“专权”，全体社会成员都是国家和社会的主人，都有“治国”“平天下”的权利与义务。学习历史无疑有益于全民抵制少数人以个人意志左右国家命运，置人民的利益和愿望于不顾，把社会当作实现自己所谓“理想”的实验室，不受监督地把民族引向灾难的困境。在这方面，苏联的兴亡史给后人留下了沉痛的教训。

历史是一部丰赡的人生教科书，具有多方面的社会教化和思想滋养的育人功能。学习历史可以明晓人生之道，有助于修身养性，提高人文素养，对完善人格、陶冶情操，塑造美好的心灵，学习为人处世都有潜移默化的作用。翻开人类历史，贯穿着真善美与假恶丑的斗争，记载着人类在改造自然、改造社会的斗争中不断完善自身的艰辛历程，从中我们可以体验先辈们在追求理想、改变命运过程中的痛苦与欢乐、挫折与胜利，感悟人生的意义、生命的价值和人的尊严；从对历史事件和人物的评析中可具体生动地体悟什么是正义、进步和公正，什么是崇高、伟大和正气，什么是反动、邪恶和卑劣，所有这

① 《马克思恩格斯选集》第1卷，人民出版社1995年版，第585页。

些都有助人们通达世事人情，树立正确的世界观、人生观和价值观。

历史学在培养创新精神和创新能力方面也具有独特的作用。学习历史不仅可以获取历史知识，更重要的是可以培养观察事物的感觉能力，增强透过现象抓住本质的历史洞察力，掌握研究问题的方式方法。历史思维方式和方法具有普适性，是人们观察和处理一切事物需要运用的一种思维方式和方法。事物是具体的、历史的，对具体事物进行具体分析，即把事物置于一定的历史时空中进行具体分析这一历史思维方法是人们认识事物的科学方法，超历史的方法永远无法达到真理的彼岸。历史研究是一个复杂的创造性活动过程，因为它研究的对象具有很强的特殊性和复杂性，可以说人类社会发展的全部过程，都在其视野之内，纵贯数千年，横联五大洲，涉及经济、政治、文化等方方面面，具有宏观的综合性和时代的迁移性和历时性。历史发展具有不以人们意志为转移的客观自然性，同时人类具有创造历史的主观能动性；历史事件和人物具有独一无二的个别性和一次性，同时具有内涵的重复性和规律性。历史一去不复返，研究者无法直接接触历史本身，身临其境地进行观察体验，必须借助各种方法开掘多种历史资源和发挥创新精神。事实表明，要真实地“复原”已经逝去的历史，重构以往的历史图景，不仅需要充实的史料进行严密的实证，而且需要用独到的巧思、丰富的想象力和创造力。无疑，历史研究的创新成果必将为人类其他创新活动提供思想养料，而学习和研究历史有利于掌握辩证思维的方法，从多方面受到历练，增强创新精神和创新能力。

此外，学习历史对继承和光大民族文化遗产，弘扬爱国主义精神，增强民族认同感和凝聚力，培养全民历史意识即一种通过认识历史而理解现实、思考未来的意识，建设社会主义精神文明都有重大意义。

总之，学习和研究历史的根本宗旨是对人类命运的终极关怀，人类要深刻地理解现在，更好地走向未来，必须正确认识历史，总结历史。社会主义现代化建设事业不能缺乏历史的智慧，一个正在复兴的国家不能忘却历史，否认过去则意味着迷失今天和明天，一个民族不善于从历史中继承和发展本民族及世界其他民族创造的优秀文明成果，就不可能屹立于世界民族之林。

《大学世界史》是一本以通史文体写成的世界历史教科书。通史是一种宏大叙事型的宏观史学。世界通史不同于国别史、区域史，更不同于断代史、专门史、专题史，它要求从全球视野，对人类社会的历史总体运动进行整体研究和解读，总体上把握人类社会发展的基本脉络和演化大势，揭示世界历史发展的共同性、多样性和丰富性。通史的灵魂在于“通”，世界通史的要义还在于“世界性”（整体性），只有具备“古今贯通”“经纬交会”的历史融通感，才能进入“登高壮观天地间，俯仰古今一脉流”的历史通观胜境。

在研究本书如何写的过程中，我们对一些困惑和疑虑的问题进行了思考和反省。20世纪八九十年代，史学界有人提出要打破“宏大叙事独尊”的局面，认为宏大叙事是主题先行，框架结构大而无当，是一种没有血肉的由观念拼凑的历史解释模式，充斥着一些值得怀疑的结论，是一张没有具体历史细节的历史年表，助长了华而不实的不正学风。还有人提出历史研究应“非宏大叙事化”，撰写宏观性通史则要“去脉络化”，唯有这样才能改变教条化、公式化的历史解释模式。

对上述关系到要不要写通史、如何写通史的观点，我们进行了认真的研讨和思考，取得了一些共识。第一，宏观历史需要研究，通史需要撰写。从时空视野来看，历史研究有宏观、中观、微观之分，我们既需要鸟瞰式的宏观型“世界通史”，也需要中观型的地区史、国别史、专门史和微观型的历史事件、人物等专题研究，应该允许各种文体、风格和题材的作品，兼容并蓄，各司其职，共生共荣。唯有这样，我们的史苑才会百家争鸣、百花齐放、满园春色，缺了宏观的通史，历史研究和历史教育将是不完整的。第二，在“左倾”思潮盛行的年代里，不可否认在通史编写中，确实存在“教条化”“公式化”“空泛化”“空论化”的偏向，缺少具体史实的支撑，枯涩干瘪，令人读而生厌，激不起兴趣。值得注意的是，有不少情况至今还存在，须努力加以克服，因为这不仅涉及理论和观念的影响，同时也受到能力和水平的制约，我们一定加倍努力，使《大学世界史》尽可能地体现我们的追求。第三，关于通史要不要“去脉络化”的问题，我们认为，通史不能去脉络化。如前所述，通史的灵魂是“通达”“通透”，要把握这种“通”，就要把握历史发展过程的主要线索和基本脉络。“去脉络化”必将导致历史整体的“碎片化”，使动态的不断变化的世界历史成为无法串联的一堆散珠，只见树木，不见森林，只知局部，不识大体，如此，通史就失去了灵魂和骨架的依托，通史则非通史矣。是故，编纂通史必须克服两种偏向，既反对“空洞化”“教条化”和“公式化”，将原本生气勃勃的历史生命体干化为失去活力的历史木乃伊，同时也要反对“碎片化”“琐屑化”，将原本富有内在联系的历史整体分解为互不相关的历史碎片。无疑，片面地强调“去脉络化”，实质上必然会消解通史的特质和特色，侵蚀“通史”特有的意义和价值，使之失去存在的理由。

以往，国内出版的通史各家“通”法不一，各有特色。有的以王朝更迭为主线，有的以社会形态演变为脉络，有的以阶级斗争、革命运动为纲要，有的以人类文明形态的更替为骨架，有的以社会现代化进程为坐标，有的以历史纵向和横向互动发展为轴心，有的以全球史观为指针。“横看成岭侧成峰，远近高低各不同”，相异的视角，不同的史识，形成了多种通史体系，这是学术生态的原生景观。客观历史运动的复杂性，需要史学研究的多样性、多维性，各种理论框架的通史可以从不同视角解读人类的历史，丰富人们的历史认识，不同学派的学术争鸣有助于推进世界通史的研究和教学。我们没有必要也不可能将世界通史的编撰统一为一种模式、一种风格、一种音调。春兰秋菊各呈特色，万紫千红才能满园春色。拒绝非此即彼、褒此抑彼的形而上学思维，反对排他性的强势霸道作风，发扬宽容精神，创造宽松环境，让多类文体、多种范式和不同主线的世界通史教科书在竞争中互相促进，不断完善。

《大学世界史》是供世界通史教学使用的教科书，这一定位有其特有的目标要求和教学功能。作为教科书的世界通史与研究型的世界通史学术专著不完全相同，教科书应努力体现先进的教育和教学理念，遵循高等教育的教育、教学规律，贯彻教育改革的精神，关注转变学生的学习方式，重视学生创新精神和实践能力的培养，激发学生学习历史的积极性、主动性和主体性。

教科书通常是学习某门学科的入门书，是为学习某一学科打基础的文本，应反映这一学科的基础理论、基础知识和基本方法。由于受教学时数的限制，教科书篇幅有限，不可能包罗万象，面面俱到，写成一部几百万字的多卷本大型著作，因此我们根据少而精的原则，强干削枝，去粗存精，精选那些最富价值和意义的知识编入教材，建构内容丰实而简明精巧的知识体系，有效地将史学的学术形态转化为教学形态，在规定的时间内将学生引入学习历史的大门。在某种意义上说，世界通史教科书是引导学生学习世界历史的导游图和指路牌。学生如要进一步深入学习，可在课外适当选读一些相关参考书。

教科书是为学生学习服务的“学本”，也是为教师教学服务的“教本”，还应为教师和学生提供一个对话的平台和交流的渠道。教师可根据教学的需要,对教科书进行“深加工”和“再创造”,也可改装和重装,可调整框架结构和章节的安排,更可以对历史事件人物的评析发表不同于教科书的观点。教师不必拘泥于教科书的章节设计,可尝试用专题的形式重组结构进行教学。

我们清醒地认识到,教科书的文体似乎有种天生的不足,容易大而化之,缺乏具体生动的细部描摹,导致枯燥乏味。人们常将一些不受欢迎的著作贬为“写得像教科书一样”,我们力图做些改变,但知易行难,实际效果尚难预测。

教科书有别于学者的个人学术专著,它不仅要体现作者的研究成果和学术见识,更重要的是要吸纳国内外最新学术成果,反映学科发展的当代水准和发展趋向,彰显时代性和前沿性。对一些学术上有分歧的问题尽量采用学术界比较有代表性的论点。但本着学术自由的精神,在一些问题上,我们适当地介绍学术界的不同观点,表达了作者的观点,不当之处文责自负。世界当代史的许多事件尚在继续演变中,限于资料和其他因素,无论微观上对具体事件和人物的评说,还是宏观上对历史发展进程及规律的阐释,都尚难做到完全准确、公正和深刻,欢迎指正。

教科书难写,通识型的简明通史教科书更难写。就学术底蕴和教学经验而言,我们深知力难胜任,但为教学需要,只好鼓足勇气,决心不计成败地冒险做一次探索。

中国是人类大家庭中重要的一员,是世界的重要组成部分,中国历史是世界历史有机整体中不可或缺的内容,但因本书与《大学中国史》作为姐妹篇同时出版,且因教学时数和篇幅字数的限制,未专门设立章节对中国历史进行阐述,至感缺憾,特作说明。

人类历史像一条千回百转、奔腾不息的大河,因果相连、环环紧扣、一气呵成,不可断裂。但漫长的历史过程又呈现出明显的阶段性,反映了在不同时空条件下,人类的生存状态和历史命运。只有深入地了解不同历史时期人类社会的基本特征,把握其基本线索和脉络,才能更好地从总体上认识人类历史的全过程和演化大势。

本书将人类社会的历史进程分为三大时期,即古代时期、近代时期和现代、当代时期。

第一时期从远古人类社会形成到1500年,涵盖通常所称的世界上古史和世界中古史，经历了资本主义以前社会诸形态。

上古时期人类社会在世界范围内发生了第一次历史性大变革，先后由野蛮阶段进入了文明社会，这种社会转型沿着两条路径向前演进。一是通过以食品生产革命为核心的农业革命，实现以生产方式为中心的文明形态转型，人类文明由原始的采集、游猎文明向农业（游牧）文明嬗变。二是实现了社会组织结构的转型，随着生产力的发展，人类的原始群逐渐向有组织、有分工的社会进化，以“血族团体为基础的旧社会”，演进为以地域团体为基础的“形成为国家的新社会”①，以血缘关系为基础的原始氏族制社会进入了以阶级对立为基础的文明社会。

上古时代，人类社会处于分散自发的原生自然状态，文明发祥地遍布于亚洲、欧洲、非洲和拉丁美洲各大地区，呈现了文明的多源性、多元性和多样性，世界各地各族人民都为人类文明事业做出了自己独特的贡献。其后，原生态的古代文明体大多消失在历史烟云中，但它们的影响力历久犹存。如古希腊、古罗马在政治民主制度和法律制度方面都创造了独特的文化，成了后世西方文明的源头。东方儒家文化的精华至今被人们视为“后现代”文明应吸取的思想文化的宝贵营养。

由于生产力发展低下等多种因素的制约，古代世界是分散的，各文明体和族群之间互相孤立、封闭、隔绝，往来交流很少，在相对狭窄的范围内独立发展。随着生产力的提高和文明体结构的扩大和强化，分散的点状文明体逐渐发展为较大范围的区域文明和文化圈，如地球上最大的欧亚大陆自东向西形成了儒家文明、伊斯兰文明和基督文明等三大板块。世界各国相互联系不断加强的主要形式既有和平的经济文化交流，也有暴力的武装冲突和战争。在世界历史发展横向联系加强的过程中，不同时期出现的地区性大帝国，如波斯帝国、亚历山大帝国、罗马帝国、阿拉伯帝国、蒙古帝国、拜占庭帝国、奥斯曼土耳其帝国通过军事征服和政治整合大大促进了地区性的交流融合。此外，中古时期欧洲日耳曼民族大迁徙等重大历史事件也以特殊的形式推动了不同民族、宗教和文化间的对撞和交融。但总的来说，15 世纪前的各地域文明基本上保持了相对独立、平行发展的格局。

---

① 《马克思恩格斯文集》第 4 卷，人民出版社 2009 年版，第 16 页。

世界历史的发展并不是一马平川、笔直无阻的,而是充满曲折迂回,时起时伏,时快时慢,有时快速前进,有时低迷停滞,有时甚至暂时“倒退”,但总的趋势是向前发展。古代人类社会基本上处于以农业为基础的自然经济占主导地位的时代,社会发展比较缓慢。中古时期的欧洲曾被称为“黑暗”“野蛮”“封闭”“僵化”的人间“地狱”和“牢笼”。但是,其也不是绝对“停滞”“倒退”的,事实上经济、政治、文化各方面都在艰难前行,农业生产的进步、商品经济的发展,中小城市的兴起,文化、思想、教育的革新等都为16世纪开始的历史新时代的来临开辟了道路。新时代是旧时代的历史产物,是在旧时代的母胎孕育中诞生的,以往将中世纪欧洲概括为“黑暗时代”的流行观点是片面的,不符合历史事实的。

世界历史发展的第二时期起于16世纪初,迄于19世纪末,俗称世界近代史时期。在这400年中,世界发生了翻天覆地的巨变,人类社会从传统农业社会向现代工业社会转化,从前资本主义向资本主义演化。与此同时,人类历史从地域性历史进化为真正意义上的“世界历史”,“世界史不是过去一直存在的;作为世界史的历史是结果”①,“大工业……首次开创了世界历史”②。

在近代史时期,世界进入了不断变革、充满活力的创新时代,人类社会发生了第二次全球性社会大转型,世界现代化是世界近代历史发展过程的主题、基本内容及主要线索,把握这一主题和主线,将帮助我们更深刻地认识世界近代的整体发展过程、演变脉络和演化大势。

严格地讲,工业革命是世界现代化正式启动的标志,是农业文明与工业文明新、旧时代的转折点,但它不是突然从天而降,而是经历了酝酿、萌生的过程。早在14世纪中叶开始的文艺复兴,高举理性和科学的大旗,吹响了创造资产阶级新文化的号角,唤醒了人的尊严,激发了进取奋发的精神。15—16世纪之交的大航海年代在不断拓展的空间响起了新时代的“春雷”,随后商业革命、宗教改革、科学革命和启蒙运动接踵而至,紧接着18世纪,英、美、法等国的资产阶级政治革命狂飙迭起,前呼后应,推波助澜。这一切为工业文明时代的来临做了必要的准备。

---

① 《马克思恩格斯选集》第2卷,人民出版社1995年版,第28页。

② 《马克思恩格斯选集》第1卷,人民出版社1995年版,第114页。

在近代，世界现代化进程主要通过工业化和城市化两大途径向前推进，其中科学技术的发展和现代“民族国家”的兴起发挥了重大的作用。与此同时，经济、政治、思想、文化领域及人类的生活方式等都朝着现代化的方向演化。19 世纪欧美地区保持相对和平的国际环境，随着第二次科技革命的兴起，主要资本主义国家由自由资本主义进入了垄断资本主义阶段，世界现代化的程度进一步提高，工业文明开始由欧美原发地区向全球扩展。自此，欧美一些先进国家在这一世界性历史巨变中，居于先导地位。人类历史从分散走向整体，真正意义上的世界史开始了。但就世界现代化发展的总体进程来看，近代世界现代化主要局限于欧美主要资本主义国家，世界上大部分国家地区的经济社会结构和政治体制仍停留在前资本主义传统社会阶段，还未能开展自主性的现代化进程。

世界现代化是一个充满矛盾的进程，工业化和城市化创造了巨大的物质和精神财富，改善了人类的生存状态，提高了人们的生活质量，但也使人生存的生态环境恶化了，催生了人的“异化”现象，扩大了贫富差距，激化了社会的分裂对抗，酝酿了世界性危机和动乱。在此背景下，一些先进的觉悟者和政治代表，对不公正的现实社会制度展开了理性的批判，工人阶级及劳动群众则在实践中展开了反压迫、反剥削的斗争，这些批判和斗争推动了社会的发展。

在近代时期，新航路的开辟，特别是工业革命兴起冲破了以往世界各地相互孤立、封闭的状态，逐渐形成了世界统一市场，世界的整体性发展进入了一个崭新的阶段，经济全球化的历程拉开了序幕。19 世纪末，随着西方列强将世界瓜分完毕，正式形成了由欧洲列强支配的资本主义世界体系。

世界历史的第三时期起自 1900 年，止于 2000 年，通称 20 世纪史，内含习惯所称的世界现代史（1900—1945）和世界当代史（1945—2000）。①

回眸人类社会发展的历程，世界历史以惊人的加速度迅猛向前，农业社会缓慢地跨越了七八千年，近代工业社会仅经历了 400 年左右，过去的 20 世纪 100 年在人类文明的历史长河中不过是短暂的一瞬，但其发展的速度、变化

---

① 世界当代史的未来下限当然可以延伸到 21 世纪或更长时间，按史学界的惯例，对 2001 年之后的历史可以暂不纳入通史研究、著述的范围，因此本书将 2000 年作为世界当代史的下限，应理解为一个阶段性的截止时间。

的广度和深度都是以往任何历史时期所无法比拟的。

20 世纪是人类历史上空前伟大的世纪，先后经历了两次科技革命高潮、两次世界大战、两次社会革命高潮，风雷激荡的革命和战争极大地改变了世界面貌和影响了人类的历史进程。100 年间人类文明取得了辉煌的进步，创造了令人惊叹的无数奇迹，人类开始走出"地球村"，在太空中自由往返，向宇宙迈进，开拓新世界的新边疆。但是 20 世纪的世界也存在黑暗、野蛮、贫困和反动，人类蒙受了两次世界大战和美苏"冷战"等带来的空前浩劫和磨难。对这样一段千头万绪、错综复杂、变化万端的历史，用什么观念、视角、线索进行观察、梳理和阐释，如何建构一个反映历史真实过程的教学知识体系和教科书框架，是值得我们认真考虑的。对前述的世界古代史和近代史时期，主要侧重以人类文明的演进为主轴和基本线索，以社会的转型和发展为中心来重构历史和解读历史。那么，对 20 世纪世界史是否仍然要一以贯之地沿用社会转型和现代化进程来重建和解读呢？有人认为，20 世纪下半叶，人类社会已开始新的转型，由工业社会转向后工业社会和信息社会，现代化进入后现代化时代。不可否认，20 世纪下半叶有不少发达国家出现了后工业化、后现代化的征兆，但就整个世界和全体人类来说，"后工业""后现代"不过是一种萌生的迹象，用它来诠释 20 世纪史不免太"超前"。历史学不是预测学，而是从事实出发的实证学，从什么视角，用什么方法解读历史是由历史本身决定的，而不是用主观的理念去塑造历史。20 世纪的历史需要用新的思维去对待，不必坚持用社会转型的解释模式作主线，一以贯之，一通到底，保持形式上的"贯通"。任何一种具体的理论观念都不是放之四海而皆准的唯一治史标准，都有其相应的边疆，否则可能出现削足适履的弊病。有鉴于此，我们力图从 20 世纪世界的历史实际出发，聚焦于 20 世纪人类所面临的历史使命和时代主题，着重阐述人类应对和解决时代主题的历史过程和意蕴。这样，我们笔下的 20 世纪世界史也许更真实，更贴近历史实际，更能揭示历史发展的变化脉络和发展大势。

20 世纪世界史大致可分两个阶段。第一阶段从 1900 年到 1945 年，即现代史阶段，那是一个以战争和革命交织为特征的时代。相距 20 年左右，竟接连爆发了人类历史上迄今仅有的两次世界大战，其根源何在，大战有什么特点，造成什么影响，是学习世界现代史必须关注的问题。大战给人类带来了巨大的灾难，但也给旧世界以沉重打击，大大推动了历史的发展。第一次世界大战使帝国主义世界体系开始发生裂变，俄罗斯帝国、奥匈帝国和德意志帝国的废墟上建立了一系列新的民族国家，西方资本主义国家出现了工人运动的高涨。

1917 年俄国十月革命冲破了资本主义体系，建立了无产阶级专政的社会主义国家，开始了在社会主义道路上实现现代化的探索。苏联社会主义事业是在原来十分落后的国家内，在资本主义国家的包围下，时刻面临外国敌对势力威胁的国内外条件下进行的，同时由于执政者主观上的失误，经历了十分艰难曲折的过程。其既充满了光荣与梦想，取得了伟大的成就，并为战胜法西斯侵略集团，保卫人类进步事业作出了重要贡献，也遭受了严重的挫折，留下了深刻的教训。全面、公正、历史主义地评析 1917—1945 年的苏俄—苏联历史，是学习世界现代史时应重视的问题。

20 世纪上半叶，资本主义国家也经历了跌宕起伏、繁荣和危机交替的过程。一战后，由于第二次科技革命的驱动和 20 年代相对和平的国际环境，欧美资本主义国家出现了短暂的经济繁荣和政治稳定的局面。但好景不长，1929—1933 年就爆发了空前的世界经济危机，整个资本主义世界体系遭受了天崩地裂般的打击，陷入严重的困境。德、日、意法西斯国家企图用侵略扩张和建立集权政治、经济体制的途径摆脱危机，寻求出路。美、英、法等民主国家力图在原体制内通过国家的调节寻求克服危机的途径和方法，美国罗斯福新政为资本主义制度和机制的自我调节、革新做出了有益的探索。

20 世纪初，世界分裂为压迫民族和被压迫民族对抗的两个世界，这是帝国主义强国主宰世界的时代。一战后，占世界人口多数的殖民地、半殖民地国家争取解放、独立、人权的民族解放运动在亚洲、非洲、拉丁美洲广泛兴起，为以后彻底摧毁世界殖民体系蓄积了能量。

总的来说，20 世纪上半叶，世界历史记载了多灾多难的回忆和惊心动魄的事件，但人类社会仍在烈火的淬砺中不断前行。

20 世纪世界史的第二阶段起自 1945 年，迄于 2000 年，通称世界当代史。与 20 世纪上半叶相比，第二次世界大战后的世界发生了巨大而深刻的变化，出现了前所未有的新情况、新特点和新趋势。其中带有全局性的根本性变化就是经济全球化进程不断向纵深发展，从经济、政治、思想文化的联系来看，世界日益成为相互依存的不可分割的整体，许多历史进程渐趋国际化和全球化。这种变化已不是一般意义上古代、近代民族和国家间横向联系的加强，而是从世界结构的深层上改变了世界历史运动的方式和进程，在真正意上开始把人类融为一体。二战后，任何一个国家和民族都离不开世界，它的命运和世界命运紧密联系在一起，人类利益高于一切，维护全人类的共同利益已成为时代的最强音。经济全球化是把双刃剑，它既可促进世界各国的交流互动，推动世界和平、发展和合作，造福人类的共同发展和进步事业；同时也会衍生新的矛盾和冲突，加剧国际间的竞争和对抗。二战后，世界的整体化、全球化和世界的多元化、多样化的矛盾统一，构成了世界各国相互依存又相互激烈竞争的错综复杂的局面。

二战后的国际社会中，战争与和平、贫穷与发展、专制与民主在世界一切矛盾中日益突出，居于首要地位，影响、制约了其他矛盾，成了当代世界历史的主题。在百川奔腾的时代洪流中，和平、发展、民主成为不可阻挡的历史潮流。

二战后，战争与和平问题一直是牵动亿万心灵的严重问题。近半个世纪中，局部战争连绵不绝，军备竞赛愈演愈烈，国际危机层出不穷，世界经常处于紧张状态，存在爆发新的世界战争的危险。核战的威胁始终笼罩世界，超级大国在战后曾几十次研究过对其他国家动用核武器，世界局势可能出现政治家所无法控制，而被偶然因素左右的局面。核武器的发展使超级大国已拥有将人类消灭几次的破坏力量，人类在核毁灭的威胁下，不再是“永生”的了。在核时代的新历史条件下，战争与和平直接关系到世界的命运和人类的存亡。二战后，在人类一切事务中，尤其是国际关系中，争取世界和平，使国际社会摆脱世界大战的威胁，使人类免遭核战的灾难，已成为最迫切、最严重的历史使命。几十年来，世界人民和各国政府都从不同立场出发，不同程度地为避免世界战争进行了努力。由于军事、经济、政治等多种原因，战后世界和平的因素大为增强，世界大战始终没有爆发。但二战后的世界又处于苏美“冷战”的折磨中，蒙受了长达近半个世纪的苦难。

20 世纪 70 年代后，国际形势发生重大变化，美苏关系开始由紧张趋向缓和，从对抗逐渐走向对话，竞争共处代替了对抗僵持的局面。80 年代中期，地区性冲突也呈现缓解或政治解决的前景。80 年代末和 90 年代初，东欧剧变，苏联解体，国际风云骤变，持续了 40 多年的两极世界格局被打破，进入了一个新旧格局交替的时期，世界多极化趋势进一步发展，和平的潮流仍将不可阻挡。但是,新旧格局的转换,衍生了许多不稳定的因素。霸权主义和强权政治在继续“逞凶”,一些原来被掩盖着的矛盾突出起来,力量对比的失衡又引发了新的矛盾。因领土、民族、宗教、资源、国家分裂等因素而引发的国际间的纠纷、摩擦、对抗和冲突频频发生,传统安全威胁和非传统安全威胁的因素相互交织,随着科技发展,核扩散的危险也在增强。所有这些都增加了国际局势演变的复杂性和不可测性,战争的因素远远没有消失,战争的危险依然存在,因此,战争与和平问题仍然严重地影响着世界历史的进程。

经济发展是关系人类命运和前途的另一根本性问题,在很大程度上决定着战后世界历史的发展。二战给世界各国的经济造成了严重破坏,20 世纪 40 年代末 50 年代初,大多数国家处于经济恢复时期。之后,由于世界保持了较长时期的和平环境,特别是由于第三次科学技术革命蓬勃兴起,社会生产力获得了飞速发展,少数发达资本主义国家出现了历史上空前的经济高速增长。同时,人们的生产和生活方式,以及整个世界面貌发生了根本变化,人类社会随着经济的发展大踏步地向前突进。但世界经济发展的历程中充满了困扰和斗争,其中最突出的问题是发达国家和发展中国家贫富不均的问题,即所谓南北问题。由于科学技术发展的不平衡以及不公正、不合理的国际经济旧秩序的作用,发达国家采用垄断世界商品市场、金融市场和科技成果,推行贸易保护主义,压低初级产品的价格,实行高利率等手段,掠夺、剥削发展中国家,致使许多发展中国家的经济濒临崩溃。二战后,发展中国家经济的主要困难表现为债务和饥荒,其中高债务为致命沉疴,期间世界上 3/4 的国家债台高筑。南北问题不仅是落后国家的发展问题,实际上是整个人类的发展问题,发展中国家经济的严重恶化孕育着世界更大规模的经济动乱,任其发展,将会引起同核战争一样足以摧毁人类现代文明的社会大爆炸。占世界人口 3/4 的发展中国家处于落后状态,使发达国家的进一步发展也受到损害和限制。只有使发展中国家摆脱贫困、落后和饥饿,发达国家才能持续发展,整个人类文明才能昌盛,世界和平和全球安全才能更有切实的保障。20 世纪七八十年代,世界各国都受到经济问题的困扰,都把发展经济摆到首位,作为基本国策。激烈的国际竞争加剧了发展经济的紧迫感,在经济全球化不断扩展、深化的形势下,在严峻的挑战面前,各国都寻找摆脱危机、振兴经济的对策,其中带有普遍性的有三条。一是大力发展科学技术,依靠科学技术催发经济的腾飞,增强在国际市场上的竞争能力。二是对涉及生产关系的经济体制和经济结构进行改革,对经济政策进行调整,趋利避害,调动各种有利因素,推动经济的发展。三是加强国际经济联系和合作,在世界经济日益全球化的新形势下,世界各国在经济上相互的依存性不断加强。一个国家的经济发展越来越离不开整个世界经济的发展,各国经济发展的快慢和成败在很大程度上取决于是否善于适应世界形势的发展变化,因此各国都更重视加强对外经济联系,力求把本国发展同世界发展尽可能地结合起来。有些以往比较封闭孤立的国家也纷纷实行开放政策,在加强对外经济联系中促进民族经济的振兴。20 世纪 70 年代初揭开了南北对话的序幕,同时,南南合作也获得较大发展,推动了新型平等互利经济关系的建立。在科学技术革命、经济改革和国际合作的推动下,世界经济不断向前发展。但是,沉重的军备负担,一些带有全球性的问题——生态环境、能源、人口、粮食、文化教育、卫生保健、毒品、恐怖活动等仍影响着经济的发展,周期性的经济危机的阴影仍威胁着西方经济。值得注意的是,在现有国际经济秩序的条件下,第三次科学技术革命使南北之间的差距呈现不断扩大的趋势,因为科学技术的革新大大节约了原材料、能源和劳动力,使第三世界在丰富资源和廉价劳动力方面的优势日渐削弱,发展中国家面临严重挑战。为了发展民族经济,巩固政治上的独立,广大发展中国家从 60 年代起掀起了一场以改革旧国际经济秩序,建立新国际经济秩序为主要内容的反对新殖民主义的斗争,并努力发展本国的科学技术。

和平与发展是相辅相成,互为条件的。世界和平是促进各国共同发展的前提条件,各国的共同发展则是保持世界和平的重要基础。

二战后,民主的潮流汹涌澎湃,席卷全球,推动了世界历史的发展。早在反法西斯战争胜利前夕,毛泽东就对战后世界潮流做了科学的论析,指出"现在的世界潮流,民主是主流,反民主的反动只是一股逆流。目前反动的逆流企图压倒民族独立和人民民主的主流,但反动的逆流终究不会变为主流"①。战后,欧、亚一系列原来受压迫、奴役的国家,在无产阶级领导下建立了实行人民民主的社会主义国家。广大亚非拉地区民族民主运动持续高涨,一大批国家先后挣脱了帝国主义殖民奴役的枷锁,取得了政治独立和民族解放的胜

① 《毛泽东选集》第 3 卷,人民出版社 1991 年版,第 1103 页。

利，并和一部分社会主义力量直接汇合，逐步形成了第三世界，成为世界舞台上最活跃、最有生气的反帝反霸力量，成为世界政治格局中举足轻重的一极。第三世界反帝反霸斗争，彻底瓦解了殖民主义体系，促进了国际关系的民主化。在国际生活中，民族民主意识大大增强，许多国家在世界事务中的发言权大为增强。超级大国的霸权地位日益动摇，联合国不再是美国称霸世界的工具和少数大国争霸的竞技场，在维护世界和平、促进共同繁荣的国际事务中日益发挥重要的作用。帝国主义和霸权主义为所欲为、主宰世界的时代一去不复返了，国际关系民主化的发展有利于世界和平，也有利于世界经济的发展。

二战后世界各国国内的政治民主化也以不同形式和速度向前推进。不同类型的国家在进行经济改革和政策调整时，几乎都涉及政治民主化问题。社会主义国家吸取沉痛的历史教训，把政治体制的改革、扩大社会主义民主提到应有高度，强调没有民主就没有社会主义，努力加强社会主义民主的建设。二战后广大发展中国家的民主化运动不断发展，它以对外抵抗强权政治、对内推进民主政治为基本特点，许多原殖民地、半殖民地国家在取得民族独立后，不同程度地进行了资产阶级民主改革，肃清殖民主义残余势力，摧毁封建专制制度。大多数发展中国家实行了共和制，只有少数实行君主制和军事独裁制。战后几十年来，广大发展中国家人民强烈要求发扬民主，借以激发民族热情，提高民族自尊心，加强民族团结，为维护民族独立，发展民族经济创造条件。60 年代中期到 70 年代中期拉美一些国家的政局一度发生逆转，十几个国家发生军事政变，建立了军人政府。但到 80 年代，拉美大多数国家重新实现了政治民主化，完成了从军人政权到文人主政的转变，恢复了民主政权。另外像埃塞俄比亚、伊朗等长期实行君主制的国家也在 70 年代先后建立了共和国。战后民主化运动尽管在一些国家受到阻挠和压制，发生曲折和反复，但总的来说，民主化进程已不可阻挡，无法逆转。在发达资本主义国家中，战后，民主化也有所发展。德、意、日等国在法西斯的废墟上推行了非法西斯化和非军国主义化运动，不同程度地走上了和平民主的发展道路，英、法、美等国的人民享有比以前更多的民主权，西欧国家的共产党大多取得了合法地位，在议会中占有一定议席，甚至一度掌握了一部分地方政权。70 年代中期，希腊、西班牙、葡萄牙的独裁政权相继垮台，西欧十多个社会党先后战胜右翼政党而在国内单独或联合执政。

纵观战后世界历史的发展演变，和平、发展、民主是时代主流，是推动世界前进、人类进步的三大动力。这三股潮流决定了战后世界的面貌，左右着社会发展的进程，构成了世界历史的中心内容，展示了世界历史的发展大势。从宏观上把握这条历史发展的主要线索和基本脉络，具体、客观地反映 1945 年以来世界历史发展的真实过程，科学地揭示其发展规律，实事求是地总结历史经验，这是写作本书世界当代史部分所遵循的指导思想和框架建构原则，也可以说是它的灵魂和骨骼。

当今，历史巨轮已进入 21 世纪，世界和中国正在发生新的深刻而伟大的变化。面对风云变幻的世界，面对实现中华民族伟大复兴和社会主义现代化的艰巨历史使命，人们更需要深邃的历史意识和历史眼光、开阔的世界意识和世界眼光，在全社会形成学习中国历史和世界历史的浓厚风气。《大学世界史》的出版如能对满足如上诉求有所帮助，那将是莫大的鼓励和鞭策。

本文原载于《大学世界史》，高等教育出版社，2011 年第 1 版

# 《高等师范教育面向21世纪教学内容和课程体系成果从书(七)历史学分卷》序言

王斯德　郑师渠

【摘要】由10余所师范大学单独或合作承担的13项研究课题组成的改革系列,取得了丰硕的成果。多方位、多侧面的调查研究,保证了本次课题研究提出的理念、规划和各项改革实践,具有强烈的现实感与鲜明的针对性。关于师范大学历史学教育专业人才培养目标,形成的基本共识是,要保证高起点与前瞻性,同时又要充分满足21世纪中学历史师资的培养需求。各课题组提出的教学内容和课程体系改革以及课程配置方案,有了突破性进展,在许多问题上虽达成共识、相互趋同,但也同中有异,不存在完全统一的模式。各种方案有待于在实践中丰富发展,相互取长补短,以便最终形成“百川汇流”的大局面。此次,与课程体系改革配套的教材建设成绩斐然,出现了一批质量较高,并具有个性特色的新教材。总之,本次改革项目总体上成果丰硕。但是,教育教学改革,是一项需要整体推进的系统工程,必须通过长期实践才能逐步完善,应正确把握“变与不变”的辩证法,与时俱进,不断深化改革。

进入21世纪,国际竞争日趋激烈,这一竞争实质上是科学技术和人才素质的竞争。围绕建设有中国特色的社会主义现代化事业的总目标,在国际国内的宏观背景中,实施“高师教学改革计划”,具有鲜明的时代特征和重大的战略意义。它对于适应我国实施科教兴国和可持续发展战略,对满足各级各类人才培养的需要,对实现《中国教育改革和发展纲要》以及《教育事业九五计划和2010年发展规划》提出的目标,对中小学教育的改革与发展,尤其是对当前基础教育全面实施素质教育,具有深远影响。同时,对其他各级各类师范教育的教学改革也将起到重要的带动和推进作用。教育部在《关于深化教学改革,培养适应21世纪需要的高质量人才的意见》中曾就师资人才培养与教学改革问题,明确指出:“当前,教学工作中仍然存在着专业口径过窄、人文教育薄弱、培养模式单一、教学内容陈旧、教学方法过死等问题以及教学经费不足和教师队伍不适应特别是骨干教师队伍不稳等困难,严重地影响着人才培养质量。为全面适应21世纪我国社会主义现代化建设对各类高级专门人才的需要,各级教育主管部门和高等学校必须增强责任感和紧迫感,站在时代和社会发展的高度,抓住机遇,迎接挑战,推动教学改革、建设和发展进入一个新时期。

根据上述文件精神,历史学科组在教育部师范司的直接领导下,以“高等师范教育面向21世纪历史学专业人才培养、教学内容和课程体系改革”为主题,从1997年年底起,通过立项申请、初审、开题、审定立项等一系列准备程序,组织了由10余所师范大学分别或合作承担13项课题的研究。经过三年的努力,13个项目均顺利结题,完成了预定的目标,并在认识和实践方面取得了较为丰硕的成果。

## 一、通过调查研究,摸清底细,加深了对改革的认识

高等师范面向21世纪历史专业教学内容和课程体系的改革,各课题组在立项过程中达到的共识是,要认真总结50年来的经验教训,发扬高等师范教育原有的优良传统,克服积久的弊病和不适应发展的部分,对症下药,强身健体;更要站在面向21世纪的高度,面向世界,面向未来,以前瞻的眼光,开拓创新,以期通过共同努力,创造出一个推陈出新、继往开来的局面,使改革成果具有新世纪的风采。

注重调查研究,是各个项目组普遍坚持的思想路线和工作方法。各课题组强调一切从实际出发,改革的问题意识和解决办法都要由“活水”源源不绝地供给。调查研究各具特色,形成了具有相当规模优势的,大面积、全方位、多角度调查研究的高潮。调查的形式多样,有实地考察、问卷调查、文献调查等,且贯穿总体规划与课程设置、教材编写的全过程。调查的方向全面周密,既有从外到内的调查(由中学教育到大学教育、由农村到城市),也有纵横交织的调查(纵向历史向度的比较调查、横向国内外学校专业的比较调查、多学

科的比较调查等）。通过切实的调查、深入的分析研究，对本专业过去与现在的“家底”以及现实的需求形势，经排摸分析，做到了心中有数，由此保证了本次课题研究提出的理念、规划和各项改革实践，具有强烈的现实感与鲜明的针对性，视野较为宽广，发展方向富有前瞻性。

调查研究，首先是从调查中学历史教育和师资状况的现状开始，再回到高等师范教学现状的调查研究，实现双向循环。这次课题研究很可贵的一点，是课题组成员广泛走出大学校门，抓住师范教育终端成果的检验这一过去常被忽视的重要环节，通过对基础教育师资现状的认真调查、细致分析，得到了许多对大学历史学课程体系与教学内容改革方面具有重要启发意义的认识。

北京师范大学等三校合作课题组提出的关于《北京、山东地区中学历史教师队伍的现状与对高师教改的建议》与《北京地区历史基础教育发展趋势与未来中学历史教师的培养》两份调查研究报告，深入基层，做了定量、定性两方面扎实的调查分析，材料信实，判断准确，建议具体、明确，很有说服力。

调查表明，中学历史基础教育不仅有内在的改革要求，而且中学历史基础教育的改革已经先声夺人，某种程度上已经走在师范院校之前，正步步进逼，高校历史教育必须加快改革步伐，以适应基础教育发展的新形势。目前历史基础教育正在快速实现从应试教育向促进全体学生身心全面、可持续发展的历史性过渡。面向21世纪的基础教育课程计划和与之相适应的课程标准初步制定，并开始着手由多家编写实验教材，“一纲多本”开放式的新格局即将出现。与此同时，条件较好的中学在选修课、研究型课程和活动课程开发方面跨出了可喜的一步，并正逐渐形成风气。随着历史学科基础教育改革进程的加快，中学历史教学内容的体系、结构都将发生很大变化，历史教材将面貌一新，社会教科书、中外历史合编教科书的试验也将在个别地区率先出现，这都要求未来的中学历史教师不仅专业面不可狭窄，并且要有很强的从宏观高度驾驭学科内容的能力，过去仅仅靠单纯掌握大量具体的历史知识就能教学的情形今后会消失。从传统教育、教学模式中摆脱出来，根据历史学科的特点，合理运用各种教学方法（包括各种现代化的教育技术手段），充分调动学生学习积极性，恰当处理教与学的关系，真正确立学生在历史教育教学中的主体地位，已经是活生生的现实要求。正如天津师范大学在他们的调查研究之后得出的认识,新世纪所需求的教师,应该具备“学生学习的指导者、未来的设计者、智力资源的开发者、人生榜样”四种新职能、新品格。师范大学必须以此为理念,调整人才培养规格,改革课程体系。在人才培养规格上,应突破传统的合格中学教师的藩篱,从以较高的综合素质、较强的专业能力、较宽的适应面、较大可持续发展能力来定位培养目标。

当前基础教育在职历史教师总体素质还是比较好的,而且教师年龄结构趋向年轻化,师范院校本科毕业的比重也在明显增长(发展不平衡,边远地区比例偏低)。但是,随着基础教育改革力度的不断增大,教育的发展不断加快,这支队伍的弱点也逐渐显露,显示出了不适应改革的某些状况。除北京、山东、天津地区外,西南师范大学对西南地区中学历史教育现状的深入调查,也提供了许多有价值的材料,其中既有定量的概率性统计数字,也有详尽的因果分析。综合各课题组提供的情况,比较突出的问题主要有:教师的学科观念、职业兴趣受主、客观各种复杂因素的影响,不稳定乃至感到自卑的心理状态,对普遍提高教师参与学科教学改革的积极性有一定的负面作用。教师的知识结构比较褊狭,信息摄入量也严重不足,不仅影响对中外历史通贯综合的驾驭能力的把握,而且已明显感到不适应诸如社会课、研究型、活动型课程开设的新形势。对掌握新的教学技术和运用各种媒体进行教学,相当多的教师不仅缺乏必要的能力,更缺乏这方面的改革意识,对教学观念、教学方法变革的压力感觉不够敏锐。以上情况既是对过去教育效果的反馈,更是对改革中的高师历史专业培养目标提出了新的要求。高等师范院校现在和将来都是输送中学师资的主要基地,他们培养出来的毕业生质量也将直接影响基础教育改革的成效。由此各课题组更增强了对自身专业教学改革重要性和紧迫性的认识,强化了应把人才素质作为培养目标的核心来抓的自觉意识。作为师范专业人才,必须高度重视提高人才的思想素质、人文素质、身心素质、发展素质。培养出的人才应不仅具有从事历史教育、教学的基本专业和职业的知识与技能,还应该具有广博的人文社会科学知识和一定的现代科技知识基础,具有为适应社会发展和教育发展不断学习、不断发展的能力,具有奉献精神、协作精神和良好的人格修养。

对国内高校历史学专业培养目标模式与课程设置状况的调查,以及国外同类专业改革动态的相关调查,北京师范大学等课题组提出的问题,很有进一步思考与讨论的价值。针对国内高校在人才培养中存在多种类型与目标模式的现状，在大变革的年代，师范大学历史学教育专业应如何确立自己的目标模式？是向综合大学看齐，还是独树一帜？是统一实行某种模式，还是允许选择？他们认为，根据国情，今后在一个较长的历史时期，师范大学与师范教育仍然会保持在高等教育体系中的特殊地位，其重要作用不可取代。这是因为我国的教育发展水平与世界发达国家还有明显距离，教育基础仍显薄弱，基础教育发展的地区差异性很大。国家要普及九年义务教育，改善地区间教育发展的严重不平衡状况，切实提高国民整体素质，仍然需要大量的师资储备。而目前教师职业的社会地位以及全部付出与他们实际的受重视程度、经济收入尚存在较大反差，还远不能令人满意，造成教师职业尤其是广大农村乡镇和偏远地区的中小学教师职业不被看好，对人才的流向不具吸引力，教师队伍本身也普遍不够稳定。即使在经济发达的大城市，教师职业相对而言也达不到充分吸引人才的程度。虽然也有一定比例的综合大学毕业生进入中学，但综合大学学生在教学理论和教育技能方面相对欠缺，从整体上看与中等教育对师资的要求存在一定差距，不可能替代高师毕业生在中等教育领域里的地位。因此我们说，中国教育基础薄弱的现状与师范教育经过几十年发展已形成的特色与优势，决定了师范教育的存在与发展的必然性。

那么在师范教育中是统一实行某一种模式，还是允许各校根据各自不同的优势与特点选择不同模式？研究报告认为，还是允许选择更符合实际。以北京师范大学、华东师范大学等为代表的综合、研究、全面发展型模式代表着未来高师人才培养的方向和趋势，以首都师范大学、西南师范大学、陕西师范大学等为代表的教学为主的师资培养型模式体现着对教师教育现状的延续性发展。前一目标模式的确立，与这几所学校自身具备并不亚于综合大学的学术实力、在某些研究领域甚至强于综合大学以及所在地区经济、文化和教育水平的发达密切相关。后一目标模式则突出代表我国高等师范教育 50 年来在培养目标上的总体定位，即“学历教育”与“职业教育”合一的模式。首都师范大学等三校均是以服务地方为主的院校，其在计划经济体制下的职能便是为所在地方的教育提供某一专业或者说是与中学对应的某一学科的师资。我国的绝大多数高等师范院校都归类于此模式。

明确了师范教育的不可取代性，为我们增添了继续在这一领域耕耘的信心。当然我们也要保持清醒头脑,认清师范教育目前正面临的挑战:新世纪对于高素质教师的需要,促使我们必须把培养具有“知识渊博、灵活自由、富创造性和责任感”品格的高素质师资作为师范教育发展的重中之重。师范大学必须在与综合大学的人才竞争中发扬和扩大自己的优势。师范教育应抓住基础教育从应试教育向素质教育转变的历史性转折,加快调整步伐,完成自身体制以及教育功能诸方面的转变和完善,等等。

通过各种调查分析,针对培养目标的定位,各课题组在关于21世纪究竟需要什么样的中学历史教师的表述上虽不尽完全相同,但基本精神都是相通的。

北京师范大学课题组提出的三项素质要求是:第一,应具有深厚的教育、心理、历史教育以及其他相关学科的理论基础;熟悉中国的教育、历史教育现状及发展趋势;了解世界教育的情况;教育观念先进。第二,不仅熟悉历史专业知识,还要有从更高的高度整体驾驭专业知识的能力并综合掌握历史学科和相关学科知识的能力,有独立获取知识的能力。第三,有较高的综合素质。不仅在思想和专业方面达到较高水平,还有较高的人品修养。因为基础教育要真正实现促进全体学生身心素质的全面发展,首先要求教师的素质全面提高。只有有了这样一支教师队伍,才能实现基础教育在新世纪的飞速发展。

天津师范大学课题组通过对国内外教育发展动态的调查研究,将现代教育的人才培养使命归结为:培养全面发展的人才,他们应该既具有物质与精神文化创造能力,又具有高尚的灵魂、理想和道德,在事业上能成功,在人格上更完美。他们认为这是一般大学的使命,至于师范院校——以培养教师为中心任务的大学,其现代教育理念的构成,还多了一层对教师这一社会角色应有的现代职能的认识。对此,他们提出:在新时代,师资培养方面的根本任务,在于要以新的眼光和标准来衡量教师的职能。这些新职能可概括为以下四个方面:其一,学生学习的指导者。在信息革命使自学手段大为提高的新时代条件下,教师的职责不在于仅仅传播知识,而越来越多地在于激励思考,他将越来越成为一位顾问,一位交换意见者,一位帮助学生发现问题,而不是拿出现成真理的人。其二,未来的设计者。随着社会发展速度的加快,人类面临的挑战日益复杂化,社会的预期性将成为未来社会的重要特征。教师将是面向未来的人,他既使自己也使学生面向未知的将来,而不是过去的传递者。其三,智力资源的开发者。传统的以传播现有知识为主的教学模式已不能适应时代发展的需要,而应该致力于开发学生的智能,训练他们对探求新认识的兴趣和勇气,成为适应时代的具有开拓创新精神和能力的人。其四,人生的榜样。教育过程,既是受教育者知识和能力不断积累和培养的过程,也是受教育者人格和心灵不断被塑造、陶冶的过程。教师的知识、风采、举止、言行,无不对学生起潜移默化的作用。故而,新时代的教师应以自身广博的知识、蓬勃的创造精神、良好的身心素质,真正为人师表,垂范后生。

各课题组通过调查分析达成的基本共识是,师范教育作为高等教育体系的组成部分,仍然要体现高等教育文科培养目标发展的内在逻辑,即文科教育的根本目的是培养自我完善的人。高校培养人才的目标是使其既要适应社会、服务于社会,又要能在一定程度上起到引领、提升和促进社会发展的作用。师范大学历史学教育专业在人才培养上,首先要保证高起点与前瞻性,不能因强调对中学历史教学的适应性而降低自己的层次;同时又要保证充分满足 21 世纪中学历史师资的岗位需求,要以具有较高综合素质、全面发展的师范类人才去培养身心全面发展的新一代的中学生。高等师范在各自的专业教育中都要根据上述的基本认识,从培养目标到课程设置,从课程内容到教育、教学手段实施全面的改革。

## 二、放开思路,改革课程体系,调整和优化课程设置

培养目标设定后,改革课程体系,如何合理设置课程、优化课程体系,就成为牵动全局的关键。围绕人才培养目标和培养规格的要求,以课程改革为中心,带动并加大教学内容、教材编写、教学方法等各个方面改革的力度,使高等师范院校历史专业教学改革成为一个环环相扣的系统工程,把一盘棋走活了。

高等师范院校历史专业课程体系的改革,要体现出促进学生知识、能力和综合素质三者协调发展的精神,并贯穿于整个教学过程和各个教学环节之中,才能真正造就出能够适应 21 世纪社会发展需要的一代新型师范人才。各课题组提出的改革方案都强调:课程体系的改革,不只是简单地对教学计划

作些调整与更新,它实际上是与教育理念、教学内容与方法乃至师资队伍建设,都存在相互制约的联动关系,是一项复杂的系统工程。只有做好相关方面的配套改革,才能使课程体系改革不致流于形式而收到应有的成效。

高等师范院校历史专业原有的课程体系是计划经济时代的产物,已落后于时代发展的需要。虽然各校多年来根据社会和学科的发展要求,几经改革、调整,取得了不少教改成果,然而与高等师范院校面向21世纪的人才培养理想目标相比照,存在的差距也很突出。

一般说来,当前高等师范院校历史专业的学生在校修读的全部课程,可分为通修(公共)课、专业课、教育理论与技能课等三大类。通修课包括公共基础课以及各专业之外的素质类通选课,一般由学校统一设定。而主要由各院系制定的专业课以及教育理论与技能课,作为高等师范院校历史专业课程体系的核心内容,对高等师范院校人才培养起着决定性的作用,因而成为课改的主要目标。

需要着重改革的问题,分别言之有:

专业课方面存在的主要问题,首先是必修课与选修课的比例失调。从目前高等师范院校历史专业的教学计划来看,专业课在整个课程体系中的课时数量同先前相比有所下降,便于实施主辅修制,加强通才教育。就专业课的内部结构而言,原有专业必修课比例过重的布局,使选修课容易变成无足轻重的点缀,至少效果不理想。专业必修课中两大通史课比重又偏大,课程过于强调学科体系的完整和知识的覆盖面,其总体架构与重要知识点与中学教材多有重叠之处,不仅影响学生在更多的专业领域去开拓,而且不易激发学生学习的兴趣与热情。

与此同时,选修课在充分发挥应有的功能方面也存在诸多不尽如人意之处。目前选修课一般都分限选课和任选课两大类,前者追求的是深度,后者要求的是广度。但目前高等师范院校历史专业两类选修课学分偏低,致使学生所能选择的课程门数不多,尤其是受限修学分的限制,任选课空间狭窄,无法让学生根据自己特长灵活构建优化知识结构的最佳方案,使学生在多学科交叉渗透方面难有实质性的突破。

忽视培养学生能力,也是个严重的问题。重教轻学的现象司空见惯,教材的背诵和记忆成为评定学生成绩的主要标尺。在高等师范院校本科教育中,培养初步的科研能力虽是一贯的指导思想,但在实践上始终收效甚微:缺乏培养能力的研读课程,而且对学生学年论文和毕业论文的写作往往指导不力。学生学习能力的薄弱和科研素养的缺乏,严重影响了学生对新知识的汲取热情和创造能力,也在很大程度上抑制了学生的可持续发展潜力。

教育理论与技能课程方面存在的主要问题有:教育理论课程薄弱。教育类课程(教育学、心理学、学科教育学)虽为必修课,授课时数也有保证,但在教学中常常作为普通的知识课加以讲授而与实践脱节,不易引起学生的充分重视和学习热情。学生教学技能的培养涉及许多方面,但现代教育手段的掌握是最为重要的内容。目前高等师范院校教学中一般缺少这方面的专门课程和技能训练,有的课程略有涉及,也以"纸上谈兵"居多,结果学生在诸如电化教学手段的掌握、计算机课件的设计、网络信息的获取等方面都缺乏实际的操作能力。实践课(教育实习与见习)浅尝辄止,一般被看作学生阶段性的学习任务,各方面的重视程度也不够。

以上种种弊病或不足,有的长期存在而未曾有大的改观,有的则随着社会发展与进步矛盾日渐加剧,当然也出现了不少新的问题有待解决。为了培养适应21世纪社会发展需要的新型人才,历史专业课程体系必须加大改革的力度,已成为各高等师范院校的共识。

各课题组都从课程体系改革的高度,从课程结构切入,寻找突破口。现行课程结构,说法虽不尽一致,但实际上都包含有公共必修课(也称通修课)、必修课(基础与专业基础)、选修课(限定与任意)以及实践课四大板块。如何从总体上合理配置和进一步开发课程,使之更有效地承担起完成培养新世纪人才目标的功能,是各个课题组拟订改革方案的重中之重。

北京师范大学的方案代表了一种类型。他们结合国内重点大学专业教学目标和师范院校的特点,拟出新的教学计划,以拓宽口径、富有创意的精神,加大了课程改革的力度。主要做法是:

(1)将中国通史和世界通史压缩为两年。这次压缩不是简单将通史课集中在前四个学期,而是压缩每一断代史的课时。例如,中国古代史由原来两个学期、每周四个学时,变成两个学期、每周三个学时;中国近代史一个学期,每周四个学时减为三个学时;变化最大的是中国现代史和当代史,原来开两个学期,每学期每周四个学时,现在压缩成一个学期、每周四个学时。学生原来在中国通史课程中要修满20学分,现在减为13学分。世界通史亦如此。

通史课集中到前两年,使选修课的时间相对集中,也为打破年级界线,实现学生跨年级乃至跨系选修课程打下基础。

(2)基础和专业基础必修课中变化大的还有中国史学史、外国史学史、中国历史文选,压缩的学分占比一般都在1/3、1/2不等。此外,还取消了一部分不适应的课,开设了一些新课。

(3)压缩通史课但不能削弱基础,为此采取的措施是:引导学生读书和写作,开设了“文史名著导读”“史学论著写作指导”两门新课。前者力求从名著名篇的讲读过渡到导读,真正让学生读懂读通几本文史名著,使他们在本科的最初阶段就能够接触到人类的思想大师,与他们进行思想对话。后者将从“论文的选题”“史料的分析整理”“论文的结构、框架”“论文的组织与修辞”“史学论文的科学规范”等几方面入手,具体训练学生写作能力。

(4)在开设选修课方面做了较大改革。改革的主要思路是配套一批新的、具有前瞻性的选修课。在设置体系上,同原先一样,包括断代史、国别史、专门史、区域史等系列,同时着重增设了相关学科的入门和导论、乡土文化研究、各种工具课等。如请中文系、哲学系为三年级的学生开设“文学概论”和“哲学概论”,请法政所开设“二战后的世界格局”等。其还计划开设一些介绍自然科学、社会科学学科发展的课程,目的是让学生能及时了解学术信息,开阔视野。另外还设计了一些“小课”,时间为8~10周,1个学分,能让学生在很短的时间里,了解一门学科的基本轮廓。这样,学生可以根据自己的兴趣选修某一门课,使学习更为深入,也为他们将来走上工作岗位进一步发展打下基础。

(5)与中文系、哲学系相互承认学分,共享选修课资源。学生需要掌握相关学科知识,开阔视野,仅靠一个系的教师力量显然是无法满足的。历史系与本校文科系所合作,让学生到中文系、哲学系选修相关课程。这样做,一是大大增加了选修课的数量;二是让学生增加了相邻学科的知识,有利于更新知识结构;三是加强了学生多方面的适应性。当然这样做要有学校领导和中文系、哲学系的大力支持,也要有一些限定条件,如控制一定量的学分,保证学生打牢专业基础,且选课程必须在二、四年级等。

西南师范大学提出的改革方案,也很有特点。除了与前一类型有异曲同工之妙外，更多地代表了地方师范院校的特点。其主要做法有：

（1）一标三案，多种选择。由于经济、文化发展水平不同，需求的人才类型也就会呈现出较大的差异。根据这种情况，他们设置了三套各具特色的课程方案，以供不同地区的不同高校根据自己的具体情况选择使用，也可以将上述三套方案整合后使用。

（2）适当开放历史专业学科体系，优化学生知识结构。从开放历史专业学科体系的角度，在课程方案中，开设了一些相邻专业的科目，要求学生对这些学科的基本知识、基本理论有所掌握。如在“课程方案二”的“专业限选课”中，开设了“社会学”“政治学概论”“文化人类学”；在“课程方案三”的“专业任选课：经济类”中，开设了“西方经济学”；在“课程方案三”的“专业任选课：文化类”中开设了“现代文化学通论”；在“课程方案三”的“全校限选课”中开设了“现代西方哲学”。这些对优化学生知识结构，加深学生对历史问题的理解都是有好处的。

（3）转变教育模式，培养创新能力。为了改变“传授—接受知识型”旧教育模式，突破“三个中心”（即以教师为中心、以课堂为中心、以教材为中心），在“课程方案三”中，将每门专业课程的课时一分为三，教师讲授占70%，课堂讨论占20%，学生自学占10%。在“课程方案一”的“专业必修课”中，开设了“阅读与研究指导”课，要求学生在教师指导下学习完一门课程，经检查合格记2学分。

（4）注重师范生素质的培养。为培养适应基础教育需要的合格师资，“改革方案”加大了师范生素质教育课程的力度。除开设“教育学”“心理学”“历史教学论”“教育见习实习”外，在“课程方案二”的“公共必修课”中，增设了“现代教育技术”“学校美育”两门课程；在“课程方案三”的“全校限选课”中开设了“音乐欣赏”“绘画艺术基础”“戏曲艺术”“影视艺术与鉴赏”“教育教学设计”“教育艺术论”等课供学生选修，并规定了必须选修的学分；在“课程方案一”中，更设置了一系列“师范生素质限定选课”，分A、B、C、D四组，学生在每组课程中必须选修2个学分。

（5）保持地方特色。我国地域辽阔，各个地区经济、文化有很大差别，地方色彩浓厚，研究成果既应具有科学性、前沿性、前瞻性，也应反映地方特色，为地方的经济社会发展服务。在课程方案三的专业任选课中，开设了“西南开发史”“西南少数民族文化”等课;在方案一中,开设了“西南地方史系列”任选课;在方案二中,开设了“西南地方史组”任选课,让学生选修,以使他们对西南多姿多彩的民族文化和悠久的历史有所了解。

(6)加强科学教育。在方案一的公共必修课中,设置了“计算机应用基础”“基础数学”;在师范生素质限选课中,设置了“发展与环境”“现代科学技术概论”“数学建模”“电子设计”。在方案二、三的公共必修课中,设置了“计算机应用基础”“基础数学”“现代科学技术概论”。还在方案三的全校限选课中开设了“生命科学导论”“环境科学导论”等。

(7)压缩课时,降低学分。选修课的课时一般在总课时的30%以上。为给学生发展个性以空间和时间,进行了较大幅度压缩课时、降低学分的尝试。如在改革方案的课程方案二、三中,由以前的160学分降到150学分和147学分。

(8)注意吸收史学研究的最新成果,使历史学的教学内容与学术发展紧密相连。在改革方案中,除了将学科前沿发展动态贯彻于各门课程的教学外,在“课程方案一”中,还专门开设了“学科前沿”“讲座课”等。这些课程,可以请外校著名史学专家讲授,也可以由本系教师主讲,以便及时把学科最新研究成果介绍给学生。

综观各课题组提出的课程体系改革以及课程配置方案,同中有异,异中有同,说明目前各高等师范院校正在进行的课程体系改革各有特色,不存在完全统一的模式。我们认为,由于地区和学校条件以及对培养模式理解上的差异,选择的侧重方面可以也应该有其个性特点。同时,各种方案也有一个实践检验、取长补短的过程,鼓励不同方案的试验,有利于最终形成百川汇流的大局面。

综合各校课程体系改革方案,可明显看出,在一些主要问题上存在达成共识、相互趋同的倾向。

(1)压缩专业基础必修课,特别是中、外两门通史的课时。强调两门通史要重在“通”(贯通历史发展脉络和突出历史发展特征),少而精,以质量求效果。与此同时,也出现了一些旨在通贯的新课程,如“中西历史文化比较”“中国传统价值观的历史理性与现代价值”“华夏文明与世界文明”“中国文化概论”等。

(2)开放课程体系,调整必修课与选修课的比例。既要增加选修课种类(包括跨系、跨专业的课程)和在总课时中的比重,更要注重提高选修课的质量,为学生选修相关专门课程和向多学科交叉渗透方向发展,提供较大的自我发展空间。

在新增设的选修课中,除了增设旨在扩展广度和深度的专业课程(如断代史、国别史、专门史、地区史以及中西历史、文化比较研究等课程),从横向和纵向逐渐形成系列外,同时要以开放课程体系的新视野,设计一些跨系、跨专业的相关课程,以利于形成多学科交叉渗透的知识结构,鼓励会通综合、完善知识结构。方案中列举的课程有"文学概论""哲学概论""社会学概论""政治学概论""经济学概论""文化学通论"等。

为了引导学生重视当代研究,追踪世界历史发展的新趋势,增设的课程有"今日亚太与中国""当代国际关系研究""当代世界经济概况""现代西方史学理论与流派""现代化进程研究""二战后的世界格局"等。与此相比照,开设与中国当代问题相关的新课程显得不够,需要充实、填补。

(3)增加旨在提高学生独立科学研究能力和实践能力的课程,鼓励学生创造性地参与,强化实践环节的考核评价。这方面的改革力度大大加强,使本次课程体系改革比较以前确有明显的突破,成为一个鲜明的亮点。

各课题组都普遍重视在课程体系改革中体现对学生科研能力和实践能力的高度关注。在加强古汉语、外语、计算机运用以及史料学(含文献目录学)等工具性课程改革的基础上,"中外文史名著导读"和"史学论著写作指导"课程的开设也已被许多师范院校所接受。前者通过名著名篇导读,真正让学生读懂读通几本中外文史名著,使他们在本科的最初阶段就能够接触到人类的思想大师,与他们进行思想对话。后者则从"论文的选题""史料的分析整理""论文的结构、框架""论文的组织与修辞""史学论文的科学规范"等几方面入手,具体训练学生写作能力。另外,如开设"学科前沿""名家史学讲座"等课程,也有同样的意义。与此配套,各校都加强了实践环节的锻炼与管理,如经常举行学生科研成果的交流汇报,推行导师制、强化论文指导环节、加重学生学年论文和毕业论文在评价体系中的作用(有的学校还尝试将科研成果列为创新学分)等。有些学校还在建立学生科研立项制度、科研奖学金制度以及创办学生科研刊物等方面进行了改革试验。科技兴国,教育先行,教师职业专业化是必然趋势。中学教师除了要求具有较高的学科专业素养外,还有其特殊的素质要求。为培养适应基础教育需要的合格师资,有的课题组提出除了加强原有教育课程与教育实践的质量外,在师范生的综合素质方面加大改革力度。在“公共必修课”里面增设了“现代教育技术”“学校美育”两门课程;在“全校限选课”中开设了“音乐欣赏”“绘画艺术基础”“戏曲艺术”“影视艺术与鉴赏”“教育教学设计”“教育艺术论”等课供学生选修,并规定了必须选修的学分;本系还设置了“师范生素质限定选修课”,分四组,学生在每组课程中必须选修2个学分。这一做法虽是由地方高等师范院校提出的,但对重点师范院校同样有参考的价值。

作为师范专业人才,应在培养专业和职业素质的基础上,注意提高人才的思想素质、人文素质、身心素质、发展素质。培养出的人才应具有为适应社会发展和教育发展而不断学习、不断发展的能力,具有奉献精神、协作精神和良好的人格修养。据此,有的课题组提出课程体系改革中应增加一定比例的社会调查、历史考察和参与公共社区活动的课程,并作为评价体系的有机组成部分列入学分计算。我们认为,这一建议也很值得重视。

目前,高等师范院校历史教育中存在的问题是经过较长的时期形成的,所谓“冰冻三尺,非一日之寒”。因此,彻底解决也需要一个过程,不可能毕其功于一役。就目前历史教育研究及其实践而言,要使上述课程体系改革落到实处,有一些问题还需要进一步思考并予以解决。

在这些问题中,首先是教育思想、教育观念的转变。观念的作用是巨大的,它既可以阻碍社会的变革,也可以推动社会向前发展。长期以来,大多数教师及管理者已习惯了以“满堂灌”为特色的“传授—接受知识型”教育。这种状况如不加以改变,许多新课程也仍然有“旧瓶装新酒”的可能。因此,应尽快转变观念,树立素质教育、创新教育的思想。然而旧的思想、观念根深蒂固,其惯性作用是很强的。光靠教育部门的倡导是不够的,应通过探索,尽快建立起一套体现现代教育思想、教育观念的教育评价体系,从制度上规范教育者的教育行为,并从利益上加以引导。

第二,建设好一支具有极大的创新精神的教师队伍。教师在教学中起着主导的作用。要开设好具有创新精神的课程,首先我们的教师要先成为具有创新精神的人。教师都不能创新或不会创新,怎能使创新课程收到真正的成效？而我们现在的教师队伍是令人担忧的。有的知识老化，有的不能熟练掌握外语，有的不会运用现代信息手段，不能适应新形势的要求。因此，要真正实现教育模式的转变，必须花大力气，不惜人力、物力的投入，建设一支有创新精神的教师队伍。

## 三、实施教材建设工程，编写出一批具有新意的高质量教材

教材建设是教学改革的重要环节。随着课程体系和教学改革的深入，高等师范院校普遍感到原有教材的不足：一是使用期限长，内容陈旧，体例落后；二是教材内容一般采取罗列方法，越编越细，越编越多，头绪太杂，学生普遍不愿阅读；三是通史教材多，而专史教材普遍缺乏。很明显，上述状况如不能及时加以改善，课程体系改革的许多设想就不容易落到实处，教学观念的转变，乃至人才培养的目标也无法通过行之有效的载体，渗透到课程教学中，推动教与学两方面的改革互动。

本次改革项目，在实施教材建设工程方面取得的成果颇为丰盛。首先，各校鉴于课程体系改革的需要，首先都以极大的注意力关注如何以少而精的原则改革两门通史课程，新的通史教材在本次教材建设中占据了显要的地位。承担新编《中国古代史》教材或拟订新教学内容改革方案的有华东师范大学、安徽师范大学（与河南大学、华中师范大学三家联合）、首都师范大学、苏州大学等。华东师范大学编写出了涵盖古今的全套《中国通史》新教材。在世界通史方面，华中师范大学提出了有关《远古至1500年的世界史》新框架和内容革新的构想，山东师范大学则编写了《高校世界历史配套教材》，发表了《世界当代史通论》等论文。主干课程方面的新教材编写，还有北京师范大学的《中学历史教学概论》。他们除了提出了《面向21世纪中学历史教学概论课程内容改革与研究》项目报告外，已完成了该课程的新编“课程大纲”。天津师范大学则另辟蹊径，从通贯的角度编写出了《中西历史文化比较》与《中国传统价值观的历史理性与现代价值》两种新教材。它们既是通史的延伸，也是专门史方面的“通史”，体现从全球眼光考察历史的新视角，意味着新一类通贯性课程教材的诞生，颇为瞩目。天津师范大学还完成了《今日亚太

与中国》的编写,这也预示随着新选修课程的不断开设,专题研究类型的新教材一定会与日俱增,并将逐渐形成气候。华中师范大学近几年新编专史教材有《中国历史地理论纲》《中国近代政体发展史》《苏美冷战发展史》《德国分裂统一与国际关系》《中国传统文化新编》《古典历史研究发展史》等。这方面的进展令人振奋,各校都有相关成果不断呈现,因不属于本次改革项目,此处割爱从略。

由安徽师范大学、山东大学、杭州大学、福建师范大学、西北大学、陕西师范大学等10所大学编写的高等院校文科教材《中国古代史》,1982年被列为部颁教材,总发行量100多万册。在新形势下,安徽师范大学等单位根据《面向21世纪高校师范院校中国古代史教学内容和课程体系改革与实践》项3的要求,进行全面修订,2000年8月已由福建人民出版社出版。

新版《中国古代史》继承原版教材的优长之处,进一步加强科学性,全面提高质量,更好地适应教学改革的需要,在全书框架、体例和内容等方面均有较大变动,具有以下特点:

首先,新版教材更加全面、公正而又实事求是地反映古代中国历史发展的规律,注重加强教材的科学性、学术性。对现行的中国古代史教材中"文革"的遗迹进行全面的清理,例如旧教材几乎每一个封建王朝都用整节的篇幅详细地介绍农民战争,并普遍做了不适当的铺张和夸大,以突出阶级斗争的作用。在新版教材中除对那些确实对历史发展有重要作用,并对新王朝的建立有直接影响的全国范围的农民起义作必要的叙述外,一般性的中小规模的起义不再保留专门的章节;重要历史人物脸谱化、重大事件概念化的内容在旧教材中比比皆是,新版教材实事求是地把人物和事件置于当时的社会历史背景下来考察,纠正片面化、绝对化的倾向;并改变了以往只注重政治史、经济史和农民战争史的框框,增补了社会生活和文化史的内容,使历史更生动、全面。

其次,新版教材坚持以马克思主义的理论为指导,注重史学理论的指导作用,增强历史理论在历史教学中的理论色彩。无论在人物评价、事件性质论述,还是社会发展规律的叙述等方面更加重视马克思主义理论和方法,而不是只摘录马列的语句作抽象的理论分析,使历史教科书更富有哲理,更能引人入胜,也更能给人以启迪。

再次,根据教学改革的需要,配合中国古代史教学时数减少的实际,新版教材删繁就简,在内容增加的情况下,总字数仍保持90余万字,着重在提高学生专业知识水平,增强古史阅读能力,运用史料分析问题、解决问题能力,提高学生学习兴趣等方面下功夫。教材对教学所需的资料力求丰富,目的在于加强全书的科学性和内容的先进性,保持教材的实用性和稳定性。华中师范大学等课题组强调,通史教材不应该也不可能成为“百科全书”,不应包罗万象。通史的教学目的,就是让学生了解和把握历史的基本脉络。因此,新通史教材编写的指导思想是,抓住主线,突出历史发展的重大转折,展现社会的主要层面。首都师范大学课题组赞同中国古代史的教学体系,应以线索、时段加专题为框架,克服“通史不通”的弊端,同时强调开发现代化的教学手段,逐渐改变高校教学手段单一、落后的现状,努力开发和使用包括网络在内的多媒体技术,从课件建设、课外练习、课程资源等多方面全方位地实现通史教与学的革新,以充分发挥教师和学生的积极性,激发教与学双方的参与意识和教改热情,加强实践环节。他们在课件(素材库)建设、练习设计和编制等方面推出的有创意和有开发价值的研究成果,丰富了通史教学的多样化教学手段,很值得推广。

华东师范大学课题组完成了新编《中国通史》教材。他们认为,从面向21世纪历史课程结构改革的要求,为了能给学生提供较为充分的课程选择空间,改善学生的知识结构,体现多学科交叉互补的新格局,《中国通史》作为大学一、二年级的基础课程,应从改革全局出发,必须贯彻压缩课时、提高质量的方针。整套《中国通史》新教材总计不超过80万字(其中古代史36万字、近代史20余万字、现代史20余万字)。这套教材表现了较强的个性特点。他们的指导思想和具体做法,有以下特点:

(1)强调教材不是“经典”,教学过程更不是唯教师、唯教本为“标准模式”。教材只是引导学生理解和思考中国历史的“阶梯”,是一种“驱动的过程”,而不是一种“终结”。因此,教材应克服以往“述而不作”的习惯,力求体现编写者自身对教材的理解,尽量通过教材展示史学分析方法。在充分关注学术积累和最新研究成果的基础上,注意显示研究动态,开阔视野,并力求具有一定的个性特点。

(2)教材在突出“历史通感”上下功夫,注意把握中国历史发展的特征和发展过程相续相变的气脉韵味。“通史”,不可能面面俱到,更不能做成政治、经济、文化三板块、人物、事件、制度三要点的“知识拼盘”。但历史不能离开事件、人物、制度。为了实现“贯通”的目标,主要是紧扣历史特征和演变线索两大主题,力求体现其前后演进间的异同,突出阶段性的标志,由此合理剪裁调度事件、人物,有详有略,有取有舍。

(3)大时段的划分。接受目前史学界较多人赞同的新划分法,将 1840 年鸦片战争爆发到 1949 年新中国成立前,统一作为“中国近代史”处理,新中国成立后则为“中国现代史”。“中国古代史”的内部分期,更多的是编写者的一家之言。

(4)为了能给学生提供较为充分的课程选择空间,改善学生的知识结构,体现多学科交叉互补的新格局,《中国通史》依照基础课教学“新、精、深、活”的高标准要求,切实做到了“精简”教学内容,并力求体现教材内容有所“更新”,有所提高。现在这套教材的字数,在同类教材中算较少的,可能会比较适应基础课“减负”的要求。

总之,在他们的设想中,新教材能走出平铺直叙、千人一面的老路,文字力求简洁明快,以梳理发展线索、揭示历史发展阶段性为特点,强化历史教学的理论阐述功能,增加适当的史论,使学生能批判性地思考如何整体把握中国历史的特征及其内在的发展脉络,借助历史感,来提高历史学参与当代社会变革的意识,更好地服务于时代、服务于社会。面对新世纪的到来,世界通史教材,如何运用全球史观,彻底改变国别史拼凑的马赛克式旧体系,在基本框架和具体内容两方面进行重构,从而为高等师范院校深化改革和培养新世纪高素质建设人才而努力,已成为刻不容缓的重要使命。

华中师范大学课题组认为,我国有关世界通史方面的教材,长期以来形成将不同类型的广义的世界史进行拼凑的错觉,颇有越俎代庖之嫌。其结果是,教学内容庞杂、头绪繁多、知识零散等。尽管近些年来经过世界历史学界同仁们的努力,情况有所好转,但是,由于传统观念的束缚,世界通史领域中教学和研究的被动局面尚未产生根本性的改变。他们主张必须走出“西欧中心论”和“欧洲中心论”的误区,克服体系上支离破碎的旧习,从历史观念的更新入手,正确总结前人经验,密切关注国内外研究的动态和趋向,构建世界通史教材新体系。

华中师范大学有关世界通史新体系的构想，是通过《远古到1500年的世界史》革新教材的编写实践来体现的。该革新教材的特点是：

(1)以文明为基本研究单位，突出人类各大区域各种文明在世界历史上的地位。自然，以文明为单位来阐述人类历史，并不排斥对于某种文明体系下的政治实体历史的阐述。与此同时，也不排斥使用“文化”这一术语对人类文明的史前时代和某些相对落后区域历史的阐述。教材还注重对游牧地带和农耕地带相互关系的阐述，充分反映这两大地带的交往在推动人类文明发展中的重大作用。

(2)选取史料，应以其是否具有超越民族或国度界限、在区域性文明中的影响力为标准。简而言之，即以史料的区域性影响为标准。特别是对区域性文明发展或在区域性交往中有过重要影响的历史现象(包括历史人物和历史事件)，都应该是选取的重要对象。未达到这一标准的史料，就属于国别史或者其他专门史的研究范畴。

(3)将中国史纳入世界通史新体系。用世界史的眼光看待中国古代史，打破传统的王朝体系，择取基本特征，不必面面俱到。但必须杜绝削足适履地、按照西欧历史的模式来任意剪裁中国历史。在处理中外关系时，应以中外在政治经济、思想文化和科学技术方面的相互交往和相互影响，以及正确地判定当时的中国在世界史上的历史地位为重点。

(4)正确处理人类文明各大区域，特别是欧洲史的分量和比例。本着唯物史观，实事求是地反映这一过程。作为一种文明体系，1500年前的西欧史在世界通史中充其量只能占有六分之一的篇幅。其他文明体系，如东亚、南亚、中亚西亚和北非、东南欧和东欧的历史应各占六分之一的比重。印第安文明、黑非洲文化、澳大利亚文化也应占一定的篇幅。

(5)努力使用比较研究的史学方法。比较的对象，必须是同一历史时期(或称为相同时段)内、不同历史环境中的、同一范畴的历史现象。舍此，如果不受时空观念和事物性质的限制，天马行空、漫无边际的类比便毫无意义。比较研究之前，必须掌握可比对象的双方或多方的大量素材，并加以综合分析和对比，探索它们的异同，并最终寻求出导致这种异同的因果关系。

天津师范大学提出了在两门通史教学中结合时代需求，打通中外古今的原则。他们认为，在国际联系和竞争同步增长的21世纪，人文历史意识中应突出两点:其一是面向世界的民族意识。既能站在世界看中国,正确认识本民族历史文化的世界价值,又能站在中国看世界,以开放的心态积极吸取世界各地各民族历史文化中的优秀因子,发展壮大中华文明;其二是面向现实和未来的历史观念。知古而不泥古,时时把历史与现实乃至未来联系起来思考问题,培养真正的历史思维习惯。唯此,才能真正从整体上提高学生把握中外历史、现实与未来关系及人类社会发展趋势的水平。过去师范院校两大通史,习惯古今中外界线分明而不注重其相互贯通,与上述要求极不适应。但这一新的教学理念在一张新课表中难以体现,必须涉及课程具体内容,故而他们特别拟出了两套力求体现"双通"意识的中外通史新教学大纲,作为体现新课程思想,充实课改的总体骨架。在教材建设上,以有利于学生形成世界意识和民族意识为原则,已编定两部教材。此外,《中西历史文化比较研究》与《中国传统价值观的历史理性与现代价值》两部新教材也都体现了他们这种打通中西古今的教材编写新思路。

山东师范大学根据世界通史教材中普遍存在的问题和21世纪世界通史教学的需要,有针对性地编写了一部《高校世界历史配套教材》。全书分"古代史卷""近代史卷"和"现代史卷"三大卷,计120万字。在结构和内容上共分为十大部分:①世界史通论。依据六卷本《世界史》的"总序"和其他现行版本世界史教材序言中的有关论述,把世界史纳入全球整体的大视野进行考察,确立科学的历史分期法,探寻世界历史发展大势和基本线索,分析各个历史时期的时代特征和历史地位,探讨世界历史的结构格局及其运行规律,并对不同地区、国家间的统一性和特殊性进行比较研究,科学系统地展现全球历史发展的动态性、曲折性、周期性和阶段性。②世界史教材解析。根据教材的结构设置和历史科学的内在逻辑,系统地阐述教学中应遵循的重要原则、基本规律、目的要求,以及重点、难点问题,对世界历史的发展脉络和内容梗概作细致的、提纲挈领的剖析与阐释,深刻、完整地把握理解世界史的重要问题及其丰富内涵。③基本问题解答。④世界史研究综述。⑤近现代国外史学理论与流派。⑥史学名著导读。⑦参考论著索引。⑧中英文人名地名索引。⑨世界历史图表、地图集。⑩大事年表。《配套教材》不是普通意义上的大学教科书,而是一部"配套"教材,它既与教育部推出的六卷本《世界历史》相配套,又可以与全国各高校的世界史教材配套使用;既有很高的学术层次和理论深度，又具有符合社会需求和史学发展趋势的使用价值，可以对现有的世界史教材起一种补充、改进、订正和引导作用，对高校世界史教学具有指导意义和参考价值，并能为学生、教师提供实际具体的帮助，即兼具指南和工具书的双重性质。这一尝试无疑为丰富教材建设的层次性和多样化开了一个好头。

此次教材建设工程重点突出，且呈现出编写思路和编写方法上的多样化，出现了一批质量较高，并具有个性特色的新教材。不足的是，在中国通史方面，中国近现代史新教材的编写远比不上中国古代史那样热烈；专史教材的编写也还没有完全摆脱比较沉寂的局面。教材建设任重而道远，尚需继续努力，共创新世纪教材建设的繁荣新局面。

"新世纪高等师范教育教学改革工程"历史学科立项，经过有关院校课题组的努力拼搏，取得显著成绩，已经完成鉴定结项工作。但是新世纪高等师范教育教学的改革方兴未艾，以往的努力仅仅是不成熟的探索，已有的经验需要在实践中检验，未来的开拓更需要我们与时共进，高瞻远瞩，脚踏实地，不断探索。我们坚信，只要沿着改革的道路，坚忍不拔地团结奋进，高等师范历史教育教学事业一定会开创新局面，进入新境界。

本文原载"高等师范教育面向21世纪教学内容和课程体系改革成果"丛书《历史学分卷》，北京师范大学出版社出版

# 《百年中国历史教育箴言集萃》序言

由上海市高中历史学科德育实训基地编辑出版的《百年中国历史教育箴言集萃》是一本供中学历史教师专业进修提高的参考书，立意高远，内容丰赡，具有鲜明的理论和现实意义，值得向各位老师推荐。

本书紧紧围绕有关中学历史教育教学的主题，摘录了自20世纪初到21世纪初先后出版的著作和发表的论文，作者包括史学界的大师、名家、学者以及高校教授。

20世纪前后的百年，世界发生了惊天巨变，中国发生了伟大深刻的嬗变。作为时代变迁的重要组成部分，中国的历史教育事业也经历了新陈代谢、脱胎换骨的进步和演化，传统的历史教育逐步向现代历史教育转化。百年流光，百年传承，百年变革，透过文集依稀可见中国历史教育思想和实践演变的基本脉络和曲折发展的演化大势。

表面看来，本书收录的文摘作者众多，文章的内容和体裁各异，在时空中彼此互不联系，形似散珠碎玉，实质上却是汇聚一体，融为一篇中心突出、层层展开、合乎内在逻辑的大块文章，它贯穿着一种思想内核，聚焦于三大核心问题：历史教育的意义和价值，历史教育的内容和内涵，历史教育的途径和方法。

本文集的百位作者在不同时代语境、不同历史条件下，从不同视角、不同层次、不同侧面对这些历史教育的根本性问题作了各抒所见的回答。有的论著虽发表在几十上百年前，已蒙上了历史风云的尘埃，但今天读来仍不过时，而且具有强烈的现实意义，龟镜可鉴。有些理念和见地颇有超前的意味，无论宏文巨著发一家之言，还是专论短文发一孔之见，都不乏真知灼见，智慧照人。有些文章彼此观点不尽相同，声调相左，甚至针锋相对，但如果将它们对照阅读，就可发现同中有异，异中有同，相互启发，彼此砥砺，并在碰撞与交锋中闪现思想的火花。一本文集宛如一场超越时空的历史教育教学的学术研讨会、交流会。

任何一门学科，只有当人们认识到其意义和价值时，才会受到重视，才会获得生存和发展。本文集的作者对历史学和历史教育、教学的意义及功能作了深入的阐释。历史记载的是往事、关怀的是现实和未来。人类历史是一个先后承续、不可割断的发展过程，人类要深刻地理解现在，更好地走向未来，必须正确地认识历史、总结历史。历史能延伸人们的认识时间，让人神交千古，扩大人们的视野空间，历史是人类认识自我、反思自我、调适自我、超越自我的必修之学和必由之路。

史学的社会功能十分丰富，其中资治和育人是两大要点。一部人类历史是人类在不同历史时期求生存图发展的奋斗史和文明创业史。学习历史可开阔视野，增强历史意识和历史洞察力，培育世界意识和全球眼光，顺应世界潮流，让人汲取前人和世界各国治国兴邦的经验教训，在前进的道路上少走弯路，免蹈覆辙。

历史具有社会教化和思想滋养的育人功能。学史使人明晓人生之道，有助于修身养性，陶冶品格，提高人文素质，美化心灵，通达世事人情，树立正确的世界观、人生观和价值观。人的生命因受历史的熏陶而变得聪慧、理智，进入充盈价值的精神世界。此外，历史在形成民族文化共识，增强民族凝聚力，弘扬民族优良传统和民族精神方面有着独具的作用。历史教育是实现史学社会功能的主要途径和基本方法，历史教育将人们研究和认识历史的成果，通过教育形态传授给受众者，从本质上讲，史学的社会功能主要体现为历史教育的作用，这种历史教育不仅局限于学校教育，而且扩充到全民的社会教育、终身教育，正是这种广义的历史教育成了促进人的全面发展，促进社会和谐发展的重要历史文化动力。历史教育责无旁贷地担负着教史育人的神圣使命和崇高的责任。

学什么样的历史？学习内容的正确选择是历史教育教学最根本问题之一。它既取决于历史教育教学的目的要求，也关系到教育目标能否达成。历史是一门包罗万象的综合性学科，上至天文，下至地理，博大闳富，对于个人来说，不可能也没必要将中国和世界通史、断代史、经济史、政治史、文化史等各类专门史、地区史、国别史等一览无余地学习，而只能是根据本人的主、客观条件和实际需要，有目的、有选择地学习。至于属于基础教育性质的中学历史教学内容，不同时期的国家历史课程标准都已作了明确的规定，在本文集中不少作者结合新课程改革的教学实践，就如何理解和执行课程标准发表了自己的见解，值得大家参考。

在探讨历史教育教学内容的过程中人们最为关注的突出问题是历史的原真性问题。史学是一门实证性学科，求真求实是史学的高贵品质和生命力所在，离开了历史事实，就无法恢复历史的本真原貌，也就失去了阐述历史意义和价值的基础，失去了历史的伟力和功能。求真是历史之本，是一种史德，是作史的起码底线和最高准绳，也是历史教育的必遵之道和精神守则。秉笔直书为良史，如实讲史为良师。世上一切事物都在矛盾运动中发展，真善美总与假恶丑并存斗争而发展，历史研究和历史教育中充满了“信史”“真史”与“伪史”“假史”的对立和斗争。

求真求实的历史研究和历史教育不是轻而易举的事，而是经历了一个艰难博得的过程，其原因一方面是历史本身的复杂性和人们认识上的局限性，另一方面是外部的政治、社会等人为因素的干扰。

自古以来，中外历史上歪曲历史、篡改历史、伪造历史、隐瞒历史真相等现象屡屡不绝。放眼东邻日本，战后“极右”势力在反对“自虐型历史观”的幌子下，极力否认日本军国主义犯下的侵略罪行，蓄意抹去历史教科书中的战争暴行，致使青年一代受到蛊惑，漠视惨痛的历史教训，为军国主义和极端民族主义的滋长增添了土壤。

近年来，史学界和历史教育中出现了一种违背历史真实，偏离“信史”原则的种种表现，诸如历史叙事的“戏说化”“游戏化”“随意化”“非理性化”等现象，在追求历史的生动性、形象性和兴味性的驱动下，在历史教学中有所抬头，扭曲失真的历史，堂而皇之地潜入教室，“误导”青年学子。

今天，当诚信缺失成为社会公害的时候，弘扬“求真”精神，讲授真实的历史显得特别迫切和重要，要培养实事求是、讲正气、守诚信的公民，教育青年讲“真话”，做“真人”，首先必须从学习真实的历史开始。试想连自己的历史也在造假作伪，为“我”所用，怎么能培养出品性端正、真诚可信的青年一代？

讲授真实的历史对于历史教育来说，意味着一种责任，一种使命，我们务必坚守阵地，履行职责，坚决把失真的“假史”“伪史”和“美丽的谎言”驱逐出历史课堂。还历史本来面目，让历史课堂真正成为探求真理、智慧人生、促进社会进步的育人殿堂。

文集的作者们为维护历史尊严，对历史上遮蔽、歪曲、篡改历史等现象进行的抨击、批判，对追求真实“信史”的不懈呼吁，都值得历史教育工作者不断警醒和深思。

从晚清“西学东渐”到改革开放历史新时期的一百年中，世界范围内各种史学和历史教育的思想、思潮相互交流、交融、交锋和冲撞，各种西方的史学理论、观念和方法汹涌传入中国，对中国的史学研究和历史教育产生了重大影响。文集的不少文章有分析有批判地介绍和评述了国外有价值的前沿性的资讯、信息和经验，很有借鉴和启发意义，值得我们认真阅读参考。

文集的内容广博丰厚，笔者深知短小的序文无法详加介绍，更无力作精到的评说，也许在这里任何言语均属多余，还是恭候读者自己赏析吧。本文所述的点滴读后感触、感悟，因学识浅薄，了无新意，更无深意。

通观文集的编选工作，笔者感到尚存在一些疏漏和不当之处，某些重要文论未能搜罗其中，殊为抱憾，有待今后补充改进。

读罢文集，掩卷回味，思绪万千。笔者内心升腾起浓烈的感恩情愫，衷心感谢百年来几代学者和老师们为发展和繁荣历史教育事业所作的努力和奉献，同时感谢文集的编者将百年来凝聚众多作者智慧的结晶汇编成文集所作的辛勤劳动。

令人鼓舞欣慰的是，前行者所开辟的百年历史教育之路正在不断向前开拓延伸，并进入了充满希望的新时期。祝愿本文集在新一轮历史教育改革热潮中充分发挥蕴涵的精神力量。

本文原载于周靖主编《百年中国历史教育箴言集萃》，学林出版社2012年版

# 《移民与纽约城市发展研究》序

城市是人类文明进步的璀璨结晶，是人类创造历史活的见证。人类近现代的伟大文明大多产生于城市，一部世界城市发展史很大程度上是人类求生存、图发展史的精粹缩影。人们在回顾历史、面向未来时，自然把关注的目光投向对城市的生命历程和发展前途的思考上。当我们借助于城市发展史和移民史的研究，特别着力于具有典型意义的世界特大都会——美国纽约市的历史研究，来关怀人类发展命运的时候，《移民与纽约城市发展研究》一书的成果，不仅能给予人们一些思索，而且对于上海建设国际化大都市的过程亦有一定的借鉴意义。

城市是人类创造文明的精彩舞台，人是创造历史的主体。人口向城市迁移涌动为城市的发展提供了充沛的人力资源和不竭的原动力，研究城市史离不开对移民群体的研究。纽约是一个典型的移民城市，移民构成城市人口的主体，同时也是外来移民的入口港和中转站。1820 年到 1920 年的一个世纪中，几乎世界上所有的国家和民族都有其子民移居纽约。沿着移民历史运动的轨迹，人们不仅可以了解纽约市发展的历史进程，而且能够深层地感知纽约市的特色和发展奥秘。本书从纵向坐标上叙述了纽约市在形成、勃兴和腾飞三个阶段中移民所发挥的历史作用，重点剖析了移民与纽约工商业繁荣、产业结构变革和国际金融中心形成的内在关系；从横向坐标上分析了纽约移民的特点、地区分布和职业构成等。全书上下贯通、纵横交叉，既有宏大叙事，又有微观个案细察，较好地从整体上勾勒了移民与纽约发展互动的总体运动。

世上万物皆一分为二，赋有双重性。移民给纽约的发展源源不断地输送了充满活力的新鲜血液，同时也不可避免地派生了种种民族问题，影响城市的稳定和民族间的和谐共处，构成了对城市发展的严峻挑战。本书重点从移民犯罪、贫民区、民族归化等方面具体分析了纽约移民问题产生的原因以及市政当局和有关社会团体采取相应对策措施的利弊得失，探赜索隐，颇具历史洞察力。

学术研究贵在创新，想人之未想，言人之未言。关于纽约移民问题的研究，从上世纪20年代至今，国外研究成果颇丰，要在这基础深厚的领域有新发现和新开掘，实属不易。作者不畏艰难，勇于探索，在研究视角、历史逻辑、诠释语境、资料运用、研究方法等方面作了不懈努力，精神可嘉。

史学是一门实证性的学科，求实求真是史学的高贵品格和生命力所在。史料是重构历史的基本元素，离开史料既无法恢复历史的原貌，也失去了阐述历史意义和价值的基础。作者努力追求历史的真实性和科学性，尽力从多种渠道广泛搜集第一手资料，并精细地加以考订、梳理，态度严谨，用力甚勤。丰富的文献史料使本书立论有据，叙述的历史更接近于本真的历史。

史学是一门反思性的学科，研究历史不仅要最大限度地重构真实的历史，而且要对历史作出独到的审视和诠释，进行深刻的反思和总结，察古观今，吸取有益的历史智慧。作者在对历史解读方面也殚精竭虑，例如对多民族杂居的移民城市中最突出的民族多元共处问题进行了深入的探讨。在吸纳前人学术成果的基础上，站在时代高度，历史地、辩证地分析了纽约不同民族文化融合过程中产生冲突、危机的原因和影响，特别是针对纽约移民当局推行的强迫美国化的移民归化政策措施进行了深入剖析，不少观点颇有新意，予人启发。

林广博士长期从事世界现当代史的教学和研究，甘于寂寞，潜心耕耘，刻苦奋发，勇于探索，取得显著成绩。近年来，科研方向侧重于城市史的研究，参加了多项国家社科基金项目的研究工作，不久又将作为富布赖特基金访问学者远涉重洋亲赴纽约，对纽约城市史作进一步深入研究。学术研究犹如攀登高峰，愿作者继续发扬百折不挠的精神，勇往直前，“登山不以艰难为止，则必臻乎峻岭矣”。

欣闻本书获上海市马克思主义出版基金的资助即将出版，不胜快慰，欣然应邀挥笔。适值临时客居在外，匆匆而作，言不尽意，权作序。

本文原载林广著《移民与纽约城市发展研究》，华东师范大学出版社2008年版

# 《南非对外关系史研究》序

古老而美丽的非洲大陆是人类文明主要发祥地之一。在古代漫长的岁月里，非洲文明与世界其他文明一样，基本上处于封闭与孤立的状况中，尚无现代意义上的国际关系可言。近代以降，非洲各国被西方列强的坚船利炮打开大门，纳入了资本主义世界体系，但作为殖民地，当然谈不上主权外交。二次大战后，随着非洲民族独立运动的不断胜利，原殖民地纷纷独立，开辟了非洲国际关系的新阶段。从此，作为新兴国家的非洲各国开始在国际舞台上，为维护民族独立与生存，为争取和平与发展，进行了艰难曲折的外交活动。

在复杂多变的全球国际战略格局的背景下，由于非洲各国的国情各异，独立后选择的发展道路不同，以及各自的地位、作用有别，它们的外交战略和行动路线呈现了驳杂纷繁的局面。其中，南非因其特殊的历史背景和现实条件，在当代国际事务中发挥了独特作用。无疑，研究南非对外关系，对深入探讨非洲和全球国际关系，对洞察南非现代政治、经济和社会变迁都有重要的学术和现实意义。

从16世纪中期荷兰东印度公司在南非建立殖民地起，南非与外部世界就发生了无可阻隔的联系。9世纪下半叶，随着钻石、黄金的发现和大规模开采，在外向型经济的驱动下，南非与外部世界的联系日益密切。与此同时，西方列强加强了对南非的争夺，最终发生了被列宁称为帝国主义战争之一的“英布战争”。

进入20世纪，南非的历史跌宕起伏，发生了惊天巨变。100年间，南非经历了从殖民地到创建主权国家，从白人种族主义统治到建立多民族民主政权，从贫困落后的积弱小邦发展成为非洲综合国力最强的国家。伴随着这些历史沧桑，南非与外部世界关系进一步加强。第一次世界大战后，南非联邦领导人史末资活跃于国际政治舞台，在巴黎和会及创建国联过程中均发挥了一定作用，提高了南非的国际地位。后来，他又与加拿大、新西兰等殖民地领导人一起，积极谋求在英帝国及英联邦体系下的自治地位。在第二次世界大战期间及战后联合国的创建过程中，南非再一次发挥了远大于自身地位的作用，史末资还直接参与了《联合国宪章》相关条文的起草工作。

在美苏"冷战"时期，南非白人当局推行臭名昭著的种族主义政策，受到国际社会的广泛谴责和制裁，与其保持外交关系的国家日益减少，外交上陷于孤立状态。但是，白人种族主义政权凭借特殊的战略地位和资源优势，依靠西方某些大国的庇护，竟苟延残喘了近半个世纪。1994 年 5 月，在国际社会的强大压力下和南非国内反种族主义斗争的强大推动下，南非通过举行首次多种族民主大选，终于诞生了以曼德拉为首的民族团结政府，开辟了南非对外关系的新局面。

在国外，西方学者颇为重视南非对外关系的研究，出版了不少有影响的著作，但在国内史学界少有研究。1996 年，沐涛以"南非对外关系演变研究"为题申请国家教育部青年人文社会科学研究基金项目，获得批准。同年，他考取我的博士研究生，并以此课题作为他博士论文的研究方向。现在这部书稿就是在他博士论文的基础上增删修改而成的。

沐涛博士在撰写博士论文和本书时殚精竭虑，用力甚勤。他以拓荒者的勇气，开路者的毅力，研究者的心智，潜心耕耘，刻苦钻研。为了求真求实，作者在搜集和选用文献资料上可谓千方百计，不遗余力。除了借鉴国外同行的研究成果外，还利用先后赴非洲和以色列访学进修机会，查阅了大量的第一手资料。全书结构严谨，脉络清晰，分析问题平实中肯，不少见解颇有新意，不失为一部资料充实、学识皆备的论著。学无止境，祝愿沐涛教授在亚非史研究领域锲而不舍，永攀高峰，不断取得丰硕的成果。

欣闻书稿已获上海市马克思主义出版基金的资助，即将由华东师范大学出版社出版，可喜可贺，欣慰之余，提笔写下以上数言，是为序。

本文原载沐涛著《南非对外关系史研究》，华东师范大学出版社 2003 年版

# 《澳大利亚与亚洲关系史(1940—1995)》序

张秋生博士撰著的《澳大利亚与亚洲关系史(1940—1995)》一书即将出版。此前,他多次索序,以增师生情谊。作为他的博士生导师,一则为其成就庆贺,同时也为当年朝夕相处、探赜索隐、教学相长的美好回忆所激动,情不自禁,欣然提笔。

秋生博士多年以来从事澳大利亚和中澳关系史的研究和教学。20 世纪 90 年代初,曾作为访问学者,远涉重洋,负笈赴澳学习研究,期间四处寻师求教,广泛收集资料,奠定了澳大利亚史研究的基础。回国后,他锲而不舍,继续深入研究,取得不少学术成果,并担任中国澳大利亚研究会理事和徐州师范大学澳大利亚研究中心主任。1996 年秋,考入华东师范大学历史系攻读国际关系史专业博士学位。此时,他确定以澳大利亚和亚洲关系的演变为博士学位论文的题目。三年寒窗,他聚精会神,苦心孤诣,博士论文终顺利通过,获得同行专家一致好评。毕业后又在该论文基础上,精益求精,终成书出版。今年适逢中澳建交 30 周年,该书的出版也算是为中澳关系的发展,尽了一份学者的责任。

我感到,在经济全球化和地区集团化不断迅速深化的新历史条件下,研究澳大利亚与亚洲的关系是很有意义的,也是富有挑战性的。我国对澳大利亚研究,总的来说起步较晚,成果不多。在澳大利亚对外关系的研究领域中,多半局限于澳中、澳日、澳印(尼)和澳东盟等双边关系上,而对澳大利亚与整个亚洲的关系缺乏系统的研究,尚属空白。该书在全球化的背景下,对澳大利亚与亚洲整体关系做了全局研究,无疑对认识澳大利亚外交战走势,推动澳亚合作关系的发展具有重要现实意义。

史料是史学研究的基础,是重构历史的元素,离开了史料就谈不上历史研究。作者在史料的搜集、梳理、考订上下了很大功夫。三年间,他不辞辛苦,不避寒暑,跑遍国内有关的大学、研究机构及图书馆,还通过澳驻华使领馆、国外学术机构,取得许多文献资料。书后所列的中西文献档案、专著的参考目录,足证其用功之勤。由于掌握充实而可靠的资料,吸取国内外最新学术成果,取精用宏,厚积薄发,使本书具有一定前沿性。

研究历史不仅要求真实地重现历史,更重要的是要对历史做出有见地的解读和诠释。秋生博士在这方面也做出了很大努力。他在探索澳亚关系的历史进程中,以深邃的目光,从民族性和历史文化传统的角度进行深层的思考。一个国家的对外关系主要取决于国内因素,从深层看则受制于该国家的民族和文化特征。澳大利亚是一个地处亚太地区的西方国家,十分特殊。东西方文化与价值观的冲突长期困扰着它,严重影响着它在国际格局中的自我定位。正如作者所说,澳亚关系不只是一个国际关系问题,它更是一个东西方文化与价值观的问题。东西方文化与价值观在亚太地区的交会、碰撞与融合,这一特殊的历史现象,揭示了澳亚关系中的"深层文化底蕴"。根据这一认识,作者乃从澳大利亚人的亚洲观的演变切入,注意分析经济文化及移民等问题在澳亚关系变化中的作用,可说是触及了历史的深层,颇有见地的。

线索清晰,重点突出也是该书的特点。本书论及的时间跨度有半个多世纪,空间范围涉及几十个国家。如框架结构不当,容易面面俱到,枝节横生,眉目不清。但作者以世界大势及亚太地区格局的变化为背景,以认识、接近、面向和融入等四个阶段为经,以东亚和东南亚的大国及国家集团为主体,以重大历史事件为依托,清晰勾勒了澳亚关系演变的脉络,不蔓不枝,结构合理。

《澳大利亚与亚洲关系史(1940—1995)》是一部在认真研究基础上写成的学术著作,具有较高的学术水平。但作为探索开拓之作,自然"物无完善"。如澳大利亚在战前追随英国、战后追随美国的事实,对澳亚的影响可作进一步分析。此外,在资料精选和章节的标题方面也有待改进的地方。

秋生博士是一位勤奋努力,富有进取开拓精神的中青年学者。近年来已陆续出版了《澳洲简史》《澳大利亚华侨华人史》等著作及多篇论文,可谓成果丰硕。但学无止境,以往的成绩仅是今后前进的基石。我真诚地期望他继续发扬“不为稻粱谋”、甘坐冷板凳的精神，在澳大利亚研究方面取得更大的成就，有更多的新成果面世。

匆匆然，语不尽意，权作序。

本文原载于张秋生著《澳大利亚与亚洲关系史(1940—1995)》，北京大学出版社2002年版

# 《戴高乐与非洲的非殖民化研究》序

秋风送爽，繁花如锦。在国庆 54 周年前夕，电话里传来了陈晓红博士清脆悦耳的声音，得知她的专著《戴高乐与非洲的非殖民化研究》一书即将出版，并邀写序，作为她的博士生导师，自然“不亦乐乎”，不由欣然命笔。

人类历史有如江河行地汹涌奔腾，迂回曲折。近 500 年来，人类社会发生了惊天巨变，科学技术突飞猛进，经济、文化、社会长足进步，但贫穷、战乱、灾祸、苦难也接踵而来，伴随而行。西方列强的殖民扩张、掠夺是近世人类历史上最野蛮、黑暗、残暴的一页，客观上在全球推进近代西方文明的同时，使占世界陆地面积和人口绝大多数的殖民地、半殖民地的国家和民族遭受了惨无人道的奴役和蹂躏，这是对人类文明和尊严的极大亵渎和侵犯。殖民掠夺从 15 世纪末开始，到 19 世纪末形成世界殖民体系，历时约 400 年。历史的进步潮流不可阻挡。20 世纪上半叶，特别是二次世界大战后，亚非拉殖民地民族解放运动风起云涌，节节胜利。迄 90 年代初，最后一个殖民国家获得独立，帝国主义殖民体系宣告全面崩溃，彻底葬送。正义终于战胜邪恶，文明终于战胜黑暗。持续 500 年左右的殖民罪恶历史是近现代世界历史的重要组成部分，它从一个侧面反映了人类社会发展的错综复杂和艰难曲折。研究帝国主义殖民扩张产生、发展、覆亡的过程，以及对世界历史发展的影响，无疑具有重要的学术价值和现实意义。历史留给后人的不仅是痛楚的记忆，更有激励前进的精神力量。

科学研究重在创新。世界殖民体系的崩溃是 20 世纪世界历史进程中的重大事件，涉及众多国家及政治、经济、国际关系等方方面面。本书作者慧眼独具，选择戴高乐执政时期法国在非洲非殖民化为研究对象是颇有创意的，立意高,视角新。法国是第二大殖民帝国,它在世界各大洲的殖民版图面积仅小于英国,相当于本土的20倍。在法兰西殖民帝国中,非洲占有重要地位。法兰西殖民帝国的构建始于非洲,也终结于非洲。法国在非洲的非殖民化,是整个世界殖民体系崩溃过程中的重要组成部分,并且带有强烈的法国色彩。以往,国内学术界对非殖民化问题的研究主要集中于头号殖民帝国英国,而对法国的非殖民化问题少有系统的研究。作者勇于拓荒补白,选择戴高乐执政时期法国在非洲的殖民撤退这一课题,自然具有开创意义。它不仅对推进战后法国历史的研究,而且对深化20世纪世界非殖民化运动的研究具有重要理论和学术价值。

史学是一门实证性学科。求真求实,重现历史本真是作者的虔诚追求。本书十分重视历史的真实性和科学性。关于法国在非洲非殖民化的资料国内严重缺乏,作者用各种方式尽力从国外搜集资料,努力做到言必有据,据必可信,不尚空论。重要的论点都以事实为依据,实事求是,反映了严谨的治学态度。

史学是一门反思性学科。研究历史不仅要最大限度地真实地重现历史,而且要对人类历史作出独特的审视和诠释,进行深刻的反思和总结,吸取有益的历史智慧。本书在吸纳前人学术成果的基础上,站在时代的高度,宏观与微观相结合,从历史整体运动的视角,撷取不同典型个案,对戴高乐执政时期在非洲实施非殖民化的动因、过程、特点、后果及影响进行了全方位的综合考察,阐述了许多颇具启迪意义的独到之见。这里值得注意,作者在分析问题时把握了三个视点:第一,将非殖民化的历史进程放在世界历史总的变动背景下,特别是放在世界资本主义发展演变的场景中进行考察;第二,从宗主国法国与非洲殖民地民族主义运动的“互动”关系进行考察;第三,从领袖与群体、个人与时代的关系进行考察。通过上述三个方面的综合剖析,深刻地揭示了法国非殖民化运动的复杂性和殖民撤退的独特性,总结了富有现实意义的历史经验教训,并给读者打开了进一步进行历史思考的广阔空间。这充分反映了作者的治史功力和创新思维的活跃。

本书既是拓荒之作,自然会存在某些不足,有待不断完善。但愿在再版时“引玉之砖”进一步琢磨成“冰清之玉”。

晓红博士是一位勤奋刻苦,颇有才气的青年学者。玉琢乃成器,希望她继续发扬滴水穿石的精神，锲而不舍，不畏艰难，在学术上开拓奋进，不断取得优异成绩。

本文原载陈晓红著《戴高乐与非洲的非殖民化研究》，中国社会科学出版社2003年版

# 《巴黎城市发展与保护史论》序言

随着世界范围内城市化进程的加速推进，城市史研究日益受到人们的关注。城市是人类创造文明的精彩舞台，是人类文明的光辉结晶和人类走向成熟的标志。有人曾不无夸张地说，“没有城市，很可能就没有真正意义上的文明，也就没有真正系统而持续的进步”。回望历史，城市的兴起与发展，由小城镇、中小城市，到国际大都市的巨变，无不深刻映照了人类文明前行的足迹，一部城市发展史，实质上是人类求生存图发展的精粹缩影。城市是有生命的，城市史乃是一部人的心灵史，研究城市史则是从一个独特视角，人类自我认识、自我反思、自我调适、自我超越的一种心灵探索。在星罗棋布的世界城市图谱中，巴黎是举世公认的现代国际大都市，历史悠久，发展历程典型，具有丰厚的历史文化内涵和鲜明的法国民族特色，可说是研究世界城市史的一座富矿，值得尽力开掘和冶炼。

邹耀勇博士选择“巴黎城市发展与保护史论”为题进行研究，颇具学术价值和现实意义。当然这是一个难度相当高的研究课题，在国内学术界尚属未经开垦的蛮荒之地，迄今未有专著问世，作者不畏拓荒的艰辛，勇于探索，勤奋耕耘，精神可嘉。

论文的选题是否精当，不仅取决于是否具有独特的价值和意义，同时也取决于是否具备完成论文写作的条件，其中首要的是资料问题。因为史学是一门实证性学科，求真求实是史学的高贵品格和价值取向，史料是历史研究的基础和前提，离开史料就谈不上重构历史，更无从对历史进行诠释和阐述。前些年有位博士生曾想以巴黎历史为题撰写学位论文，后因一时缺乏必要的资料而作罢。这次，我斟酌再三，决定支持邹耀勇选择巴黎城市史为博士论文题。因为作者长期工作于中国城市遗产保护和规划研究的学术重镇同济大学的国家历史文化名城研究中心，具有较扎实的专业基础和资料积累，预期通过努力，有条件完成论文的写作。兹后，确如所料，为了确保历史的真实性和科学性，作者想方设法，不辞辛劳，从多种渠道，包括亲赴巴黎进行学术考察，广泛搜集资料，使论文拥有必要的构建材料，立论有据，据必可信，叙述的历史更接近于逝去的历史本真。

学术研究贵在创新。一篇论文要获成功，除了尽可能掌握新史料外，重要的是在论文的立意、视角、结构、表述等方面有新的开掘和发挥，对历史做出独到的审视和诠释，提供有益的借鉴和启示。作者在吸纳前人学术成果的基础上，做出了最大努力。

通观全书，我想谈两点读后体会。

第一，本书将巴黎城市的发展与保护置于时代变迁和法国社会转型的历史背景下进行了过程性考察，在整体上把握巴黎历史发展的脉络，高屋建瓴，富有历史洞察力。

世界上任何事物都是一个发展演变的过程，在某种意义上说，历史研究就是从宏观或微观层面上，对不同时空条件下的历史过程进行描述和阐释，揭示其因果关系和内在意蕴。本书对巴黎从塞纳河畔的小渔村发展到现代国际大都市的演化轨迹作了清晰的勾勒，并分阶段论述了巴黎发展的特点，其中着重探讨了 19 世纪中叶路易·波拿巴时期和二次大战后法国历届总统执政时期巴黎发生的两次脱胎换骨式的重大嬗变。作者不是孤立地分析巴黎历史，而是把这两次蜕变放在法国大革命和第一次工业革命蓬勃兴起，以及二次大战后新科技革命突飞猛进所引起社会变革的背景下进行剖析，融巴黎城市史于时代和法国历史之中，深刻地阐明城市的发展是在一定历史时空中进行的，城市形态总是打上时代和地域的烙印，时代的风云际会催生了巴黎的嬗变，巴黎城市形态的变革又推动了整个法国社会的大步前进。诚如作者所言“历史创造了巴黎，巴黎引领了法国”，巴黎的命运是和法国的命运紧紧联系在一起的。

本书运用纵向梳理、横向综述相结合的方法，对巴黎城市演变整体地进行过程性考察。这有助于从全局上把握巴黎历史的发展脉络，也有利于在重大关键问题上进行深入探索，避免历史被碎片化和空洞化，凸显了城市史的特色，增加了历史的浓度和和色彩。

第二，紧扣主题，以史为鉴，从巴黎城市发展与保护的视角，求索有益的历史智慧和启示。

学术研究不是为学术而学术，重温历史，不单纯是为了怀旧而发思古之幽情，而是为了彰往察来，温故知新，泽世济时。那些于世无益，于事无补的"学术"是没有生命力的，也不值得为之付出热情和精力。从这个意义上说，作者选定的视角具有鲜明的时代性和深邃的历史眼光。城市的发展与保护是所有大小城市生命历程中必然遇到的永恒话题和严峻挑战，特别是在城市面临大发展、大蜕变的时刻，这个问题更显得突出、尖锐和严重。作者以历史发展为线索，以历史事实为依据，从理论观念、建设规划、运作模式、制度建构等不同层次和侧面，对巴黎的发展与保护问题作了深入的观察与剖析。

在漫长的岁月里，巴黎曾经历了两次大规模的旧城改造和重建。一次是在拿破仑三世指令下欧斯曼主持的巴黎重建，仅仅在 1853—1870 年的短短 17 年间，巴黎旧城 60%房屋被拆毁，建成了熠熠生辉的新首都巴黎。另一次是在二次大战后，历届政府对巴黎实施了改造和更新。这次改造无论在深度和广度上更甚于前一次，巴黎经过这次现代化的洗礼，真正更新为超群出众的世界一流的现代国际大都会。

通过这两次城市形态的大变革，作者围绕巴黎发展与保护问题进行了颇有见地的探讨，其中有两点给我留下了深刻的印象。

一、历史地论述了巴黎城市发展与保护的辩证关系。

城市的发展与保护问题实质是如何认识和处理历史与现实、传统与现代、继承与创新的问题。本书通过巴黎的实际演化过程，强调城市是一个不断发展的概念，发展是城市生命之源。随着时代的变迁、社会的进步，城市总是按自然规律或快或慢地不断演进。离开发展，孤立地谈保护历史遗存就会使"保护"变成守旧的"保存"，使城市定格于过去某一时代的风貌，凝固成一座保存完好、满目苍老古旧的历史博物馆，而不是进化成生气勃勃、全方位满足人们生存和发展需要的家园。机械地死守传统，历史遗产就可能成为包袱，试想在工业化时期，如果巴黎固守在中世纪的形态，原封不动保持原貌，那么巴黎在后来哪能跻身于国际现代大都市的前列？巴黎的可贵之处，正是在保护历史文化的基础上能不断创新并善于融合外来优秀文化。在思考继承与创新问题的时候，强调发展是第一位的硬道理，还是很有现实意义的。

当然,不可否认,在目前的大多情况下,最使人们困惑和忧虑的问题是如何认识和处理在城市大发展中科学、合理地对历史传统进行“保护”的问题。许多事实警示我们,旧城改造了,历史缺席了,传统不再,文脉割断。本书花了大量的篇幅论述了巴黎在城市“保护”问题上认识不断拓展和深化的过程和经验。要提高城市保护的自觉性,克服盲目性,关键是要认清为什么要保护、保护什么、怎样保护。这方面巴黎的历史经验是值得重视的,巴黎具有尊重历史、敬畏历史、珍爱文化的优良传统,一贯重视对历史遗存的保护,特别是对一些具有时代标志性的历史建筑以极为慎重的态度加以保护,保存了一批中世纪以来的特色建筑,如卢浮宫为代表的宫廷建筑,巴黎圣母院为代表的教堂,巴黎歌剧院、凯旋门等地标性历史建筑,以及众多的贵族府邸和民间住宅。但是所谓城市“保护”不仅仅是保存可供欣赏的历史物质遗存和景观风貌,更不是人工再造仿古建筑,使城市“迪斯尼化”。作者强调,城市保护从深层意义上来说,最根本的是要延续和弘扬城市固有的文脉、精神和传统特色,保护与当前及未来人们生存状况、生活方式相适应的生态环境和人文环境,提升城市的魅力和品位。巴黎在建设和保护的过程中较好地实现保护物质文明与非物质文化齐头并进,传统文化与现代创新无缝衔接,使历史延续在现实中,现实生活在历史中,历史的巴黎与现代的巴黎融为一体。

作者抓住城市现代化与历史传统保存这一矛盾,深刻论证了巴黎的可贵经验:在发展中保护,在保护中发展;在传承中创新,在创新中传承;继承传统,超越传统。毋庸置疑,这一规律在今天,特别有借鉴意义。

二、揭示了巴黎城市之所以能健康持续发展的奥秘。

在世界城市发展史上,相对而言,巴黎的发展是健康而充满活力的,虽历经多次战争与天灾的严重破坏,但万劫不死,涅槃重生,且重建的新城别开生面,始终走在时代潮流的前列。

巴黎成功的奥秘何在?原因诸多,史家众说纷纭,本书作者独具慧眼,择要而论,着重剖析以下两点。

(1)充分发挥人的积极性、创造性,努力满足人的全面需要。

城市的主体是人,城市发展的目标是满足人们多方位的需求,城市发展的力量源泉来自全体居民。纵观巴黎的发展史,上至最高权力高层(历代帝王将相和历届总统、政府首脑)都有亲自关心和领导巴黎建设的传统,但每次重大的城市改造和重建的规划与实施方案都不是由少数人专断拍板，随意裁定。每逢有关重大决策都延请国内及国际著名专家反复论证、修订，并且公之于众，广泛听取全体居民的意见和建议，努力吸引民众热情参与巴黎的建设和保护工作。这种上下结合，专家与大众密切呼应、互动的运作方式显示了法国人文主义的文化传统，敬畏历史，尊重人权，关注人性，较好地体现民众的意志，满足民众的愿望，尽可能避免重大失误，少走弯路。历史事实表明，民主决策与科学决策对巴黎的发展与保护发挥了何等重大的作用。

(2)城市建设的法制化乃巴黎健康有序发展的制度保证。

城市的发展要依靠人的积极性、创造性、主观能动性的发挥，更需要从法律制度上加以规范和制约，依法行事。本书用大量事实表明，法国是在城市建设史上最早关注立法的国家，其立法的数量和法律的完整化、系统化居世界的前列，为各国所效法。许多法规都开风气之先，如 1887 年的《历史建筑法》高度肯定历史建筑的文化价值，规定凡被登记的历史建筑如要拆除、改造，必须得到政府批准，如维修则必须按规定标准进行。1913 年颁布的《历史古迹法》，规定保护城市历史文化遗产所需经费由政府承担等。仅 1962 年到 1972 年的 10 年中，法国就颁布了 16 项法令。法制的健全使巴黎的建设不因领导人的更替而各搞一套，前后抵牾，缺乏连续性、传承性，也不因少数人不受约束，主观随意决策而干出违背客观规律的蠢事，造成不可弥补的损失。

在总结巴黎城市发展与保护问题上的历史经验时，作者要言不烦地集中突出以上两点，很富有现实针对性和历史洞察力。

顷接邹耀勇博士电告，其由博士论文修改而成的著作《巴黎城市的发展与保护史论》即将出版，并索写序言，作为导师不胜欣喜。虽然盛夏酷暑，但心静自然凉，十分愉快地重读论文修订稿，感触良多，谨述读后感数语，权作序。

邹耀勇博士志存高远，勤奋好学，虽肩负多重职责，仍锲而不舍，坚持学术研究，取得显著成绩，可喜可贺。愿他在以往成就的基础上，再接再厉，勇往直前。

王斯德

2009 年 8 月于华东师范大学

# 《李光耀时代的新加坡外交研究》序

盛夏酷暑，赤日炎炎，环球喧闹，世事纷纭。好在室内是一片清凉世界，令人心绪安静，冷眼看世界，别有一番意境。

接魏炜博士来电，告其由博士论文提炼的专著《李光耀时代的新加坡外交研究（1965—1990）》即将出版，并索写序言。作为导师，闻讯喜甚，欣然挥笔数语，权为序。

选题对于论文的成功与否至关重要，它既取决于是否具有重要的社会意义和学术价值，又取决于是否符合个人的兴趣和追求。新加坡作为主权国家，成立于1965年。李光耀执政35年，短暂的几十年，使新加坡从一个普通的海港城市一跃成为亚洲现代化浪潮中的佼佼者，被誉为高速腾飞的“小龙”，创造了历史上少见的“奇迹”。研究新加坡的“生存之道”、成功之路，无疑具有重要的现实意义和学术价值。

魏炜博士从硕士研究生阶段就开始关注新加坡的历史发展，似乎怀有一种“新加坡情结”。对新加坡问题的独有钟情和强烈兴趣，成了她学术研究的内在动力，促使她克服种种困难，完成了博士论文的写作，并在此基础上进一步修订增删、充实提高，终于正式出版。

科学研究贵在创新，想人之未想，言人之未言，在所研究的课题中，有所发现，有所前进，作者为此付出了极大的努力。本书不仅在选题、立意和视角上力求有新意，而且在不同层次、不同侧面的历史解析和诠释上谋求有新的开掘和发挥。

新加坡取得的巨大成就，其原因是多方面的。以往，学术界对新加坡国内的经济、政治、思想文化等方面的研究较多，而对其外交的研究相对薄弱。作者选择外交作为系统研究的突破口，从新的视角揭示新加坡成功之路，自有见地。本书在剖析新加坡国内外历史背景的基础上，宏大叙事与微观的个案分析相结合，纵横交织，疏密有致，轻重得当。全书以安全外交和经济外交为重点，以地区和全球两大外交辐射范围为面，对新加坡外交的基本目标、基本原则、战略构想、政策措施等做了深入的分析，不溢美，不苛求，实事求是，体现了作者的史德、操守和精思明辨的历史智慧。在分析新加坡外交特点时，作者指出，它有别于一般小国在外交上往往消极被动，无所作为，而能敏锐地把握国际形势的新变化，摆脱社会制度、意识形态的束缚，积极主动地采取果断行动，挥洒自如，左右逢源，实现了维护本国根本利益和追求微型国家的国际地位最大化、达到"小国办大外交"的效用。

作者视野开阔，把新加坡外交始终放在全球背景下进行考察。例如，在论述新加坡这种微型小国能迅速崛起，并在国际舞台上扮演令人瞩目的角色时，作者从时代变迁的大背景下加以说明。纵观近世以来，国际舞台总是几个大国纵横捭阖，呼风唤雨的场所。一些小国家或是被侵吞争夺的猎物，或是任人摆布的对象。第二次世界大战后，随着科学技术的突飞猛进和经济全球化的不断深入，资本主义发展不平衡规律出现了新的变化，一些资源贫乏的小国能审时度势，把握机遇就有可能实现超常跳跃式发展，成为具有地区乃至国际影响的国家，发出自己的声音，发挥积极作用。这种见解是颇有启发的。此外，对于外交与政治体制、经济实力及领袖人物之间关系等的解析也体现了作者的独到思考。

史学是一门实证性的学科，求真求实是史学的本性和价值基础。作者十分重视历史的真实性，为了搜集第一手文献资料，可谓不遗余力，千方百计。本书重要论点都以大量事实为依据，充分体现了作者严谨的治学态度。

《李光耀时代的新加坡外交研究(1965—1990)》是一部在认真研究基础上写成的学术著作，具有较高的学术水平。但"物无完善"，如对新加坡外交上存在问题的研究需进一步加强。

魏炜博士是一位勤奋好学、聪明刻苦的青年学者。学无止境，学问在勤，不索何获？愿她在今后教学与科研的工作中，锲而不舍，潜心耕耘，勇攀高峰，不断取得优异成绩。

本文原载魏炜著《李光耀时代的新加坡外交研究》，中国社会科学出版社2007年版

# 《青年史学》出版50期纪念文集《时代·史学·青年》前言

《青年史学》是我系学生学术社团“青年史学社”主办的学术刊物,创办于1980年,至今已出版50期。这是我系学生生活中的一件大事,也是我系学术发展史上值得纪念的事。全系师生怀着热烈的心情,隆重庆贺《青年史学》出版50期,为她的茁壮成长而欢欣鼓舞。

《青年史学》以50期的成果展示了她的存在价值和生命活力。15年来,她像一面旗帜,把有志于史学事业的莘莘学子集合在自己的周围;像一方阵地,为广大同学提供了研讨学问和施展才华的舞台。一届一届的青年学子在这面旗帜下,在这个阵地上,经受锻炼,增长才干,雕琢成器。如今不少人已成为学术骨干和学科带头人,有的成为国家机关、宣传、出版、新闻、文化战线上的中坚力量以及其他各条战线上的优秀工作者。50期来发表的文章,不少是虎虎有生气的佳作,有的被国家级和省、市级的学术刊物所采用。北京图书馆、上海图书馆已将《青年史学》列为指定收藏品。

奉献给各位的纪念文集,主要包含两部分内容:一是杂志的历届编辑人员及作者的回忆性纪念文章,二是《青年史学》中有代表性的论文。阅读这些稍带稚气的论文习作,倾听这些充满深情的真挚心声,不由心潮涌动,感奋不已;同时也引起我的深思,短短十几年,一个学生刊物竟能在广大师生的心中留下难忘的情结,在社会上产生良好的影响,原因何在? 有哪些值得我们总结、弘扬?

原因很多,值得弘扬的也不止一点,但给我留下印象最深的是一种精神。主要是:(1)热爱科学,为科学献身的敬业精神。由于种种原因,史学一度遭受冷落,处境困窘。有人耐不住寂寞清贫而移情思迁,有的人择显学而不入史门,而《青年史学》的编者和作者们胸怀献身史学的大志,不为名利所惑,潜心攻读，勤奋写作，努力攀登史学高峰。正是由这种崇高理想所焕发出来的精神，支撑着他们在《青年史学》这块阵地上奋战不息。(2)严谨求实，开拓创新的学风。毋庸讳言，学术界也存在不正之风，争宠于朝，争利于市，献媚于俗，屡见不鲜，而《青年史学》杂志的编者、作者却坚持以马克思主义为指导，以探究学术为宗旨，以服务社会为使命，选题严正，立论严肃，忠于历史，忠于真理，反对放肆狂言，信笔涂鸦。同时，积极倡导开拓创新，鼓励百家争鸣，推陈出新(新课题、新材料、新观点、新方法)。正是在这种良好风气的熏陶下，杂志发表的文章，学术上虽不够成熟，但"味道"正宗，走在"正道"上。(3)坚韧不拔、团结协作的精神。在目前条件下，办好学术刊物不容易，办好学生的学术刊物困难更多。且不说风风雨雨的外部环境的影响，就内部因素而言，经费上的短缺令人烦恼；在学习任务的重压下，组稿、编辑乃至下印刷厂等一连串工作，均需利用业余时间来完成，其艰难可想而知。但同学们在困难面前不动摇，在组织的帮助下，同心协力，团结奋斗，15年来保证杂志按时出版，从不间断，这在全国高校中也属少见。

有位伟人说过"人是应该有点精神的"，斯言甚是。在一定条件下，精神力量是伟大的，甚至是决定性的。当前，我系正处在继往开来的关头，正开始"第二次创业"的"新长征"，我们应该弘扬上述精神，努力把我系建设成为名副其实的国家文科基础学科人才培养和科学研究基地，办成国内一流水平的历史学系。

因工作关系，我与《青年史学》杂志有着亲密的关系，与同学们结下深厚的友谊，看到同学们的成就特别感到欣慰、激动，再次体悟到作为教师的幸福和价值。

过去的成绩已化为历史，新的辉煌在于未来。作为一本杂志来说，50期仅仅是迈出一大步，今后的路还很长，衷心希望同学们继续发扬优良传统，以坚实的步伐走下去，一届接一届地把《青年史学》越办越好，高扬学术正气，为振兴中华史学开拓前进！

本文原载于《时代·史学·青年——〈青年史学〉纪念文集》(内部资料，1996年)

## 《第二次世界大战事件人物》序

第二次世界大战是人类历史上规模最大的一次全球性战争。它给人类造成了深重灾难,留下了累累伤痕。但是,反法西斯战争的胜利,极大地改变了世界的面貌,加速了历史发展的步伐。半个多世纪来,人们仍处处可感觉到它的影响力,世人对它的研究历久不衰。

历史是人类活的教科书。"述往事,思来者"。20 世纪 90 年代是继往开来的历史性转折年代,和平与发展的潮流无疑将继续奔腾向前。但是,世纪之交是国际战略格局新旧交替的动荡时期,必将衍生许多不稳定的因素。因领土、民族、宗教等因素而引爆的国际间的纠纷、摩擦和冲突有可能增多,随着科技的发展,核扩散的危险也将增加,霸权主义仍在国际舞台上逞凶。所有这些不确定的因素都增加了国际局势演变的复杂性和不可测性,战争的因素远远没有清除。因此,重温第二次世界大战的历史,仍然具有重要的现实意义。

本书愿为读者提供一本学习第二次世界大战历史的参考书。第二次世界大战的爆发绝不是偶然的,它是战前世界经济、政治、军事和意识形态等各种因素交互作用的结果。第二次世界大战也不是必然降临的,它经历了一个长期酝酿的过程,并由一连串局部战争逐步扩大而成。从某种意义上讲,1919 年至 1922 年形成的凡尔赛-华盛顿体系一开始就孕育着新的世界大战的诱发因素。德、意、日法西斯国家疯狂扩军备战,不断发动侵略的过程,也就是凡尔赛-华盛顿体系所建立起来的国际秩序不断受到冲击,直至瓦解的过程。法西斯国家挑动世界大战,不仅威胁到各国人民的生存和自由,且直接损害英、法、美等战胜国的霸权利益。一切受法西斯侵略威胁的力量理应联合起来,采取有力行动制止法西斯侵略。当初,反法西斯的国家和人民完全有时间、有机会、有力量把侵略战争扑灭在局部范围内，推迟和制止世界大战的爆发。苏联和世界人民为此作了不懈努力，但英、法、美等国政府，面对法西斯势力的步步进逼却采取妥协苟安、纵虎为患的绥靖政策，拒绝与社会主义苏联合作，使当时唯一能制止战争爆发的反法西斯联盟没有及时建立起来，终于使本来可以避免的人类浩劫比侵略者预计的还要早地到来。为了科学地揭示第二次世界大战的起源，本书决定从巴黎和会签订的《凡尔赛条约》着笔。纽伦堡审判和东京审判是反法西斯战争胜利的直接延续，将它们作为本书的结尾，当是题中之意。

历史是由人创造的，人的活动在很大程度上又是通过事件集中表现出来的。纵横捭阖、变幻其测的国际斗争，雷鸣电闪、惊涛迭起的战争风云，都是以人为主体，以事件为经纬交织而成的历史画卷。本书拟围绕重要历史事件和人物系统地、重点地勾勒出第二次世界大战从酝酿、爆发到结束的历史轨迹，努力将科学性和实用性有机结合，力求观点正确，史实可信，内容充实，文字流畅，既可作知往鉴今的历史读物，又可作检索二次世界大战有关知识的工具书。

本书分事件和人物两大部分。事件按发生的时间前后为序，人物以国家分类。书尾附有关资料性图表，供参考之用。中国抗日战争的有关事件与人物已有专书记述，限于篇幅和分工，本书基本上从略。人物主要记载其在第二次世界大战时期的活动，其余从简。

本书作者有王士杰、王少知、王斯德、叶江、孙锡安、陈石、陈兼、李鉅廉、余伟民、陆钢、金仁芳、林文彪、范军、武克金、周尚文、周琪生、郑寅达、费佩君、姚昆遗、倪培华、钱洪、黄炳啸、黄跃民、虞宝棠、蔡抗、潘卫东。（按姓氏笔画为序）

周尚文、郑寅达、金仁芳、费佩君审阅了部分初稿。金仁芳、盛懿参加了部分编辑工作。

全书由王斯德统稿审定。华东师范大学出版社陈长华同志为本书付出了辛勤劳动，提供了不少建设性意见，谨表感谢。

由于水平有限，时间仓促，舛、误、漏之处，敬请批评指正。

本文原载于《第二次世界大战事件人物》，华东师范大学出版社 1991 年版

# 《民主社会主义在东欧》序

80与90年代之交的苏联解体、东欧剧变，是20世纪世界历史最重大的事件之一。它火山似的突然爆发，令世人瞠目结舌，给人们留下了哥德巴赫式的历史之谜。本书可说是力图解开历史之谜的一种努力。

人们不难发现，民主社会主义是东欧剧变过程中十分显目的一种政治现象，它与东欧剧变及其发展前景有什么关系？作者正是从这一视角进行了深入而独到的追问和思考。

民主社会主义作为社会思潮以及改造社会的理论体系和实践活动，在欧美有悠久的历史传统和广泛的群众基础。第二次世界大战后，在当代资本主义新条件下，民主社会主义运动在深度、广度上都有重大的发展变化。引人注目的是社会民主党在欧、美、亚、大洋诸洲的部分资本主义国家掌权执政，推行了社会民主主义的社会发展模式，完成了民主社会主义从理论到实践的飞跃。

民主社会主义是时代的产物、历史的产物。作为国际社会主义运动中的一个重要派别，它经历了一条曲折、坎坷的生命之路，风风雨雨，潮起潮落，誉毁褒贬，莫衷一是。东欧剧变后，人们痛定思痛，在对一个多世纪国际社会主义运动进行反省的同时，对民主社会主义也进行了冷静的思考。近年来，有关研究民主社会主义的论著陆续问世，但对东欧民主社会主义仍缺乏系统研究，不甚了了，国内迄今未有专著出版。

张月明教授长期从事国际社会主义研究，对东欧社会主义的研究尤有功力，著有《国际共产主义运动中的党际关系史》《东欧三十五年》等论著。《民主社会主义在东欧》这一新作，填补了国内该研究领域中的空白，可喜可贺。承张教授不弃，遵嘱作序，笔者自知对东欧历史无甚研究，不免诚惶诚恐，但师长之命，拒之不恭，姑且谈一点读后感，权充不能算序的序。

重视历史的审视是本书的重要特点。世界上任何事物都有发展过程,历史不能割断。要了解今日东欧民主社会主义运动,必须了解它的昨天和前天,了解它是怎样走过来的,为什么是这样而不是那样走过来的。作者以史家的眼光、史学的方法,引导读者走进历史的隧道去探识事物的源头和流程,并在丰富的事实的基础上清晰地勾勒出东欧民主社会主义运动演变、嬗蜕的历史轨迹,深刻揭示了不同时期、不同国家的特点。和有的书不一样,作者没有把自己的结论强加给读者,而是尽量客观地把真实的历史告诉人们,为读者自己去解读历史之谜提供素材和发挥想象的空间。这种引而不发、让事实说话的方法,比起激昂慷慨的"批判"也许对读者有益得多。

将历史和现实结合起来思考,这是本书的另一特点。重温历史不是怀旧,而是为了把握现实,驾驭未来。只有站在时代的高峰才能具有历史的穿透力,深入历史的深层,认清历史的本质,才能把过去与未来沟通起来,做到鉴往知来、经世致用。作者没有停留在直观、感性的历史图像的表层,而是引导读者从历史迈向现实,进行理性的思考:二战后东欧诸国为什么出现一种奇特的历史现象,即40年代末社会民主党的"共产党化"以及80年代共产党的"社会民主党化"?这种看似"三十年河东,三十年河西"的历史循环说明了什么,它与80年代末东欧"大地震"有什么关系?民主社会主义为什么能在东欧崛起,其发展前景如何?对于上述问题,目前虽然谁也难作出完满的回答,但作者在客观平实的叙述、评析中时时闪射出启迪心智的思想火花。从这里我们也许可以体察到,一个有社会责任感的学者必然对人类命运抱有深切的关怀,通过学术活动去认识历史、参与现实、开拓未来,离开了这种关怀就失去学术研究的价值;同时,一个正直的学者必须以严肃的态度尊重历史,实事求是,坚持学术的科学性,不随波逐流——离开了科学性,学术研究就失去了学术的尊严和力量。

作为探索之作,自然"物无完善",有些地方似可作进一步商榷。如果能提点要求的话,那就是部分内容有待进一步充实和深层次开掘,如东欧民主社会主义与西欧民主社会主义的特点及其历史命运有何异同等。

本文原载于张月明著《民主社会主义在东欧》,上海人民出版社1999年版

# 《中国高校哲学社会科学发展报告·历史学(1978—2008)》提要、后记

## 提要:世界史学科发展三十年

新中国成立以来,我国的世界史学科从无到有,经历了五六十年代的初步发展、“文革”十年的停滞、改革开放后的突飞猛进。改革开放为世界史学科提供的机遇是前所未有的:对外开放的扩大以及国际交往的增多,要求我们更加理性地认识这个世界;探索有自身特色的社会主义道路,需要借鉴先进国家的现代化经验教训,这些都赋予世界史研究者更大的社会责任。因此,近三十年是世界史学科全面繁荣的三十年,是逐步摆脱西方研究模式和话语体系、在学科理论上推陈出新的三十年,是我国学者奋力进取、各个研究领域取得丰硕成果的三十年。

本编分三章。第一章为近三十年世界史学科发展概况,简要阐述三十年来世界史学科发展的总体进程、基本脉络及发展大势,并分阶段作概要描述。

第二章,以问题为中心,分九节,每节一个专题对三十年来世界史学术研究的发展作系统的回顾、总结和评析。

第一节,回顾了我国史学界关于世界史学科体系和世界通史体系的讨论,并着重介绍了“世界史纵横发展整体史观”“现代化史观”和“全球史观”等主要观点。在构建世界史学科体系的共同目标时,我国学者坚持微观的国别史和专门史、中观的区域史和宏观的全球史三者齐头并进的研究理路。

第二节,概要叙述了我国学者以英国、法国和美国为中心,就“革命”与

"改良"在历史上的地位、作用、影响等进行深入探讨的情况及取得的成绩。

第三节:择要评述三十年来世界古代史研究的热点和重点,特别是对学术界关于古代希腊、罗马史和古代东方史等问题的研究成就作了扼要评析。

第四节,择要评述三十年来世界中世纪史研究的热点和重点,特别是对学术界关于封建政治、经济的特点,以及中世纪的宗教、社会、文化等问题的研究成就作了评析。

第五节,集中介绍了学术界关于"资本主义发展史"的研究状况。我国学者在资本主义起源、工业革命、政治制度改革、罗斯福新政以及城市史等领域均取得了显著的研究成果。

第六节,以苏联历史为中心,简要梳理我国学者对世界社会主义革命和社会主义建设的历史反思。

第七节,介绍了殖民地民族解放运动和新兴发展中国家发展道路的研究概况。我国学者在这个领域获得重要进展的是对非洲社会主义发展道路、拉美模式和东亚模式的探讨。

第八节,在宏观层次回顾了我国对20世纪世界的和平与战争研究。世界史学者在第一次世界大战、第二次世界大战、冷战史和世界和平运动研究领域取得较大的成就,其中在二战史和冷战史方面已经达到能够与国际学者对话的水平。

第九节,围绕自由主义、保守主义和民族主义思潮对我国学者较为关注的欧洲近代思想史研究进行了简要的综述。

第三章,在回顾、反思、总结世界史学科三十年学术发展过程的基础上,揭示世界史学术研究中存在的问题和不足,探讨未来学术研究的新趋向、新路径。

## 后　记

一、沧桑砥砺铸辉煌,盛世欢腾庆华诞。今年是改革开放30周年,在奔腾不息的历史长河中,30年虽弹指一挥,中国大地却发生了翻天覆地的深刻变化,这种惊天巨变的深远意义正随着时间的推移而日益彰显。岁月如歌,春华秋实,在改革开放阳光雨露的沐浴下,历史学科进行了脱胎换骨式的自我革新,生机勃勃,硕果累累,令人振奋。

纪念伟大节日的行动莫过于鉴往思来,站在历史的新起点上,总结过去,思考未来,抓住机遇,迎接挑战,以更开阔的视野和更开放的胸襟、更坚定的信念和高昂的激情,再接再厉,艰苦奋斗,踏实工作,努力攀登科学新高峰,争取早日成为国际史学界的一支劲旅。愿本书化作一束鲜花,向历史性的盛典献礼致敬。

二、本书写作分工如下:

中国历史编:

苏辉:先秦秦汉部分。

王铭:魏晋南北朝隋唐五代部分。

刘国忠:宋辽夏金元部分。

黄振萍:明清部分。

刘超:近现代部分。

李学勤、刘国忠、苏辉:全书中国历史编的设计与统稿。

世界历史编:

陈波:中英文摘要、30 年学术发展概况、问题与展望。

毛锐:关于世界史体系的探索。

魏炜:关于世界历史上革命与改革的反思。

吴晓群:关于世界古代史若干问题的研究。

刘英伟、臧宝军:关于欧洲中世纪史若干问题的研究。

陈安全:关于资本主义发展史的研究。

郭永胜:关于苏联社会主义革命和社会主义建设的历史反思。

孟钟捷:关于殖民地民族解放运动和新兴发展中国家发展道路的研究。

赵文亮:关于 20 世纪战争与和平问题的研究。

邓振军:关于欧洲近代思想史研究。

王斯德、李宏图、李月琴:全书世界历史编的设计与统稿。

三、广西师范大学出版社编辑汤文辉、施东毅为本书的出版付出了辛勤的劳动,对提高本书的质量帮助甚大,其敬业精神令人感佩,在此特致谢意。

四、本书在写作时,参考和借鉴了有关著作和论文,未一一注明,在此一并致谢。

五、限于著者的水平和时间的仓促,疏漏、错误之处,恳望广大读者指正。

本文原载《中国高校哲学社会科学发展报告(1978—2008)·历史学》,广西师范大学出版社 2008 年版

# 《“二战战败国的改造与反省之路”比较研究丛书》序

2015 年,人类迎来了纪念中国人民抗日战争暨世界反法西斯战争胜利 70 周年的神圣时刻,全球各地举行了多种多样的纪念活动。人们在这一重大的纪念时刻,不由得对历史进行深沉思索,对未来作深刻思考。

从永定河畔的卢沟桥,到云南腾冲来凤山下的国殇园,从欧洲大陆的格但斯克,到太平洋之滨的东京湾,遍布世界的警钟正逐一敲响:铭记历史,捍卫和平。

第一次世界大战结束后仅 21 年,战争的伤口还未愈合,为什么人类又急速重蹈覆辙,陷入第二次世界大战的空前灾难和浩劫?人们从中应汲取什么历史教训?人类怎样才能避免历史悲剧的再次重演?这是世人深切关注的时代议题。对此,人们可以多视角、多领域、多层次地进行研究、探讨。由孟钟捷教授主编、黄山书社出版的“二战战败国的改造与反省之路”比较研究丛书,则从战败国改造与反省的比较角度叙述和剖析了西方战胜国对德、日战败国处置的方针和措施,战败国德国、日本执政当局对侵略战争所采取的立场、态度和实际作为,以及造成两国不同差别的原因和结果。其问题意识鲜明,针对性和现实感强,富有启迪警示意义。

铭记历史,不是为了延续仇恨,更不是为了播种新仇的种子,相反,是为了捍卫和平,彻底根除产生法西斯主义、军国主义复仇的土壤和环境。想当初,希特勒纳粹党就是在一战后德国不甘失败、不肯认罪的历史背景下,借助煽动和利用民族复仇思潮而发动了罪恶的侵略战争,这一血的历史教训值得后人铭记。本丛书是以铭记历史、捍卫和平为主旨建构全书的框架体系,展开精细深入的阐释解析。

总的来说,德国进行了较深的反省,认罪服罪的态度较好,历届政府领导人都承认希特勒德国发动了侵略战争，德国对其后果愿"全面承担责任"，并向当年受害国和受害人道歉、赔偿，请求宽恕。联邦德国总理勃兰特在华沙犹太人殉难者碑前双膝下跪，真诚之心令世人感动，德国的历史教科书对青年一代进行了理性的正面教育。德国的知罪认罪、幡然悔悟、决意归正等一系列的言行赢得了欧洲和世界人民的谅解和尊敬，使整个国家终于"战胜过去"，摆脱了70年前的历史包袱，告别了野蛮、邪恶、黑暗的旧时代德国，开创了民族复兴的新未来。值得指出的是，丛书对德国的改造和反省并不简单化地加以记述，而是强调德国对二战的反省经历了逐步深化和曲折、起伏的过程，德国历史观的转变，也经历了从被迫到自觉的过程，这使读者可以更真实地理解历史发展的复杂性和深刻性。

当人们的目光从欧洲的德国转向亚洲的日本，看到的则是另一番景象。丛书以广阔的国际视野，对日本社会在战争记忆中形成的复杂局面作了深入的论析，不仅观察了战败国是否真正反躬自省，而且审视了战胜国是否有效地推动战败国走向新生。战后单独拥有占领权的战胜国出于自身的利益和霸权意图，违反国际公约精神，对日本军国主义没有进行全面、彻底的清算和实行有效的根除措施，致使右翼势力始终得以潜伏、滋长。他们不服输、不认罪、不悔罪，千方百计地歪曲、篡改、伪造历史，掩盖侵略战争的本质，在反对"自虐型历史观"的幌子下，与周边受害国家进行了马拉松式的"历史认识之争"，拒绝向被侵略受害国家认罪道歉。可笑的是，甚至连战败的事实也不肯公然承认，竟将战败称为"停战"。近期来，在右翼势力的鼓动与支持下，日本不断按扭曲的历史价值观修改历史教科书，并举行规模日益扩大的参拜靖国神社活动，更为严重的是变本加厉地蓄谋修改和平宪法，强行解禁集体自卫权，壮大日本自卫队，妄图实现重新武装，成为军事大国。所有这些倒行逆施的言行怎能让爱好和平的亚洲人民和世界人民放心、安心？

世界持久和平不会自然到来，和平需要努力争取，日本能否走和平的道路，要靠国际社会的合力推动（包括德国自我反省正面榜样的影响），要靠曾受日本侵略的国家和人民的督促与鞭策，更要靠日本全体人民清醒地面对历史，面对现实，自觉反省，自我改造，走自赎自救的光明之路。路在何方，相信认真阅读本丛书的读者都会从中得到有益的启示。

丛书注重科学性、学术性与公众性、通俗性相结合，以面向大众、普及历史教育、培育公众历史意识为宗旨，表达风格上力求通俗流畅、生动形象，可读性强，富有感染力，力避引证繁杂和书写外国史时常见的洋腔洋调，在融入国际二战文化中保持中国学者的风格特色。

丛书十分注意科学性，遵守学术规范，求真求实，做到言之有据，持之有故，不尚空谈，不随意、武断定论，使读者的认识获得自由深化的天地。

近年来，丛书的主编孟钟捷教授积极倡导和践行公众史学的研究和著述，组建了一支以中青年为主的写作团队，并联合相关的出版团队，共同为推进公众史学的发展繁荣辛勤耕耘。丛书的出版就是一个可喜的成果，值得庆贺，衷心祝愿各位继续执着前行，硕果累累，成就斐然。

读罢丛书有感，略述数语，权充序。

本文原载于孟钟捷主编《二战战败国改造与反省之路比较研究丛书》之一，沈辰成《从改造到自省——战后美国对德反亲善政策探微》，黄山书社2015年版

# 《河声入梦来》序

盛夏酷暑，清晨是读书的极好时光，微风拂面，遍体生凉，身居高楼，极目环顾，整个城市半睡乍醒，浸沉在万籁俱寂的静谧中。此时端坐书斋，我捧读心仪独钟的书，真是心旷神怡，一种超凡脱俗、难以言喻的美好感受油然而生。

我喜爱阅读散文、随笔一类的美文，平时大多放在工作与学习之余的时间，但近年来破例连续用最佳时间认真阅读士杰的散文随笔集稿《河声入梦来》。不为别的，缘为此书不是一般的普通书稿，这是故乡亲人撰写的洋溢着乡情、亲情、友情和爱情的“乡书”。“君自故乡来，应知故乡事”，文集给我递送了故乡的历史足迹和现实图景，勾起了我逐渐淡去的童年记忆，增进了我对故乡的新知，激起了我对故乡的无限思念和眷恋。人们常用魂牵梦萦、每饭不忘来形容游子对故乡的深厚感情，可我个人的体会，似乎在不同时间段对故乡的亲近感是有明显变化的。记得年少时，虽自傲于故乡的秀美与温馨，但更向往于外面世界的精彩和神奇，暗暗地盼望早点长大，能有机会飞向那遥远的地方，越远越好，后来在报考大学时，浙江的高校竟连一所也未填报。步入中年，一头忙于工作，疲于应对复杂多变的环境，少有恋乡的感伤和柔情。渐入老境，倦鸟思归，恋乡之情日浓，常想回家看看，有种想和故乡亲近的意愿，越近越好。每当听到故乡的消息，见到故乡的亲人，总有一种血脉畅流的兴奋感，真是“乡心正无限”啊。当然，如果有机会能为故乡的母亲捶捶背，洗洗碗，做点尽孝的小事，更会感到无比幸福和欣慰的了，可惜适当的报恩之门也不易找啊。我不知道别人是否有此情况，我却真实地经历了此种心路历程。我也不知道该如何反省和评价这种心理变化，但这是自己的历史，借此机会如实记录下来，也颇有回味。

《河声入梦来》一书共有“乡邦咏叹”“性情走笔”“浮生掠影”“含英咀华”

“咬文嚼字”等五个栏目,篇幅不多,十余万字,但内容丰赡,视野开阔,天文地理、中外古今、社会万象、人生百态,林林总总、方方面面、无所不及,议论风生、见识深刻,给予人智慧和启迪。

打开书稿,映入眼帘的首先是“乡邦咏叹”一组文章,讲述的都是家乡的历史、风物及人与事。读了书中生动的描述,我仿佛回到了小桥流水、粉墙黛瓦的故乡,徜徉在一望无际的田野菊海中,泛舟在百舸争流的大运河上,且沿着引人入胜的道道风光,穿越连接古今的历史隧道,走进故乡的心灵深处,与亲人们进行相与会心的叙谈对话,完成了一次回乡“省亲之旅”和浸润“文化之旅”。

就《怀念梧桐》一文来说吧,作者怀着特殊的深情,给我们讲述了中外梧桐树在故乡境遇的故事,抒发了由此引起的感触和文化思考。作者所居住的地方名为梧桐镇,其所属的市名为桐乡市,皆因梧桐而得名。近代以往,市内遍植中国本土梧桐,其育翠平滑的树干,英武伟岸,直指青天,宽大密集的层层绿叶,宛如顶浓荫巨伞,遮阳生风。“一枝青玉立,千叶绿云委”,成行成片的梧桐树点染出桐乡地区特有的一道风光。“栽下梧桐树,引来金凤凰”,凤栖梧桐的故事表达了故乡民众美好的憧憬。梧桐虽未被正式冠名,却在人们的心目中成为公认的桐乡“市树”,成为桐乡市的文化符号和形象大使。可是,近几十年来,本土的中国梧桐逐渐消失,街前屋后改植了外来的法国梧桐(学名悬铃木)。这一不受人们关注的自然景观的变化,却引起了作者的深层思考;外来梧桐与本土梧桐能否共生共荣,优势互补,相得益彰?这一富有哲学意味的问题,实质上提出了一个值得深思的文化命题,即在经济全球化加速推进和对外开放不断深化的背景下,如何认识和对待本土文化和外来文化,是排斥或替代,还是交流与交融?无疑,这个问题的意义远远超出了树种本身的意蕴,作者在本文结尾中提出的“再植梧桐,多植梧桐”的呼吁则隐喻着对本土文化的深切关怀,令人顿生无限联想。

本栏目的其他文章,如《因为乌镇拥有茅盾》《舟游运河》《忆乌镇市河》《乌镇土话》《桐乡精神》《古镇·古镇文化·古镇文化的传承》等文,都从文化的视角,对故乡的历史和现状、事件和人物作了描摹和思考。

本书其他四组文章,如《感悟老照片》《生活,并快乐着》《“采桑”一曲吟千秋》《成语与四字格》等,都从不同侧面和层次,展示了作者的所见所闻,所思所想,内容大至社会人生,小至花草虫鸟,全景式摄录了故乡的风情与神韵。因篇幅有限,不再赘述,读者自可赏析。

士杰的散文随笔有其鲜明的个性和独具的特质与特色。

其一,浓浓水乡味,深深故乡情。

本书的大部分文章都带有浓郁的乡土气息,充溢着对故乡的深情。不少题材是货真价实的桐乡“土特产”,不仅内容是乡土的,语言也恰当地采用了民间的口头词汇和俗语土话,散发着带有泥土味的乡音土韵,读来很有亲切感。本书无论是叙事状物,抒情写景,还是知人论世都着力于反映故乡人的生存状态、生活情景和生命境遇,抒发对故乡的挚爱,对故乡亲人的深情。这不是偶然的作为,也不单纯是文章的风格。作者是一位故乡党政机关的干部,他所表达的不止是一般抽象的情和爱,更多的是立党为公、执政为民的大爱,是一种为本土大众谋福祉的社会责任。文为心声,文言志,我深为作者心中有民、虔诚为民的品性和情操所感动。

其二,清纯的文化品位,深刻的文化反思。

士杰曾长期从事语言文学的教学和研究工作,有较好的学术素养和扎实的专业基础。他写的散文随笔具有内在的文化意蕴和人文追求,是带有知识性的、文化性的散文随笔,知识含量丰厚,阅读全书无异于饱餐一席知识的盛宴,享受一番艺术审美的愉悦。

值得指出的是,作者并非一味热衷于“雅兴”和“性灵”,沉醉于华丽的辞藻,片面地追求趣味性、休闲性,更不是迎合时俗,玩弄“娱乐化”“戏说化”的文字游戏,也没有停留在趣闻轶事、文物古迹、水乡风情等的描绘和叙述上,而是在娓娓而谈中发掘蕴含的人生哲理、生活智慧、生命体验,从文化意义上去解读和思考历史与现实中各种问题,使读者在阅读中获得思想上的营养和精神的提升,这在物欲横流、文化低迷、精神缺失的某些氛围和环境中,犹如沁人肺腑的清风,是多么高洁,令人感佩。

散文的特点在于散,随笔的优长在于随。但通观全书“形散而神聚”,想象奔放而有所皈依,文思随心所欲、恣意汪洋而自觉自制,不越规矩。看似散珠碎锦,实际贯穿着一条基本线索和一种精神内核,那就是对故乡文化的真诚挚爱,对故乡人民的终极关怀。人是国家和地区的主体,一切为了人,为了满足人的祈求和发展。文化是国家和地区的根,根深才能叶茂,文脉是生命之源，文化在继承中不断创新，乃是故乡科学发展、持续进步的永恒动力。文学是人学，对人性的伸张、对文化的敬畏和崇尚是本书的主旨和主调，作者正是把握这条主线，将零散的观察、随意的思考，聚集于在文化、人脉和人性等层次上进行深刻反思和解析。这种写作的品位风格和价值指向无疑是值得肯定的。

故乡桐乡市是浙江杭嘉湖平原上的一颗璀璨明珠，素称鱼米之乡、丝绸之府、人文之邦。人文荟萃，人才辈出，文风郁郁。历史上自宋至清，光乌镇就出了64名进士，161名举人。清代著名学者吕留良“天地入胸臆，文章生风雷”的傲然风骨和气度，现代文学巨匠茅盾“文学为人生”的现实主义的文学旗帜，教泽后代，影响深远。故乡的先贤们是一座座人文高山，令后辈仰之，敬之，心向往之，当今，故乡的学人们以乡贤为楷模，承续文脉，勤奋耕耘，是多么令人欣慰与感奋。

敝人长期从事历史教学和研究，对文学是十足的外行，隔行如隔山，外行很难有真知灼见，卑无高论，实不适合作序，只能谈点读后感，权充序。当然，文史有相通的一面，从史学角度审阅全书，于我多有启发。总览全书，许多文章都直接涉及地方史和社会史的内容，而且以故事的形式白描历史，可读性强，对普及历史知识和进行热爱家乡的教育很有积极意义，而许多反映现实生活的篇章更是对未来历史的记录。

值得指出的是，本书记述的内容与当代史学的变革趋向相契合。当今史学研究的对象和空间都发生了深刻的变化，由片面注重反映政治、军事的演进，拓展到全面反映社会生活的全貌；由偏重关注帝王将相和社会精英的活动，扩大到反映广大普通百姓的生存和命运。这一不谋而合的交汇，反映了作者的历史眼光和洞察力。历史是一条奔腾不息的长河，绵延不绝，历史是昨天、前天的现实，现实是明天、后天的历史，历史存续在现实中，现实生活在历史中。从这一意义上说，本书的许多篇章，如《我所经历的两次会议》《桐乡精神》《酒桌八记》等正是为未来的桐乡地方史提供类似口述史的史料。从文献的保存价值来看，这本文集还“越界”发挥了史学功能，弥足珍贵。

作者士杰，志存高远，执着奋进。大学中文系毕业后，他先执教于讲坛，后步入政界，公务繁忙，重担在肩，但始终保持书生本色，挤出时间，坚持写作不辍，硕果累累，可喜可贺。环顾四周，争利于市，献媚于俗，屡见不鲜，而作者坚持知识分子的精神操守和社会担当,可敬可佩。祝愿他在以往成就的基础上再接再厉,不断开拓创新,攀登新高峰,进入新境界。“登山不以艰险而止,则必臻乎峻岭矣”。

本文原载王士杰著《河声入梦来》,大众文艺出版社 2009 年版

# 《冷战阴影下的匈牙利事件:大国的应策与互动》序

历史的长河汹涌澎湃,迂回曲折。时代的风雨也许会将许多记忆冲刷得无影无踪,但也会使许多记忆变得更加鲜活,更富有意义和魅力,发人深省。读罢胡舶博士即将出版的著作《冷战阴影下的匈牙利事件:大国的应策与互动》,掩卷遐思,不由叹曰:历史之树常青,往事并非烟云!

1956 年爆发的匈牙利事件是二次大战后社会主义国家首次爆发的大规模动乱,在当时曾震惊世人,反响强烈。这一事件距今虽已半个世纪,但其喻世意义仍令人回味。对于经历过这个时代风云的人们来说,重读这段历史有一种温故知新的感悟;对于 20 世纪 50 年代后出生的人们来说,会从历史的明镜中加深对现实世界的理解。

匈牙利事件一直是国内外学术界关注的热点,研究成果累累。但国内研究多半侧重于国际共产主义运动历史经验教训的总结,很少涉及国际关系的研究领域。胡舶博士独具慧眼,另辟蹊径,在全球国际战略格局的大背景下,围绕匈牙利事件,从主要大国外交关系的视角,进行了专题研究,颇具拓荒补白的开创意义。

在历史上东欧是一个矛盾丛生、纷争不已的地区,也是大国争霸的重要舞台。二次大战后,欧洲分裂为由美国主宰的西欧及由苏联控制的东欧。随着冷战加剧,苏联强使东欧各国按照斯大林模式改造为社会主义国家,并结成社会主义阵营。与此同时,美国为了“遏制”苏联,加紧对东欧各国进行渗透、颠覆,东欧成为苏美角逐、对抗的前沿阵地。这种特殊的地缘政治和冷战环境注定了匈牙利的历史发展无法摆脱国际格局的制约和大国外交的左右。

科学研究贵在创新,想人所未想,言人之未言,在所研究的课题中有所发现有所前进。作者正是为此作出了极大的努力,本书不仅在选题、立意和视角上具有新意,而且在不同层次的解析和诠释上力求有新的开掘和发挥。例如,在论述苏联对匈牙利事件的应策时,突出了一种悖论:1953 年斯大林逝世后,赫鲁晓夫领导集团在国内实行改革,同时力图推动东欧国家进行相应的变革,其目的是改善日益紧张的苏东关系,巩固和加强社会主义阵营。但结果大出意料,却使东欧各国的民族独立意识和离心倾向空前增强。事实上匈牙利改革之风乍起,斗争的矛头首先指向苏联老大哥,全国上下强烈要求摆脱苏联的控制和束缚,走独立自主的发展道路。匈牙利人民对本国领导集团强烈不满的原因之一,也就是长期来他们完全屈从听命于苏联。当苏联领导集团警觉到这股独立浪潮可能危及东欧防线时,便重新挥舞压制大棒。而纳吉关于匈牙利将退出《华沙条约》组织的声明,则成了苏联出兵干涉匈牙利的导火线。历史表明,在两大阵营对抗的冷战局势下,要苏联从根本上放弃对东欧国家的控制是难以实现的,匈牙利要摆脱苏联控制,完全实现独立自主也是不可能的。匈牙利改革必须随时与苏联"对表",只能在苏联允许的范围内进行。

在论述美国对匈牙利事件的对策时,作者同样突出了一种悖论:冷战开始后,美国为首的西方国家一直把"解放铁幕后的卫星国家"作为欧洲战略的重点,展开了一系列活动。但当匈牙利事件爆发后,匈牙利反动势力和国际反苏势力极力鼓吹抓住"战机"。"解放"匈牙利时,美国却由于害怕与苏联发生直接武装对抗,从而引发世界大战,损害欧洲现存秩序,因此始终保持"冷静"立场,除作一些有限的声援外,拒绝采取实质性行动,并公开宣称:"美国从来不准备使用武力,或者以武力为威胁,去消除苏联的统治,或者那里的革命运动",不要求匈牙利和任何东欧"卫星国"脱离苏联而纳入北约,成为西方盟国或潜在的军事盟国,也不要求波、匈等国放弃共产主义。这些明确无误的信号,无疑使苏联毫无顾虑地对匈牙利进行武装干涉,维护其东欧的前沿阵地。尤为值得注意的是,正是在匈牙利事件后美国对东欧政策完成了重大转变,即由"解放"政策转为"演变"政策。历史表明,美国是崇尚"实力"的,美国当年没有"利用大好时机支持东欧国家民众起义推翻现行政府",非不为也,乃不能也。

读者可以清楚地看到,上述两个悖论贯穿于匈牙利事件期间美苏两国外交活动的始末,成了解读这场外交话剧秘密的钥匙。作者独到的见地和准确的把握,不仅帮助读者透过当时云谲波诡的外交表象,认识苏美外交互动的实质及因果,同时有益于认清当今世界纵横捭阖、变幻不定的国际局势。历史无情,时间显示了力量。冷战结束、苏联解体后,美国成了世界唯一的超级军事强国,肆意推行"单边主义"。在新的国际格局下,1999 年,匈牙利、捷克和波兰等 3 国率先加入北大西洋公约组织;2004 年 3 月,保加利亚、罗马尼亚等 7 个东欧国家又正式加入北约。北约这次战略大扩张,把原东欧社会主义国家尽收囊中,进一步增强了美国的势力,把"防止侵略""推进自由"的北约坦克逼近俄罗斯的西部边界。回顾当年,美国信誓旦旦地向苏联保证不会要求匈牙利及其他东欧国家加入北约组织,到今天,美国总统却在白宫前南草坪的集会上趾高气扬地对东欧诸国加入北约表示"热烈欢迎"。世事难料,沧海桑田,面对历史的嘲弄,真是感慨莫名。

此外,本书多处匡谬纠误,澄清了一些广泛流传、片面失实的观点。如关于苏联第二次出兵干涉是在中国压力下作出的决定等论说,作者作了详细的考辨和更正,令人耳目一新。

史学是一门实证性学科,求真求实是史学的高贵品格和生命力所在。史料是重构历史的基本元素,离开了史料就谈不上历史研究,既无法恢复历史的本真,也失去了阐述的意义和价值的基础。本书十分重视历史的真实性和科学性。作者在史料的搜集、考订、梳理等方面态度严谨,用力甚勤,广泛利用了冷战后俄罗斯和东欧国家陆续解密的历史档案文献,以及美国等西方国家近年来公开的外交文件等资料。丰富、充实的第一手资料使本书的观点做到了立论有据,说服力强,叙述的历史更逼近事实的历史。

为了使本书更加完善,更上一层楼,希望在论述匈牙利事件时期苏、美、中、英等国家间的外交互动方面作进一步深入的阐述。

胡舶博士在科学研究和教学工作中奋发努力,勤于思考,勇于探索,甘于寂寞,潜心耕耘,取得了显著成绩。学无止境,以往的成绩仅是今后前进的基石。愿再接再厉,百折不挠,勇往直前,"登山不以艰险而止,则必臻乎峻岭矣"。

欣闻本书获教育部优秀青年教师资助计划的资助,即将出版,作为导师不胜快慰,欣然应邀挥笔数语,权作序。

本文刊载于胡舶著《冷战阴影下的匈牙利事件:大国的应策与互动》,中国社会科学出版社 2004 年版

## 穿越历史，走进乌镇深处

——序《乌镇掌故》

徐家堤先生主编的《乌镇掌故》一书即将出版，闻讯喜甚。徐老是我小学母校乌镇植材小学的校长，1999 年书稿甫成，曾赐寄原稿，并嘱写序。写序自不敢当，但师长之命，拒之不敬，姑且谈一点读后感，权充不能算序的序。

乌镇是地处江南水乡的历史文化名镇，钟灵毓秀，人文荟萃，人才辈出，历史悠久。早在 7000 年前的新石器时代，先民们已在乌镇这块古老的土地上繁衍生息，至唐朝正式揭开建镇的历史，迄今已近 1200 年。到明清时，乌镇已发展为烟火万家、雄视一方的重镇。因位居江苏、浙江两省，湖州、嘉兴、苏州三府及桐乡等 7 县交界要冲，故特设享有府衙职能的浙直分署和江浙分署，这在全国同类古镇中绝无仅有。

悠悠岁月，勤劳智慧的乌镇人坚忍不拔地开拓自己的家园，酿造富有特色的乡土文化，在星罗棋布的江南小镇中闪烁着璀璨的异彩。鸦片战争后，随着国运衰微，乌镇也风雨如晦，满目疮痍。新中国成立后，星移斗转，换了人间，但也道路曲折，历尽艰辛。改革开放后，乌镇抹去了历史的尘埃，重显清纯、祥和、典雅的古镇风貌。如今意气风发的乌镇人正充满生机活力，为建设现代化新乌镇而奋起拼搏。

社会的发展是一个承前启后、继往开来的历史过程，人们要深刻地理解现实，更好地迈向未来，不仅需要高瞻远瞩，同时需要回顾反思，总结历史。只有从历史中认识自我，反省自我，才能调适自我，超越自我。社会主义现代化建设不能缺乏历史智慧。从某种意义上说，人天生是历史的爱好者，对历史认知的渴望，不仅是生于斯、生活于斯的乌镇人的现实需要，而且是光临乌镇的四方来客的兴趣所在。人们在欣赏水乡美景，品味古镇神韵的同时，也期望通过历史隧道，认识乌镇的文化内涵。

了解一个地方的历史，自然首当读地方志，地方志实际是总览一方古今的地方“全史”。我国的地方志由来已久，始自周秦，兴于唐宋，盛于明清。省有通志，府有府志，县镇亦皆有志，志书浩如烟海。乌镇镇志是我国最早一批撰修较完备的镇志之一。早在宋代末年，沈东皋就撰写了第一部乌镇镇志《乌青记》(已佚)，明清至民国各朝皆有重修本，其中以李乐、董世宁和卢学溥等版本为著名，国内外图书馆均有收藏，少数已属孤本珍品。

如果说，方志是地方的“正史”，那么“掌故”等类当属“野史”“稗史”了。由于体例、史观、史识等原因，地方志一般反映本地区的历史沿革、天文地理、人物风俗、政治经济、文化艺志等大的方面，且记述较概括、简略，缺乏具体形象的描录。同时，地方志一般由地方政府或地方豪族、士绅主持撰写，受当政者和正统思想的控制、影响较大。而野史往往比正史更自由开放，内容更广泛丰富，更贴近社会生活，保留了许多历史原貌，记录了被正史避讳的史实，或为人们所疏忽的细节，可补正史之不足；同时，呈现形式更通俗平易，为大众所喜闻乐见，语言更生活化，地域色彩更浓郁。

这里，需对“掌故”一词的含义稍作解释。按清代史学家章学诚所说，地方志一般包括志、掌故、文征三部分，其中“志”指地方行政制度，“掌故”指地方行政文件，“文征”指描述地方的诗文。本书所谓“掌故”，含义更为宽泛，举凡涉及乌镇历史、社会等方方面面的内容都涵盖其内，具有综合性和实录性。其实，方志和掌故可以珠联璧合，相互印证比照，有助于多视角探求历史本真，是我们认知地方历史不可缺一的两种文本。

捧读《乌镇掌故》，仿佛沿着古老幽深的小巷曲径，穿越历史时空，聆听历史老人诉说乌镇邈远深邃的过去。《乌镇掌故》共分吴越遗风、史乘觅微、旧闻寻趣、传记撷遗等四编，计约 110 篇，30 余万字。其篇幅虽不大，但内容丰富，资料充实，时间跨度大，上下几千年，全景式地展示了乌镇历史的源头和流变。

本书自成体系，独具风格，以人物和事件为中心，以人及事，以事及人，撷取了具有重要意义的人物和事件，勾勒出乌镇生成和发展的历史轨迹，凸显了渗透其中的人文精神。本书不是一般地记述历史，也不仅仅停留在风土民俗、文物古迹、风景名胜、水乡神韵的描绘上，而是通过历史事件、人物的展开，深层地揭示了历史上乌镇人的生存状态、生活景况和生命境遇，通过社会万象、人生百态的观察，以事寓理，以情动人，并对历史经验作文化思考。本书在呈现形式上不拘一格,纪传体、纪事本末体兼用并行,述事书人,写景况物,一事一人,有头有尾,眉目清晰。全书虽由相对独立的历史片断连缀而成,但又不是一盘散珠。读者如认真思量,不难觉察贯穿全书的一条基本线索,那就是乌镇祖祖辈辈的先民们在求生存、图发展的艰难历程中所凝聚和闪射出来的智慧、精神和力量。这种精神恰如滋润大地和生命的水一样,构成了水乡乌镇的灵魂和血脉。

“掌故”,不可能像通史那样记录波澜壮阔的时代风云和天翻地覆的历史命运,奏鸣出气势磅礴的时代强音,但地处一隅的芸芸众生的平凡琐事和沉浮境遇多少折射了时代的步伐和历史的涛声,传递了以史为鉴的历史智慧。同时唯其“小”,更具人性,更含深情,更生动形象地勾勒了一幅色彩斑斓的江南古镇的历史社会画卷。

《乌镇掌故》是一部图文并茂、具体生动的爱国爱乡的好教材。作者作为忠诚于教育事业的老校长,十分关切对青少年进行爱国、爱家乡的教育。他在不同场合多次深情地说:“爱国爱家乡的感情是国民素质的基本要素,在基础教育中应予以充分的重视,我们写这本书的宗旨之一,就是希望青少年通过了解乡土历史,培养爱祖国、爱家乡的深厚感情。”斯言甚是,爱国主义情操是每个中国人所必须具备的基本良知,而爱国主义是以热爱家乡为基础的,家乡是人们人生征程的起始点,人总是先有爱家乡之情,而后才有爱国之心,乡且不爱,何谈爱国?

值得高兴的是校长殷切的期望看来得到了应有的成效。相信,读了《乌镇掌故》的青少年定会受到鼓舞,受到启示,可从先辈们在追求社会进步的艰辛历程中,体会到他们创造历史的欢乐与痛苦、胜利与挫折,感悟到人生的意义和生命的价值,有助于知道我们的故乡从何处走来,我们该怎样继承先贤们的优良传统,开拓性地迈向未来。对于早年就吻别故乡的游子,读了本书中的一个个故事后,油然升腾起对故乡深深的眷恋、热爱之情,产生一种难于抑制的想去拥抱的强烈冲动。啊,可爱的故乡,我为您拥有光荣的过去而自傲,为您正在构筑光辉的未来而感奋。

作为地方历史读物、除了文字资料,图片也十分重要。许多古今一瞬的场景、氛围,非文字所能复述重现的,精彩的图片往往是画龙点睛的神来之笔。本书力求配以富有视觉冲击力的图片,帮助读者用眼和心一起解读日渐淡去的历史，打开更大的想象空间。可惜由于条件的限制，本书在这方面多少留下了不足和遗憾。

真实是史著的价值基础，求真求实是史著的高贵品格，掌故虽不能像正史那样字字有据，言之凿凿，但也不是信手拈来，更不是信口开河。必须指出，地方历史资料的求真是很难的工作，野史笔记和口述史实中可能存在道听途说的内容。作者对民众口头流传下来的传说和遗闻轶事等资料，严格筛选，沙里淘金，并参照其他有关文献，反复核对，勘讹校正，去伪存真，尽力使之逼近历史真实，治学严谨，令人感佩。当然，即使如此，恐难免还会有疏误失实之处，这有待今后不断考订匡谬了。

搁笔之际，思绪难平，总觉得还需说几句。徐校长曾一再叮嘱，序言中切不可谈及校长个人事，谦谦君子之风昭然。先生在旧社会饱经磨难，新中国成立后也步履坎坷，但始终安贫乐道，守正不阿，可谓“踏尽人间不平路，不向人间诉不平”。晚年，国泰民安，时来运转，家庭幸福，生活愉快。但先生不安于在家颐养天年，而以强烈的社会责任感关注家乡的发展，关怀青少年的健康成长，特别重视对青少年进行历史教育。先生不顾年迈体弱，和同志们一起不辞辛苦，抱病深入坊间，遍访各界人士，抢救出大量佚文旧事，并呕心沥血，默默耕耘，数易其稿，终成《乌镇掌故》一书，其精神令人肃然起敬。这里，我们还要衷心感谢乌镇有关领导和有识之士，以及上海社会科学院出版社的领导和编辑，为弘扬乌镇的历史文化所作的贡献。没有他们的热情关怀和鼎力支持，本书是不可能顺利出版的。作为读者和故乡人，在这里向他们表示虔诚的敬意。

乌镇古老而青春，如今，厚实、丰富的历史文化积淀正发出生命的朝气，历史的承续、嬗蜕正谱写现代文明的新篇章。在历史、现实和未来的衔联互动中，愿本书的问世，适逢其时，惠泽世人。

本文原载于《乌镇掌故》，上海社会科学院出版社 2003 年版

# 《新昌乡村文化研究》序

《新昌乡村文化研究——百姓寻根录》一书即将付梓，蒙作者不弃，嘱命写序，感动之余，不免惶然。中国社会文化史非我专长，何敢作序？但念及百刚兄是我华东师范大学历史系同窗挚友，兄长如师，却之不恭，更使我难以抗命的是吾兄的精神感召。改革开放后，德才拔萃的百刚兄由教育界步入政界，先后任新昌县副县长和人大常务委员会副主任等职，为官一方，爱民为民，勤政廉政，自不待言。令我感动的是他在政务繁忙之中，保持书生本色，挤出时间，带领志同者致力于地方史、社会史的研究，日积月累，蔚然成书，其辛劳甘苦可想而知。环顾四周，争利于市，献媚于俗，屡见不鲜，即使在史学界，耐不住清贫、移情思迁、突围而出者不乏其人。而百刚等诸兄置名利于不顾，在经费缺、人员少的困境中，以业余时间身体力行，倡导开展地域社会文化史的研究，这种超凡脱俗的人格精神使我不能不接受成命。拜读书稿，受益良多，谨述数语。

本书涉及大量家谱、族谱、宗谱的研究。谱系学是一门专业性极强的冷僻学科，在浩荡的史学大军中专攻此行者也寥寥无几，而从政多年、重任在肩的百刚兄为何有此“雅兴”舍得“投资”于此，乃至乐此不疲？读完此书，我恍然大悟，诚如作者所言，“深层次地认识一个地域社会要从系统而切实的材料出发”，“要了解一个地方的今天，也要了解它的昨天和前天，这是规划和建设好它的明天的必要前提之一”，“地方志工作能向社会提供可靠的史料和研究心得，帮助人们后顾前瞻，洞悉变革，知古鉴今”，“对于各级领导也大有帮助，为民者要知其民，长一县者，应知其县，成其令者”，“古代称县太爷为‘知县’‘县令’颇含至理”。斯言甚是。的确，历史是不能割断的，作为一个县的领导人要带领全县人民创造未来的辉煌，必须深刻了解县情民意，为此，不仅需要对现状作深入周密的调查研究,而且必须对全县的历史发展有全面的把握,了解它是怎样走过来的,何以这样走过来。正是出于对故乡人民的挚爱,对新昌县未来的关怀,百刚兄及其同仁们才坚毅、执着地在史学园地上耕耘不息。

社会是由众多子系统构成的复杂的有机整体,本书从家族的角度探究新昌县社会的历史变迁是很有见识的。家庭是社会的基本细胞,在传统社会中,家庭组织是社会制度的原生模板,宗族是乡村社会组织的核心,在社会运行和发展中具有特殊的社会功能。研究地区家族史无疑对深层研究该地区的社会变迁有重大意义。

史料是史学研究的基础。家谱、族谱、宗谱等谱牒是研究家族史的主要资料。新昌县历史悠久、人文荟萃,地方文献十分丰富,但由于岁月风雨、天灾人祸等多种原因,损毁亡佚者不少,幸存者亦大多散落民间,不易寻觅。作者们不辞辛劳,深入城镇小巷、远山僻壤,进行搜集,"抢救"出大量珍贵文献,仅宗谱就有130多部,功不可没。

作者对已获文献资料认真进行爬梳清理,钩沉辑佚,不遗余力。作者对疑难违背之处作了辨伪考订,勘误校正,去伪存真,去粗存精,偶遇难以决断者不轻易下结论,存疑待考,免以误人。治学之严,用功之勤,令人感佩!

本书在大量文献资料基础上主要对王氏、张氏、陈氏、潘氏等20多个具有典型意义的家庭史详加考察,引导读者走进历史去探识主要家庭的源头和流变,对它们的渊源、兴衰荣枯及对新昌社会发展的影响作了详细的论述。作者没有把注意力完全集中于那些在新昌政治文化舞台上曾扮演重要角色、对社会经济发展起过较大影响的名门望族上,而是对那些地位低、影响小的平常百姓的寒族也予以关怀;没有孤立地刻画少数叱咤风云的显赫人物和达官贵人,而是用更多的笔墨反映普通百姓的生存方式和生活景况。

本书没有停留在家族兴衰枯荣的个案研究层面上,而是在个案剖析和综合研究的基础上,深入社会整体的各个子系统,对社会进行全方位的探讨。围绕历史上新昌宗族社会与地域社会在形成发展中的相互关系这一轴心,对宗族制和宗族文化对新昌地域经济、政治、文化、教育、宗教、民俗民风、社会群体、基层社会组织、农村社会结构、社会心理、社会稳定以及自然生态环境和人文环境的影响作用作了具体的分析,提出了精到的见解。本书为读者展开的不是单色调的宗谱集和人物速写，而是一幅色彩斑斓、具体生动的历史社会画卷，这对全面、历史地把握新昌县的县情是十分有益的。本书研究的范围虽限于新昌县，但它所揭示的地域发展的特殊性，有助于认识整个中国社会发展历史，也有助于与全国不同地区社会发展进行比较研究。

值得一提的是，近年来，史学发生了自我更新的深刻嬗变，其研究对象和方法都有了新的演进，突出的一点是注重多学科的综合研究，研究空间从“上层”向“下层”开掘，家谱学即为其中一个亮点。因为家谱的研究和利用与人口学、人类学、社会学、地理学、民俗学、统计学等诸多学科有密切关系，它有助于将其他学科的新理论、新方法引入史学研究，进行多学科的综合研究。本书在这方面作了有益的探索，是很有意义的。

读完全书，掩卷遐思，多少年来萦绕心头的疑惑似乎有所消释。曾记得，求学时曾不断自问，执教后时闻学生诘问：为什么要学习历史？学习历史有什么用？怎样学习历史？对这些问题，长期来，自己一直似懂非懂，似清非清，读了本书，认识有所深化，有些问题启发尤深。如从政与学术研究能否一身兼任？百刚兄在爱民、为民这个崇高目标下，较好地把两者有机结合起来，令人鼓舞。学术研究的严谨性、纯洁性与经世致用的应用性能否统一？如何统一？我们高兴地看到百刚兄和同仁们在浙东之邦默默耕耘于史学园地，将书斋学术融入社会文化，把学术精神灌注于民众生活。这种体现自我觉醒的历史意识和文化精神启示我们：一个有社会责任感和历史使命感的学者，必然对社会命运、人类前途抱有深切的关怀，通过自己的学术活动去认识历史、参与现实、创造未来，离开了这种关怀，学术活动就失去了应有的价值；同时，一个正直的学者必须以严肃的态度，尊重历史，实事求是，恪守学术的科学性，不随波逐流，离开了科学性，学术研究就失去了尊严和力量。

我们满怀热情地期望，在今后的岁月里作者在为新昌县文化的积累和创新中作出更大的贡献。

题内题外，东涂西抹，虽无真知灼见，唯是真情实感，权作序。

本文原载陈百刚、潘表慧主编《新昌乡村文化研究——百姓寻根录》，民主与建设出版社 1998 年版，同时载于《历史教学问题》1998 年第 5 期。

# 国际关系史教材建设的新探索

——评刘德斌教授主编《国际关系史》

在科学技术突飞猛进，全球化进程不断深化，国家间彼此依存加强、相互竞争日益加剧的新历史背景下，任何一个民族和国家都离不开生活其中的世界，国际关系的因素在人类文明进步和世界和平与发展的事业中的作用空前凸显。面对复杂深刻的时代嬗变，云谲波诡的局势变幻，时起时伏的危机冲突，人们深切需要从以往国际关系的历史演变中获取知识、方法和启迪，以便更好地解读现实世界中纷繁目迷的国际问题。近年来，诸多国际关系史的著作应运而出，其中新近由高等教育出版社出版，刘德斌教授主编的《国际关系史》是颇有特色和新意的一种，值得一读。要言之，本书有如下几方面可供高校国际关系史教学和教材建设借鉴。

## 一、注重历史发展的贯通和整体性

通史贵在通，前后贯通。国际关系涉及众多国家，更需重视整体性。总之，国际关系史应贯通古今，融合万方，纵横整合。自 17 世纪以来，人类社会处在承续不断的惊天巨变中，世界逐渐从分散走向整体。作者正是从这一本质出发，高屋建瓴地紧紧把握 500 多年国际关系历史发展的主要线索和脉络，全书分四篇 11 章，精当地揭示了历史发展的阶段性及每个阶段的基本特征。在观察每一重大历史事件时，作者以全球的视野，在世界大变局的背景下，将同时发生和先后发生的其他相关事件联系起来加以考量，力避孤立、片面地分析问题。作者一再强调："学习国际关系史，首先需要的是关于历史发展基本脉络的知识，否则我们对一个问题的历史背景缺乏基本的了解就很容易获得局部的印记，得出片面的结论。”这种强调关注前后因果的通感和整体联系的史观史识，对于撰写国际关系史确是切中真谛的。

## 二、鲜明的时代性

历史是已经消逝的过去，但研究和学习历史是立足现实，面向未来。论古明今，鉴往知来，这是贯穿本书的鲜明的价值取向。通观全书，作者是站在时代高度，在尊重历史事实的基础上，以当代人的感知，审视历史，记述历史，诠释历史，总结历史，吸取有益的历史智慧。无论是历史事件、人物、现象的取舍，抑或解读历史的视角和感悟，都渗透着强烈的时代精神。

历史不会重复，但有惊人的相似之处。本书记述的不是远离现实的陈年老账和趣闻逸事，它们与当代世界存在对应感，叙述的对象是历史的，读史的感悟却是当代的。此外，作者努力吸取国内外学术新成果，融合相关学科的理论和方法，在学术趋向上体现了现代性和先进性。

## 三、勇于探索，追求创新

新中国成立以来，我国国际关系史研究取得了显著进步，但总的来说，尚处在探索创新的初期阶段。学术创新首要的是在理论和方法上的创新，就国际关系史的特殊性而言，一个重要的问题是正确处理借鉴与创新的关系。20世纪 80 年代以来，西方国际关系理论大量涌入，形形色色，不一而足。对外来理论，不求甚解者有之，崇拜敬畏者有之，生套硬搬者有之，拒之门外者有之。但本书作者保持中国学者的风骨，严正告诫“不要在纷繁复杂的西方理论体系面前迷失自己”，坚持独立的学术立场，保持独特的学术风格。其在认真、虚心学习西方国际关系史理论的基础上，博采众长，但注意摆脱用西方国家价值观为准则的国际关系的理论模式，寻求自己的理论建构。作者明确提出了“以国际关系体系与格局发展变化为主线，以大国兴衰和第三世界国家的演进为主要考察对象”的崭新理念，建构了富有特色的国际关系史的结构框架。这一体系冲破了长期来围绕"欧洲中心论"争论而纠缠不清的禁锢与束缚。这不仅表现在增加了第三世界的分量,更重要的是将历来被西方主流学术界所轻视和故意边缘化的第三世界和西方大国一起放在世界历史总运动的背景下,有机而辩证地进行描述和论析,比较客观、全面地反映了历史的真实进程。理论创新是艰难的过程,当然,本书新的理论框架远不是成熟完美的,但是,这种探索所体现的中国学者的学术责任感、学术胸襟和勇于创新的精神是十分可贵的。我们在一向以西方学者为主导的国际关系史学术领域中终于听到了中国学者的特有声音。此外,本书在结构形式和呈现方式上也独具匠心,自成体系。全书设有导论和结语,每章有导言,为多层次、多侧面、多视角阐释国际关系的历史演变提供了众多相互呼应、相得益彰的空间。

## 四、求真求实,重现历史本真

真实是史著的价值基础,求真求实是史学的高贵品格。本书在关注时代性的同时,十分重视历史的真实性和科学性。全书史料丰富,言必有据,不发空论,史实筛选严格,去伪存真,据必可信,使历史事件和历史进程的重构,逼近历史的本真。此外,重要的立论和观点,如现代意义上的国际关系体系为何从欧洲开始、美国霸权主义的新形式软权力等论述,都以大量事实为依据,条分缕析,客观缜密,实事求是,表现了作者严谨的治学态度和科学方法。

本书虽是一本纯正的学术型教科书,但力避一般学术著作的艰深晦涩,以及一般"涉外"学术著作的洋腔洋调、故弄玄虚等通病,力求清晰流畅,深入浅出,给读者以亲近感、愉悦感,这也是值得称道的。

这里还向读者建议,务请认真读一下序言,它集中表达了作者的学术见地和全书的主旨真谛,实质上是一篇精彩的学术论文,给你一把打开本书大门的钥匙。

作为探索之作,自然"物无完善",尚有商榷和改进之处。如受篇幅所限原始档案的引用有些地方稍显不足,为不增加篇幅,不影响可读性,是否可用加注的方式加以弥补? 另外,图文并茂在当今读图时代更为重要,许多古今一瞬的场景氛围,非文字所能复述重现,精彩的图片往往是画龙点睛的神来之笔。一本学术型的教科书如能配上富有视觉冲击力的图片,将会更好地帮助读者用眼和心一起解读日渐淡去的历史记忆,打开更大的想象空间,让“悦”读变得更精彩。惜乎,本书空无一图,不免有些遗憾,希望再版时能考虑配以适当的图片。

本文原载《光明日报》2004 年 2 月 3 日,及刘德斌著《国际关系史》,高等教育出版社 2003 年版

# 访谈录

# 激情追求，执着实践

——记王斯德教授

王斯德，1936 年 6 月出生，毕业于华东师范大学历史系，终身教授、博士生导师。研究方向：世界当代史。《论太平洋战争前美国远东战略及其演变》获上海社会科学优秀论文奖，《重评斯大林在反布哈林斗争中提出的两个公式》获上海市哲学社会科学优秀成果奖，《世界现代史》（主编）获上海教委全国高等学校优秀教材二等奖，《苏联兴亡史》获教育部全国高校第二届人文社会科学研究成果三等奖。

学问求真求新，创业在思在勤，为人至诚至正。

——王斯德

当记者叩响文科大楼《历史教学问题》编辑部的门时，鹤发童颜的王斯德教授笑容可掬地站起来向我问好。这是一间并不宽敞的办公室，而书籍却占了将近一半的空间，靠墙的书柜满是历史典籍，装不下的书则几乎堆满了办公室的地板。午后的阳光洒在坐拥书山的王教授身上，他看起来丝毫没有“年已七十古来稀”的老态，却闪现着一种历经岁月沧桑后的豁达慈祥，一如这冬日的暖阳。

## 孜孜于求，一生倾注于历史教学和研究

小桥、流水、人家，清纯典雅的江南水乡风情，滋润着王斯德教授幼小的心灵。故乡乌镇文物昌盛，人才辈出，文化先贤们激励着后辈的人文追求。

或许自小受到良好的历史文化环境的熏陶，王教授从小喜爱写作。他小学时写的作文就曾在当时上海出版的《小朋友》杂志上发表；高中时怀着当“社会正义伸张者”的梦想，为成为一名未来的记者而努力。但世事难料，人生的道路并不能完全按照预定的目标前进，有时你要走进这扇门，结果却跨进了另一间房。高考时一篇作文的闪失，使王教授终于无缘进入新闻专业深造，而无可奈何地步入华东师范大学历史学系求学。现在，你可能很难想象，一生以研究历史为事业的王教授在上大学之初，竟然对历史学不感兴趣。王教授回忆说，当时，专业思想不牢固，专业学习不认真，课余尽看“闲书”，有时一星期看几场电影，蹉跎岁月，不求上进。可是，意想不到的事发生了，大学第一学期结束时，两门专业课考试，王教授得了两个5分，当时全班150多个同学，只有2人两门课全得5分。这次考试的成绩是个偶然的意外。但这件小事对王教授而言，却是人生征途中一个重要转折点，因为他由此找到了自信。从此，在老师和同学的鼓励下，他精神大振，开始安下心来专心学习，学习历史的兴趣日益浓厚，动力不断增强，这对日后终生致力于史学研究和教学产生了至关重要的影响。回忆此事，王教授感触颇深：“好学生是夸出来的，学习的兴趣是可以培养的，上帝允许青年人犯错误。我的这次经验，让我当教师后对待一些学习不努力的后进学生时，始终坚持以正面鼓励为主，充分调动学生内在的积极性，避免简单粗暴的责备、批评。”

1960年毕业后，王教授留我校历史学系任教。这时他的心情十分复杂，一方面为有机会在名师荟萃的母校工作而高兴，另一方面也为自己是否能胜任工作而忐忑不安。王教授说自己资质愚钝，勤能补拙，唯有笨鸟先飞。那个时候，师范大学教师住房紧张，许多青年教师三代人挤在一间15平方米的教室中，为了不打扰家人，王教授晚间睡到办公室去“开夜车”。这样的日子足足过了十年多。老天不负有心人，汗水终于浇出了硕果。学术研究贵在创新，多年来王教授在《历史研究》、《红旗》杂志的《内部文稿》、《世界历史》、《社会科学战线》等期刊杂志上发表了不少论文。其中1979年发表的《论〈苏德互不侵犯条约〉》一文，在国内史学界引起了一波学术争鸣，推动了对苏联外交史的研究。同年发表的《论斯大林在社会主义时期阶级斗争问题上的错误及其教训》一文，针对当时盛行的“斯大林由于抓阶级斗争不够彻底，导致赫鲁晓夫修正主义集团在苏联实现资本主义复辟”的观点，提出斯大林在阶级斗争问题上的错误是"左"不是"右"的见解,在"文革"刚结束,理论上开始拨乱反正的当年,给人一种彰往察今的启迪。其他如《论太平洋战争前美国远东战略及其演变》《论二次大战前夕英国对外政策的转变》等论文,也从历史事实出发,纠正了以往一些片面的观点,提出了一些新见,引起同行的关注。

王教授主编的《世界现代史》《世界当代史》《世界通史(3卷)》为兄弟院校广泛采用为教材,均获教育部优秀教材二等奖或上海市优秀教材二等奖。其中《世界当代史》被列为"十五"期间国家级规划教材。与人合著的《苏联兴亡史》获教育部全国高校第二届人文社会科学研究成果三等奖。此外,王教授还主持上海市教委科研项目"现代化进程中国际大都市研究",担任"十五"计划期间学校"211工程"重点学科建设法人代表,主编出版了该项目的标志性著作《现代化进程中的中国人文学科》(2005年由上海人民出版社出版)。

回顾自己的治学历程时,王教授非常自谦。他面呈愧色且颇有感慨地说,与著作等身的师辈和成果丰硕的同辈相比,他实在太浅薄,愧对人生,唯一问心无愧的是,治学的态度总算严肃守正,所写的论著多少有点可读之处。

作为一名教师,王教授热爱教育事业,热爱学生,满腔热情地从事教学工作。他备课认真,讲稿不断充实,隔几年就大改一次。他十分注重教学方法的改进,努力提高学生发现问题、分析问题、解决问题的能力。同学们认为王教授上课有激情,富有感染力,思维活跃,富有启发性。他的教学方法也有特色,其中有一条是"复杂的问题简单化""简单的问题复杂化",是说有些教学内容头绪多,错综复杂,初学者会如堕迷阵,不知方向,教师要把它提炼得简洁明了,一目了然。而有些重要历史事件初看十分简单,但经深入精细剖析,可使人感到内涵丰富,惊叹原来并不简单。同学们把这两种方法称为"望远镜"和"显微镜"。

王教授十分重视本科教学的课堂讨论。他认为一堂精彩的课堂讨论对学生是一次全面的学术训练,对提高学生实践能力和增强创新精神有重要作用。他对每次课堂讨论都精心设计和组织,学生们都感到很有收获。有原来对历史学缺少热情的同学经过课堂讨论,学习兴趣陡然大增,原来就有志于从事历史研究的学生则由此开始了学术研究的起步。

王教授爱生至诚,关心学生全面成长,特别是对硕士生、博士生的培养,不仅在专业上精心指导,而且在人格的塑造上不吝心血。他注重言传身教,以身作则,以情感人。他虽然工作繁忙,但常与学生交流沟通,对学生遇到的困难总是千方百计地帮助解决,大至人生取向,小至生活琐事,王教授都热心地给予关心和帮助。因此师生关系融洽,同学之间也团结友爱,互帮互助,宛如亲密友爱的大家庭。这种宽松、和谐的学习和生活氛围,给学生们营造了健康成长的学习环境,学生们心情舒畅,乐观向上。同学们把王教授当家长,对其尊重关心,嘘寒问暖。已毕业的学生也常常通过电话送来关爱,这亦师亦友的关系让人倍感温暖。今年 6 月,王教授门下的全体博士生返回母校相叙,济济一堂,其乐融融。如今,20 多位毕业的博士生个个服务于高校岗位上,成为本单位的业务骨干,不少还兼任了系主任等职务。看到学生们的成长,王教授欣慰无比,认为这是他从教 45 年最值得骄傲的成绩,是最可宝贵的财富。是的,作为教师,再没有什么比学生的成材更为幸福了。

21 世纪初,在国家教育部的率领下,掀起了全国新一轮基础教育课程改革的高潮。王教授代表华东师范大学历史系担任基础教育历史学科课程标准研制组副组长,积极投入全国初中、高中历史课程标准的研制工作。他同时主编了经教育部审定的初中历史教材(六册)。此套教材较好地体现了新课程改革的科学理念,吸取了国内外历史研究学术成果,照顾了中学生的年龄特征和认知水平,受到了广大师生的欢迎。

王教授还不辞辛劳,奔赴全国各地参加中学历史教师新课程改革的培训工作,编写配合新课程改革的教师辅导读物。虽然这类工作不计工作量,但王教授认识到加强基础教育建设是关系到实现科教兴国战略、提高全民素质的大事,身为师范大学的教师责无旁贷,理应不计名利,自觉参与此项工作,尽自己一份力量。

采访历史学教授,我不由自主地询问:学历史有什么用? 王教授凝思了一会儿,缓缓地说:这个问题古今中外的学者各有阐释,今天不可能展开来说。然后,他把我的目光引向挂在墙壁上的镜框,框内镶嵌着著名文史学家苏渊雷教授书赠的墨宝:“述往事,思来者。”司马迁的精辟之言高度概括了学习历史的意义和价值取向。

“文革”结束后,由于复杂的原因,历史学的尊严受到严重损伤,一时间“历史学无用”“历史学作伪有害”的论调甚嚣尘上。王教授说,过去有时历史学确实沦为错误政治斗争的工具,为人所厌恶、鄙视,可以理解,也应引以为训。但历史学作为一门科学来说,具有相对真实性(相对绝对真实而言),而且看似“无用”,实有“大用”。王教授说,马克思有一段话讲得十分精彩:“人们自己创造自己的历史,但是他们并不是随心所欲地创造,并不是在他自己选定的条件下创造,而是在直接碰到的、既定的、从过去继承下来的条件下创造的。”一部人类历史是人类在不同历史时期求生存、图发展的奋斗史,也是在改造客观世界的同时不断完善自身的进步史。从本质上讲,历史学是一门人类认识自我、反省自我、调适自我、超越自我的必修之学,其宗旨在于对人类命运的关怀,其社会功能的核心是启迪心智,智慧人生,使人变得清醒、理智和成熟,免遭前人的覆辙。人类如失去集体的历史记忆,很难生存和发展,否定过去则意味着失去今天和明天。由于时间关系,我们不得不转入其他话题。

## 铁肩担重任,团结奋进,振兴历史系

1993年春,王教授出任历史系系主任,这时,历史学正逢“史学危机”,历史系正陷入严重困境,人心浮动。当时,优秀学生不愿报考历史学专业,毕业生很难找到理想工作,教师人员编制严重超编,“文革”遗留下各种矛盾和消极影响等一连串问题使不少师生情绪低落,对历史系的前途信心不足。有位老师当面对新上任的王教授说“历史系这种状况,谁当系主任也搞不好,亏你敢承担这一个担子”,这句话对本来就担心不能胜任工作的他确实是迎头一棒,他不由得想打退堂鼓。但不少教师也给王教授热情的鼓励,有位老师针对王教授怕行政工作影响自己业务的思想,诚恳地说:“作为一个系主任,能团结全体师生,营造一个优良环境,让全体教师教学、科研双丰收,比你自己写几本书贡献更大。”在学校领导和广大师生的支持下,王教授终于下定决心,全力以赴地投入工作。他认为当时的主要工作是振奋人心,凝聚力量,没有积极奋进的精神面貌,一切无从说起。于是他带领新领导班子广泛发动群众,提出了“团结奋进,振兴历史系”口号,并开展了一系列具体工作。面临重重困难的历史系出路何在?虽然,客观大环境是造成困难的原因,但是历史学和历史系本身存在的各种问题和弊端是更重要的原因。王教授认为,振兴历史系的唯一出路就是改革——找准存在问题，总结历史经验，明确改革思路。只有改革，历史系才能获得新生，得到发展。于是，王教授发动全系师生，围绕历史系如何改革开展了一场热烈的大讨论。在讨论中，关于改革的思路、目标、措施曾产生重大分歧，如有的人认为历史学专业毕业生出路不好，历史系的创收无门路，主张改办些社会上需要的专业，如涉外文秘、档案、旅游等专业，以改变面临的困境。王教授敏感地察觉到这涉及历史系改革的方向问题，如果用过多的力量去办一些非历史学科的专业，固然能缓解一些目前的困难，但长远来说，对历史系发展不利。他明确提出，改革不能将历史系变得不像历史系，而只能把历史系办得更好。于是大家把主要精神集中到历史教学和历史研究等如何改革的问题上，并在培养目标、人才培养模式、课程设置、教学内容方法、科学研究以及行政管理等方面制定了很有特色的具体改革方案。全系出现了人人思改革、个个谋发展的动人局面。1995 年，在全系师生的努力下，历史学系成功被教育部评定为"国家人文基础学科人才培养基地"。随后，全系师生在建设一流基地的目标下，在教学、科研、师资以及图书资料、管理制度建设等方面进行了全面的改革和建设。群众的积极性和创造性空前高涨，基地建设很有特色和新意。1995 年在教育部召开的全国文科基地建设启动大会上，王教授介绍了华东师范大学历史系基地建设的思路和方案，受到大家的鼓励。后来在基地建设中期评审和第一期总结评审时，该基地都获得了优等的评价。王教授主持的研究项目"历史学学科人才培养模式综合改革研究与实践"获教育部颁发的国家级教学成果奖二等奖。王教授作风正派，办事公道，待人诚恳，关心同志，能团结一班人，凡事以身作则，遇利谦让。他主持历史系的工作后，历史系的面貌发生了较大变化，对此，广大师生给予了热情的肯定，有关部门也给予了表彰。王教授先后获得上海市优秀教育工作者、曾宪梓教育基金会 1997 年高校教师三等奖及上海市劳动模范等荣誉，享受国务院颁发的特殊贡献津贴，2002 年被学校评为首批终身教授。

谈到群众和领导给他的鼓励和荣誉，王教授面呈不安，真诚地说："当时历史系的成绩和发展成就于'天时、地利、人和'，是大家共同拼搏的结果。我只是在岗位上尽了一点职责而已，所得到的荣誉确实使我不安，我只能把它作为鞭策，化为动力，继续努力。"

# 夕阳无限好,何惧近黄昏

与王教授交谈始终在轻松、随和、愉快的氛围中进行。在采访临近结束前,记者提出一个略带沉重的话题:“王教授,不久前你已退休,不知你对新生活有何感受? 今后有何打算?”王教授略加思索,平静地说:“人的一生像一次长途跋涉,其间总要经过几个重要转折点,退休也是人生一大转折,意味着人已步入老年。我的态度是既服老,又不服老。年老了应量力而行,更不能越位而动,人要知趣,有自知之明,知足常乐,此谓服老也。但我自认为身体尚好,激情未消,尚有点余热可发挥,应该做点有益于人民的工作,此谓不服老也。以往在岗时,个人活动的自由度十分有限,身不由己。有些想干的事不由你干,不愿干的事不能不干。退休了,自由度比较大,好似又获得一次人生的解放,不亦乐乎!”此时记者插话:“有人说,像你们这一代知识分子几十年都生活在一个动荡的世界中,备受磨难,辛辛苦苦了一辈子,退休后该好好保重身体,颐养天年,何必再成天操劳呢?”王教授淡然一笑,认为:“人各有志,各有各的生活旨趣和生活方式,自己喜欢就好,无所谓好与坏,优与劣,全然是个人生活态度和喜爱问题。做自己喜欢的事再苦也乐,不要再多考虑别的东西。对自己要说真话,对自己真诚,才能对生活真诚! 你说是不是?”

说到今后的打算,王教授说:“今后没有什么计划,见机行事吧。”据记者了解,近期需要王教授去做的事还真不少。择其要点如下:

第一,主编《历史教学问题》杂志。该杂志创刊于1957年,从1997年起由王教授任主编。他认为办杂志很有意义,是高校学术研究工作的重要组成部分,杂志真正办得好,可以成为该学术研究领域中的一面旗帜、一个阵地,可以联系一支学术队伍,甚至可形成一个学派,对发展学术事业有贡献。当然,这是一种理想,是高山仰止而已。同时从个人兴趣来说,王教授对办杂志也情有独钟,所以尽管其他工作很忙,他还是认真投入,不仅在确定办刊宗旨方针、内容栏目设计等方面统筹规划,开拓创新,而且亲自参加组稿、审稿等具体工作。在大家的努力下,近年来刊物内容更为丰富,特色鲜明,有些栏目具有原创性,颇受学界和读者好评,2004年被评为“中文社会科学引文索引

(CSSCI)来源期刊”。王教授决心依靠大家的努力,把刊物越办越好。

第二,主编《大学历史——世界史》。为了适应对广大大学本科生加强人文精神教育和全面推进素质教育的需要,许多高校将开设历史通识课程,高等教育出版社拟编写一本给非历史专业本科生(含理工科)使用的历史教科书,约请王教授主编世界史卷。此书已被教育部列为普通高等教育“十一五”国家级规划教材。另有 2001 年华东师范大学出版社出版的《世界通史》(3卷)因使用效果较好也入选“十一五”国家级规划教材。前者是新编,后者是修订,也需花不少精力。

此外,王教授还有些零星的工作需要做,如每年负责编写《中国高校哲学社会科学发展报告》历史学科中的“世界史”部分内容,参加全国基础教育课程改革师资培训等。

当访谈快结束时,窗外夕阳如火,晚霞满天。记者不由陷入沉思,一个人如以自己的事业为荣为乐,把生命、尊严、荣誉、执着和毅力,悉数倾注于事业的人是多么快乐幸福! 面对王教授洋溢着活力和激情的神采,除了感动,我只有真诚的祝福……

(记者赖璐璐)

本文原载于俞立中主编《师·范——华东师范大学教授风采》,华东师范大学出版社 2006 年版

# 时代·改革·史学
## ——王斯德教授访谈录

**【编者按】**

前不久,华东师范大学历史学系主任王斯德教授接受该校校刊记者专访,谈及史学与时代、改革的关系,其精辟的论述也与史学基地建设的思路问题有直接关联。现征得王先生同意,发表于此,以飨读者。

问:时代与史学的关系,你是如何理解的?

答:历史学是研究人类社会发展的具体过程及其规律的科学,它研究的对象是逝去的昨天与前天,但史学研究的主体是生活在现时代的史学工作者,其总是以现代的眼光审视过去,在某种意义上说,史学就是现在与过去的对话。历史与现实的统一,过去与未来的联系,决定了史学具有鲜明的时代性。史学不能摆脱其所在时代,现实是史学研究的原动力和起点,它的终点和功效又复归现实,历史研究的方向、选题、重点、方法和形式也富有强烈的时代色彩,从这个角度说,“一切历史都是当代史”。时代与历史的关系是双向互动的,对现实的误解往往源于对历史的无知,对现实盲目,就不可能对历史有真正的感悟,而对历史的深切理解无疑将帮助人们科学地认识现在、洞察未来。历史与未来正是在现实中交汇。站在现实的高度审视历史,才能消除“不识庐山真面目,只缘身在此山中”的困惑的知识和经验,运用现代的理论、概念和方法去感知昨天事情的缘由、曲折,往往使过去不被重视或看来无用的东西,突然引起人们的兴趣,成为研究的热点,甚至产生化腐朽为神奇的功效。富有时代精神的史学,才有益于时代,为时代所容纳,才拥有存在的实力,与现实无缘的史学充其量是放在陈列室供人玩赏的古董,必将失去应有的光彩和价值。

问:你讲到了史学的价值,请你进一步阐述一下这个问题。

答:历史学有什么作用?今天,处境不妙的历史学,似乎到了需要有人为其生存权利进行辩护的时候了。关于史学的价值,历代史家和智者都有精到的论述。(王教授指着书房中挂着的字幅说)司马迁曰“述往事,思来者”,这话很好地道出了史学的功能和价值。史学研究的内涵包罗万象,思接千载,视及万方,其价值可概括为四个字:启迪心智。

社会主义大厦不可能建立在文化沙漠之上,社会主义精神文明不能缺乏历史的智慧。试想,一个失去历史传统的国家是怎样的国家,一个忘却历史的民族将会产生什么后果。人类历史是一个不能割断的发展过程,昨天、今天、明天首尾相随。认识过去,是理解现在及其趋向(未来)的钥匙。了解社会从何处来,有助于认识社会向何处去。需要强调的是,历史学虽然无法提供解救燃眉之急的锦囊妙计,也不是包医百病的灵丹妙药,但看来“无用”却有“大用”。比如,科学的历史研究能帮助们找到创造未来的现实起点,从深层次上克服“左倾”空想的祸害。任何社会进步和发展都是历史的产物,都是以以往的历史为前提。马克思指出:“人们自己创造自己的历史,但是他们并不是随心所欲地创造,并不是在他自己选定的条件下创造,而是在直接碰到的、既定的、从过去继承下来的条件下创造的。”明乎此,人们在创造历史的时候,就会自觉地从现实的条件出发,脚踏实地开拓前进,而不致沉醉于虚幻的“理想”之中,不至于超越客观条件的许可,急于求成,至于误入歧途,饱尝苦果。

以史为鉴。历史是一部人生教科书,世界历史积淀的成就和弊病、经验和教训无一不是可贵的财富,不仅可使我们充实知识、丰富智慧、免遭前人覆辙,而且使我们掌握历史辩证法,增强历史洞察力。

此外我想讲一下以往不够注意的方面,就是史学还具有一种特殊的娱乐功能。漫长的历史是一幕幕人物多姿、情节跌宕、极富故事性的社会话剧。历史有其独特的美感,它所包蕴的无限魅力,不断激发人们的艺术情趣。一部以真实历史为内容的精彩纷呈的历史著作不必说哲理上的启迪,就艺术效应而言,也绝不亚于一部同题材的文艺小说。近年来,有不少纪实性的历史著作备受广大读者喜爱,显露了一种迹象。前不久,我系与东方电视台合作播出的《回首二战》产生了轰动效应，极大地提高了电视台的收视率也是一个有力的证明。历史的丰富性决定了史学功能的多样性，史学功能和价值有待我们去开掘。今天不可能全面论述，管窥蠡测，挂一漏万，如此而已。

问：史学在整个社会主义现代化建设事业中应处于何种地位，先生你是如何认识的？

答：明确了史学与时代的关系，认识了史学的价值所在，史学的地位也就不言而喻，毋庸赘述了。这里我想谈一点，社会主义现代化建设是一项复杂的社会综合工程，它像一架巨大的机器，由许多不可或缺的有机部件构成，每个部件都有各自不可被取代的作用，它的地位具有客观规定性。任何人为的抬高和贬低都是非科学的，有害的。人们不会忘却有一个时期，史学曾一度被抬到吓人的地位，全国各地人人拿起历史的武器“批林批孔”，进行“儒法斗争”，可谓火红一时。其实，影射史学的“繁荣”，绝不是史学的幸运，而是史学的堕落和悲哀。当然，我们也不希望史学变成受人冷落的弃儿。顺乎天然，放到它应放的地位，这就是我的认识。

问：史学研究如何与社会主义市场经济接轨？

答：这是一个新问题，我没有深入的思考，不敢信口开河，妄言谬语。但是既然你提了这个问题，我也不能缄口不言，随便谈几点吧。首先不能把精神产品和物质产品完全简单地等同起来。目前，价值规律应如何体现在精神产品上（包括“史学产品”）？价格能否作为衡量“史学产品”内涵价值的唯一标准？能否正确认识和处理这个关系，对史学的发展不是无关紧要的。作为史学工作者一定要健全人格，保持气节，把对民族和国家的历史责任感放在首位，不能做金钱的奴隶，丧失人格。社会应正确估量史学的作用和价值，尊重史学工作者的劳动，不要使“史学产品”的价格与价值完全脱离。

其次，史学工作者要强化竞争意识。市场经济一个重要法则就是自由竞争。优胜劣汰，适者生存。目前，有人为“史学危机”而忧愤不已。不可否认，目前，史学确实遭到某些不公正的对待，处境困窘。我们需要呼吁社会采取有效措施，但是，史学的振兴最主要的是靠史学工作者自己去奋斗、去探索、去开拓、去创新，写出优质作品，满足市场（广义的）的需要。不凭自己的努力,企图依赖外在力量的“扶植”“保护”而求生存,势必在激烈的市场竞争中难逃厄运。更新观念、健全人格、调整心态,是我们应该重视的问题。

再次,改革是振兴史学的必由之路。应该承认,史学研究在相当程度上不能适应社会主义现代化建设事业的需要,未能满足人民大众的要求。要在市场经济大潮搏击中求生存、发展,必须在史学研究的理论、内容、方法、形式和面向社会等方面进行改革、更新。唯有走改革之路,史学才能振兴,才能从根本上与社会主义市场经济接好轨。

你所提的问题都是涉及宏旨要义的难题,问道于盲,自知寡见少识,匆匆作答,姑妄听之。

本文原载于吉林大学《史学集刊》1996 年第 2 期

# 历史学:人类认识自我、超越自我的必修之学

世纪交替,万象更新,新一轮的高考又将来临。隆冬一日,一群应届毕业的高中学子来寒舍围炉交谈。一番神聊之后,其接连询问:学历史有什么用?历史学研究什么?学历史有前途吗?这些问题看似简单,实际是很难三言两语所能讲得清道得明的。那天,我虽无充分准备,却以十分真诚的态度认真地作了回答。听者似有所悟,建议成文发表,以释其他同学的类似疑问。自感卑无高论,不足为训,但热情难却,乃稍作整理,谨供参考。

历史学就广义而言,其研究对象可涵盖世上一切事物,因为任何事物都是历史的过程,故先贤哲人们曾说"历史就是我们的一切","天地间无非史而已","我们仅仅知道一门唯一的科学,即历史科学"。但是,我们一般所说的历史学常指狭义的历史学,它是研究人类社会发展的具体过程及其规律的一门人文学科。

历史是逝去的昨天和前天,生活在今天、面向未来的当代人为何要把目光注视到那些已尘封的岁月?从根本上来说,因为人类历史是一个先后承续、不可割断的发展过程。历史虽然逝去,但没有完全"死去",从某种意义上说,历史仍活在现实之中,现实则活在历史之中,"一切历史都是当代史"。昨天、今天、明天,衔尾相随,历史与未来正是在现实中交汇,历史与现实的统一、过去与未来的联系,决定了历史学的永恒的生命力。认识过去是理解现在及未来的钥匙,了解人类社会从何处来,有助于认识社会向何处去。历史学不同于应用学科,它不能直接创造财富,无法提供解救燃眉之急的锦囊妙计,也不是包医百病的灵丹妙药,但看来"无用",却有"大用"。比如,科学的历史研究能帮助人们找到创造未来的现实起点,从深层次上克服"左倾"空想的祸害。任何社会进步和发展都是历史的产物,都是以以往的历史为前提

的。马克思指出:“人们自己创造自己的历史,但是他们并不是随心所欲地创造,并不是在他自己选定的条件下创造,而是在直接碰到的、既定的、从过去继承下来的条件下创造的。”明乎此,人们在创造历史的时候,就会尊重历史、自觉地从现实的条件出发,脚踏实地开拓前进,而不至于沉醉在虚幻的“理想”之中,不至于超越客观历史条件的许可,急于求成,误入歧途,饱尝苦果。

历史是一部社会教科书,它具有多方面的社会教化和思想滋养功能,是人类认识世界、认识自我、改造世界、超越自我的强大武器,其核心是启迪心智、智慧人生,使人变得清醒、理智和成熟。

以史为鉴,可以究天人之际,通古今之变,知社会兴替之道。历史学把人类社会的变迁作为一个动态过程和一个有机的整体来考察和剖析,学习历史可以使我们掌握唯物史观和历史辩证法,增强历史洞察力,以历史的纵深感和深邃的历史眼光去看待过去、现在和未来,领悟历史的真谛,认清历史发展的客观进程和发展大趋势,确立科学的理想和信念。历史不能重演,但历史常常以惊人的相似的形式反复出现。一部人类历史是人类在不同历史时期求生存、图发展的奋斗史。人类在求生存、求发展的过程中,需要应对自然界的挑战,探索处理人与自然界关系的科学方法;同时要应对人类社会自身的挑战,正确处理人与人,人与社会、国家、国际社会的关系。

世界潮流浩浩荡荡,顺之者昌,逆之者亡。学习历史可使我们总览“世情”,认清国情,顺应世界潮流,适应中国实际,开拓前进。世界历史积淀的成就和弊病,前人治国兴邦的成败得失和经验教训,无一不是宝贵的财富,使人开阔视野,丰富阅历,少走弯路,免遭覆辙。

历史是一部人生教科书。学历史对于提高人们的人文素养、思想境界、完善人格、陶冶情操、塑造美好的心灵、学习做人都有潜移默化的作用。翻开人类历史,贯穿着真善美与假恶丑的斗争,记载着人类在改造自然、改造社会的斗争中不断完善自身的艰辛历程。从中可以体验先辈们在追求理想、改变命运过程中的痛苦与欢乐、挫折和胜利,感悟人生的意义、生命的价值和人的尊严。从对历史事件和人物的评价中,可具体、生动地体悟到什么是正义、进步和公正,什么是崇高、伟大和正气,所有这些都有助于从深层上树立正确的世界观、人生观和价值观。

这里还需要强调的是,历史学在培养创新精神和创新能力方面所具有的不可或缺的独特作用。历史思维方式和方法具有普适性和广泛性,是人们观察和处理一切事物需要运用的一种思维方式和方法。事物是具体的、历史的,对具体事物进行具体分析,即把事物置于一定的历史时空中进行具体分析,这一历史思维方法是人们认识事物本质的科学方法,超历史的方法永远无法到达真理的彼岸。历史研究是一项复杂的创造性活动,因为它研究的对象具有很强的特殊性和复杂性,可以说人类社会发展的全部过程,都在其视野之内,纵贯数千年,横联五大洲,涉及经济、政治、文化等方方面面,具有宏观的综合性和时代的迁移性。历史发展具有不以人们意志为转移的客观自然性,同时具有人类创造历史的主观能动性。历史事件和人物具有独一无二的个别性和一次性,同时具有内涵的重复性和规律性。人类的历史一去不复返,研究者无法身临其境进行观察体验,必须借助各种方法来开掘各种资源。凡此种种表明,要对逝去的历史实现真实的"复原",并进行科学的诠释,不仅需要扎实、艰苦的科学实征,而且需要丰富且深邃的想象力和创造力。无疑,历史研究的创新成果必将为人类其他创新活动提供思想养料和条件,而研究者通过学习和研究历史有利于掌握辨证思考的方法和提高历史思维的能力,从而增强创新精神和创新能力。

历史还具有特殊的娱乐功能和审美情趣。历史本身是一部连绵不绝、魅力无穷的话剧,历史上一幕幕人物多姿、情节跌宕、极富故事性的话剧,展现了独特的历史壮美感。一部以真实历史为内容的精彩纷呈的历史著作,不说哲理上的启迪,单说艺术效应也绝不亚于一部同一题材的文艺小说或电视剧、电影。近年来不少纪实性的历史著作和音像作品备受广大读者欢迎便是证明。

此外,历史学对继承光大民族文化遗产,涵养民族爱国精神,增强民族凝聚力,培育全民历史意识(即通过认识历史而理解现实、谋划将来的意识)建设社会主义精神文明都有重要意义。相信随着社会向前发展,人们将会不断重新认识和开掘历史科学的功能。

当前,在世纪之交的关键时刻,人类要深刻地理解现在,更好地走向未来,必须正确认识历史、总结历史。作为历史创造主体的人类,只有从历史中反省自我、认识自我,才能调适自我、超越自我。诚如个人如果丧失了对过去的一切记忆,将难以活下去一样,人类如果失去集体的历史记忆也将难以生存和发展。社会主义现代化建设事业不能缺乏历史的智慧,一个正在复兴的国家和民族，不能忘却历史，不能中断历史文化传统，否定过去则意味着失去今天和明天。中央领导一再强调："一名领导干部不善于从历史中吸取营养，不可能成为高明的领导者；一个政党不善于从总结历史中认识和把握社会发展规律，不可能成为顺应历史潮流的自觉的政党；一个民族不善于从历史中继承和发展本民族与世界其他民族创造的优秀文明成果，就不可能屹立于世界民族之林。"诚哉斯言，务须深思而力行。

历史学是一门极富生命活力的学科。学无止境，数千年来，多少史学家皓首穷经，孜孜求索，史学著作浩如烟海，但并没有把所有历史问题都研究无遗，历史真理并未穷尽。这不仅因为在时间的隧道中历史仍在不断延伸，而且因为随着时代的前进，不同时代的人对同一问题的认识也随之深化。历史学家的目标，不仅要在不断发掘新史料的基础上力求最真实地"复原"历史，而且要对历史不断做出新的理解和阐释。史学研究者总是站在时代的高度，以自己的方式去解读历史，凭借现代人的知识和经验，运用现代的理论、概念和方法、手段去感知历史事件的缘由、曲折，往往可以得到新的认识和领悟，并使过去不被重视或看来无用的东西，突然引起人们的兴趣，产生化腐朽为神奇的效果。此外有时因现实因素的引发，一些已经"死的过去"重新变为"活的过去"。如日军南京大屠杀事件早已成为历史陈迹，但因日本右翼势力一再对此进行抹杀、掩饰和翻案而变成现实政治问题，在我国和东南亚各国引起强烈反响。事实上，历史的宝藏远远没有开掘完，无数老的、新的历史之谜等着我们去破译，历史学的舞台广阔得很，后来的学者拥有充分的空间让我们去施展聪明才智，不愁英雄无用武之地。

无可否认，在一段时间中，史学界曾出现过深深的忧虑，深恐商品经济大潮会冲垮史学生存的基础，酿成"史学危机"。但近年来的事实证明，社会的巨变不仅不会使史学衰微、消亡，相反，促使史学实行自我更新，在理论、内容、形式、文风、方法手段和研究方式等方面进行全方位的变革，20 多年来史学出现了空前的繁荣和进步。担心历史学衰微、消亡的忧虑是不必要的。

毋庸置疑，在现代化建设中，历史学不可能成为显学，有志于史学事业的青年，必须要有崇高的社会责任感和历史使命感，对国家前途和人类命运抱有深切的关怀，力戒浮躁，淡泊名利，耐得住清贫和寂寞，不为稻粱谋，甘于坐冷板凳，不畏艰难，不趋时媚俗，要有理论勇气，不囿陈说，开拓创新，敢于坚持真理，秉笔直书，通过历史研究的学术活动，参与现实，开创未来，服务于社会、国家和人类。

历史学是一门综合性的基础学科，上至天文，下至地理，包罗万象，闳富博大：它包含许多分支学科，如各种断代史、地区史、国别史、考古学、史学史；又与其他学科交叉渗透，构成各种专门史和边缘学科，如经济史、政治史、文化思想史、外交史、民族史、社会史、人口史、宗教史等。要成为一名优秀的史学家也绝非容易之事，必须具有深厚的理论素养、广博的知识、扎实的专业基础和能力，开阔的视野、活跃的创造性思维和敏锐的洞察力，同时要有较高水平的语言文字（包括古汉语、外语）能力，并掌握计算机等现代科学研究手段与方法。为了培养历史专业高质量的优秀创新人才，各高校历史系遵循面向现代化、面向世界、面向未来的方针，全面贯彻素质教育的精神，实行教学内容和课程体系的改革，设置了一系列课程，并为同学们的健康成才创造了必要的条件和环境。

我国的史学源远流长，有着丰厚的文化底蕴，名家辈出，群星璀璨，成果丰硕，光彩夺目，杰出的史学家古代有司马迁、班固、陈寿、欧阳修、司马光、范晔、章学诚等，近现代有章太炎、梁启超、王国维、陈垣、陈寅恪、钱穆、李大钊、傅斯年、胡适、郭沫若、范文澜、翦伯赞、吕振羽、侯外庐等。史学发展史充分证明，史学为有志的青年提供了大有作为的广阔天地，只要自己努力耕耘，同样可以为国家和人民做出重大贡献。

党和国家一贯重视历史，尊重历史，一再强调“要用历史教育青年，教育人民”，号召广大干部和群众认真学好中国历史和世界历史，倡导“全党全社会进一步形成学习历史的浓厚风气”，并采取了一系列措施大力推进历史研究和历史教育事业的发展。时代需要历史科学，需要培育新一代杰出的青年史学工作者，热忱欢迎有志青年报考历史学专业！

本文原载于《历史教学问题》2000 年第 3 期

# 在华东师范大学纪念1977、1978级校友毕业30周年大会上的发言

“年轻的朋友们,今天来相会……”上海音乐厅台上、台下,恢复高考后的首批大学生与当年的恩师们同场欢歌、歌以咏志。这是前晚“锦瑟弦歌三十年”华东师范大学纪念1977、1978级校友毕业30周年主题音乐会上的动人一幕。

30多年前,几乎封闭了十年的大学校门重新打开。那个年代,华东师范大学还只有教育、政教、中文、历史、地理、数学、物理、化学、生物、外语等10个系。1978年,丽娃河畔终于迎来了约2600名77级、78级学子,4年后他们又同届毕业。当晚,音乐声中,10个系各一名教师代表缓缓走上前台,有人已过八旬,有人拄着拐杖。30年前毕业的学生代表为他们献花,师生紧紧拥抱在一起,花白的头发贴着花白的头发。

“欢迎大家回家!”华东师范大学党委书记童世骏教授也是1977、1978级的一员,他回忆说,当时校友们从千万高考者的角逐中脱颖而出,告别曾经扎根的农场、矿山、营房或车间,开始了坚定的追梦之旅。从入学起,这批大学生便见证着祖国翻天覆地的发展巨变,也幸运地成为改革开放以来新时代的先行者和创造者,那真是“一首充满酸甜苦辣、五味杂陈的岁月之歌”。

历史系老教授王斯德说:“与1977、1978级学生教学相长、师生互进的经历给我留下了深刻而美好的印象。”他认为,这是新中国高等教育史上独有的“1977、1978级现象”,如今他们中的大多数人都成了国家栋梁和社会中坚。这种现象可与20世纪三四十年代“西南联大现象”媲美,两代人都是在民族危难的关头浴火重生的历史产物,前一代在抗日战争烽火中诞生,后一代在“文革”磨难中孕育、成长。正如一位先哲曾言,“一个伟大的民族是经得起任何危机的”,中华民族也能以历史的伟大进步作为补偿而新生、复兴。

“哪怕所有的记忆都消失，你的目光依然会追随我的人生；哪怕所有的星光都暗淡，丽娃河的波光依然会映照我的灵魂；哪怕所有的岁月都老去，老师的声音在我的心中依然年轻……”作家赵丽宏以1977、1978级中文系校友身份献诗一首，以谢师恩。

本文原载于《解放日报》2012年10月15日

# 《历史教学问题》献词与按语

# 2001 年新年献词

2001 年的新年钟声回荡大地，百年风云悄然逝去，人类历史展开了新的篇章。迎着新世纪的第一缕阳光，人类社会前进的航船开始了 21 世纪的新航程，中国人民踏上了实现现代化建设第三步战略目标的新征程。值此举世欢腾、走进新千年的历史性时刻，本刊编辑部全体同仁热忱地向关爱和支持本刊的广大读者、作者和各界师长朋友们致以新年、新世纪、新千年的亲切问候和美好的祝福。

送旧迎新，万象更新。面对新世纪，世界各国人民充满对未来的新期盼和憧憬：克服上世纪困扰着人类的战争和贫困问题，推进和平与发展的崇高事业，创造美好的新世纪，将人类的文明成果推向更高的境界。为了更深刻地理解现实，更好地走向未来，人们需要高瞻远瞩，立足现实，开拓奋进；同时需要回顾反思，认识历史，总结历史。悠悠历史在时间和空间的增递中绵延不绝，苍茫邈远，世事沧桑，百年一瞬，逝者如斯，历史永恒。现实生活在历史之中，未来根植于历史之源，不能忘记历史！人类只有从历史的记忆中认识自我，反省自我，才能调适自我，超越自我。时代需要历史科学，社会主义现代化建设不能缺乏历史智慧，一个正在复兴的国家和民族不能忘却历史，不能中断历史文化传统。可以想见，21 世纪将伴随着人类社会大变革、大飞跃的进程，历史学也将进一步得到发展与进步。时代呼唤史学工作者贡献自己的聪明才智，新世纪历史学的发展任重道远。本刊愿在振兴我国史学、推进历史教育教学和形成全社会学习历史浓厚风气的神圣事业中，作出进一步努力，尽一份历史责任。

本刊将坚持既定的根本宗旨：站在时代高度，回应社会需要，顺应史学发展潮流，伸张学术正气，高扬双百方针，会通中外古今，团结学界挚友，为推进史学革新，繁荣史学事业服务；为深化历史教学改革，提高历史教学质量服务；为普及大众历史教育，增强全民历史意识服务；为继承民族文化遗产，加强精神文明建设服务。为了更好地贯彻上述宗旨，办出特色，提高品位，坚持风骨，本刊拟从内容到形式作不断的调整和探索，力求更富科学性、学术性、知识性、创造性、思辨性、先导性、针对性、应用性和多样性，更贴近时代，走近读者。

为基础教育服务是本刊的重要职责，广大中小学历史教师是本刊主要的服务对象。世纪之晨，教育和人才问题更处在突出的战略地位，中学教育教学改革将大力度地深入发展，以构建具有中国特色的现代化基础教育课程体系、全面推进素质教育为目标的新一轮基础教育课程体系改革将全面展开。本刊将以极大的热情投入课程改革的浪潮，深入研讨历史课程改革中的新问题、新情况，围绕一些“热点”和“难点”开展专题讨论（如探索历史课程改革的重点突破口，改变学生学习方法，改革课程内容过于强调学科体系本位，改革评价体系和考试制度，革新教学方法，加强现代教育技术的运用等），开辟有关专栏，推动课程改革向纵深发展。

值得强调的是，在教育改革浪潮汹涌而来的背景下，加强中学师资培训，提高师资队伍的素质，提高教师的教育教学能力和水平，已成当务之急。作为教育类专业刊物，本刊将义不容辞地在终身学习的开放式的教师培训体系中发挥自己应有的作用。为适应提高广大中学历史教师的学历、学力的需要，特别是满足高中教师在职进修的期求，本刊在定位上将作新的调整，在关注广大教师进修提高的同时，努力为具有大学本科学历的历史教师在学术上提高到硕士研究生水平提供服务，拟将有计划地开辟相关栏目，发挥刊授大学的功能。

为提高广大中学历史教师的创新能力和实践能力，交流科研成果，切磋教学经验，本刊将增加发表广大中小学教师文章的篇幅，使本刊成为广大教师亲自耕耘的精神绿园。

青年是史学事业兴旺发达的希望所在，我们将一如既往地关注和扶掖青年一代的史学工作者和史学爱好者，为青年一代学者的成长创造条件。

世界是丰富多彩的，开放的中国，开放的世界，需要我们以开放的心态、开阔的视野，广泛接受国外的信息，吸取国外历史研究和历史教育的成果和经验,"它山之石"等栏目,将以新的面貌和充实的内容奉献给广大读者。世纪交替,元始更新。新世纪挑战与机遇并存,困难与奋斗相伴。在新世纪,本刊决心与广大读者、作者团结协作,执着追求,以新的拼搏、新的创造,奔向未来,跨越梦想,收获理想!

本文原载于《历史教学问题》2001年第1期

# “名著与经典解读”专栏

编者按：名著和经典是茫茫书海中出类拔萃的璀璨瑰宝，是人类文化思想史上的丰碑。在酿造未来新文化、新思想的追求中，后来者必将踏着这些坚实的阶梯拾级而上。为了读懂、读细、读深、读精、读通、读透先贤们的名著经典，交流读书心得，切磋感受体会，充分汲取精神营养，智慧人生，本刊特新辟“名著与经典解读”专栏，拟陆续发表读书札记和读书散论杂谈。文章不拘一格，力避程式化，不局限于一般地介绍、评论原著的背景和内容，务求在解读和品味上下功夫，着重阐释作者对原著独到的理解和感悟，显现作者的独特视角和个性，言人之未言，在学理和方法等方面给读者以有益的启迪。文章不求全，可随感而发，风格各异，长短皆可。热忱欢迎广大专家学者和读者不吝赐稿。

原载《历史教学问题》2000年第1期

# “寻觅历史”专栏

编者按:逝者如斯,世上万物随着时间的流淌,皆成历史。历史在现实中延续,我们生活在历史之中。迈开你的双脚,到生活中去寻觅历史,记录历史,品味历史。从本期起,本刊新辟“寻觅历史”专栏,旨在提倡调查研究,发现和记述你身边的历史,包括有关地方史、企业史、乡史、村史、校史、家庭史及各种专题史。形式和文体不拘一格,力求题材新颖,中心突出,内容充实,短小精美,不求系统全面,可反映某一侧面或截取某一横断面,也可系列连载,每篇一般在 8000 字以下。欢迎赐稿。

原载《历史教学问题》2002 年第 1 期

## “一得之见”专栏

编者按:历史是蕴含着无穷信息与无尽智慧的思想宝藏,研读历史充满着探矿者的激情和乐趣,每有所得,不由喜跃抃舞,弗能自禁,与文会友,更是如沐春风,不亦乐乎?从本期起,新专栏,主要交流读史感悟中的一得之见。文章不求振聋发聩的崇论闳议,只求一吟一拍的片言断想;不求言必真理,字字珠玑,但求自出机杼,予人启迪。至于内容、形式,皆不受约束,随兴而起,有感而发,纵横肆意,任凭挥洒,每篇字数一般在2000字之内,热忱欢迎各位赐稿。

本文原载于《历史教学问题》2003年第3期

# “寻根上海”专栏

编者按:人们天生有寻根的夙愿,这当然不单纯是怀旧情结的释放,更是意在解读一个古老的命题:我是谁?我从哪里来?人需要从历史中认识自己,在现实中超越自己,从历史文化沉淀的传统意义中探求未来意义的启示。寻根上海血脉和文脉的源头,探究先祖的文化踪迹,对新历史条件下塑造上海城市精神及推进城市文明建设,无疑重大的意义。从本期起,本刊开辟“寻根上海”专栏,拟系统展示自古以来,上海地区先民们在求生存、图发展的历程中留下的文明遗存。现首篇推出青浦崧泽文化遗址,以飨广大读者。

本文原载于《历史教学问题》2004 年第 3 期

# “牢记历史，悲剧不能重演”专栏

编者按：20世纪三四十年代，日本军国主义发动了罪恶的侵华战争，惨无人道，灭绝人性，暴行滔滔，罄竹难书。在面临亡国灭种的危难关头，誓不当亡国奴的中国人民万众一心、同仇敌忾、浴血奋战，不仅演绎了一幕幕威武不屈、惊天动地、热血忠魂的悲壮话剧，而且高奏了一曲弘扬人类仁慈之心的人道之歌！

本栏目特辑了有关八路军救护日本遗孤美穗子的一组文章，充分体现了中国人民宽容大度的胸怀和以德报怨的善良品性，其闪烁着超越国界的伟大纯洁的爱，令人读之感动、赞叹。

穷兵黩武的日本军阀是万恶之源，中日两国人民决非天生的仇敌。日本军阀发动的侵华战争使中国人民蒙受空前浩劫，也使日本百姓深受其害，不少家庭妻离子散，众多青年充当炮灰，葬身异乡。残酷的现实使人从梦中惊醒，甚至有些曾在中国施暴的日本士兵，也幡然悔悟，掉转枪口，成了抗日的“日本八路”。下面发表的《“日本八路”忆抗日》一文介绍前田光繁的转变就是一例，读来令人深思。

相信，每个有良知的人，读了上述往事，心灵定会产生极大的震撼。历史不能忘记，悲剧不能重演。回顾历史，不是为了记仇，更不是为了煽动狭隘民族主义，鼓吹复仇情绪，冤冤相报，而是要以史为鉴，面向未来。“度尽劫波兄弟在，相逢一笑泯恩仇”，愿中日两国人民从血的历史中吸取教训，坚持世代友好、合作互利。

本文原载于《历史教学问题》2005年第5期